Harald Fock

Die deutschen Schnellboote
1914–1945

Koehlers Verlagsgesellschaft mbH
Hamburg

Schutzumschlag:
Schnellboot der letzten Kriegsentwicklung (mit gepanzerter Brückenkalotte) bei hoher Fahrtstufe.

Die Deutsche Bibliothek – CIP-Einheitsaufnahme

Fock, Harald:
Die deutschen Schnellboote: 1914–1945/Harald Fock.–
Hamburg: Koehler, 2001
ISBN 3-7822-0802-1

ISBN 3 7822 0802 1; Warengruppe 21
© 2001 by Koehlers Verlagsgesellschaft mbH, Hamburg
Alle Rechte – insbesondere das der Übersetzung – vorbehalten
Schutzumschlaggestaltung, Layout und Produktion: Hans-Peter Herfs-George
Druck und Bindung: druckhaus köthen GmbH
Printed in Germany

Inhalt

Der Erste Weltkrieg 7
    Die Boote 7
Fronteinsätze und Erfahrungen 12
Die Erfahrungen der Marinen mit Schnellbooten im Ersten Weltkrieg 13
Die allgemeine Entwicklung der Schnellboote zwischen den Kriegen 16
    Die militärpolitische Ausgangssituation nach dem Ersten Weltkrieg 16
    Die Grundlagen einer friedensmäßigen Weiterentwicklung der Schnellboote 16
        Aufgaben, Möglichkeiten und Grenzen 17
        Forderungen an die weitere Entwicklung 17
            Die Forderung der Überraschung 17
            Die Forderungen der Bewaffnung für Angriff und Abwehr 18
            Die Forderungen der Zuverlässigkeit 18
            Die Forderungen an die Besatzung 19
Die Zwischenkriegsentwicklung des Schnellboots in der deutschen Marine 20
    Die Boote 20
        Erste Vorläufer der Reichsmarine 20
        Der große Bootstyp »S...« 27
        Kleine Boote 46
    Zusammenfassende Betrachtung 48
        Allgemeines, Taktik, Mutterschiffe 48
        Bootsbestand und technischer Stand bei Kriegsausbruch 1939 52
Die Kriegsbauten 59
    Die großen Boote 59
        Der Typ »S« 59
        Der Typ GR (Geleiträumboot) 83
        Der Typ »MZ« (Mehrzweckboot) 84
    Übernommene und Beuteboote 86
    Die Klein-Schnellboote 89
        Die LS-Boote 89
        Der Typ HYDRA 93
        Der Typ KOBRA 96
    Vom K-Verband entwickelte Klein-Schnellboote 97
        Ausgeführte Boote 98
            Der Typ SCHLITTEN 98
            Der Typ WAL 102
        Projekte des K-Verbandes 112
    Der Küstenminenleger Typ KM 118
    Deutsche Tragflügelboote 122
        Vorläufer 122
        Die deutschen Kriegsarbeiten 124
            Die Arbeiten von Schertel/Sachsenberg 124
                Realisierte Fahrzeuge 124
                Nicht realisierte Projekte 130
            Tietjens-Tragflügel-Torpedo und Versuchsboot »VS 7« 138

Die Tragflügelboots-Projekte des K-Verbandes 140
Das Engelmann-Halbtauch-Versuchs-Schnellboot »VS 5« 144

Fluß-Schnell- und Kanonenboote 145

Anhang 147
  Zusammenfassung 147
    Bauleistung und Verbleib der Boote 147
    Allgemeine Wertung und Erfahrungen 149
  Literaturverzeichnis 155
  Tabelle 3 Deutsche Schnellboote 1926/45 157
  Hinweis 159

Der Erste Weltkrieg

Die Boote

Im Sommer 1916 benötigte das Marinekorps in Flandern kleine, schnelle Motorboote, um die von den Engländern im Küstenbereich vor Zeebrügge/Ostende gegen U- und T-Boote ausgelegten Netzsperren zu beseitigen. Zu diesem Zweck wurden aus vorhandenen zivilen Beständen erworben: das im Jahre 1913 auf der Lürssen-Werft in Vegesack gebaute 9,7 m lange und 2,72 m breite 36-kn-Rennboot BONCOURT, die 16–17-kn-Motorboote URSUS und MAX und die kleinen Boote ANNETTE IV und

Abb. 1   Bewaffnetes Motorboot des Flandernkorps 1916 (WGAZ SMS)

BRASE (Abb. 1). Im harten Fronteinsatz zeigten sich die für Sportzwecke gebauten Boote jedoch unbefriedigend: BONCOURT war für den See-Einsatz zu schwach gebaut, URSUS und MAX waren zu langsam und alle zum Arbeiten an den schweren Netzen zu klein. Spezielle Neubauten waren daher dringend erforderlich.

Das Marinekorps erachtete 31–32 kn bis Wind 3 als notwendige Geschwindigkeit, um den die Sperre bewachenden Zerstörern ausweichen zu können. Weiter wurden eine kleine Silhouette und große Wendigkeit gefordert. Für die 7–8 Mann starke Besatzung wurden keine Unterkunftsräume vorgesehen, da nur 5–7-Stunden-Einsätze geplant waren.

Zunächst wurden vier Netzarbeitsboote mit 1–3,7-cm-Maschinenkanone (MK) und zwei Sicherungsboote mit 1–45-cm-Heck-Torpedorohr (TR) und 1 MG auf der Back gefordert. Weitere 6–8 schnelle Torpedo-Motorboote gleichen Typs erbat der Oberbefehlshaber der Ostseestreitkräfte im Herbst 1916 zum Einsatz in der Irbenstraße.

Eine Realisierung der vom Reichsmarineamt als berechtigt anerkannten Forderungen ergab zunächst die Frage nach geeigneten Motoren. Da Bootsmotoren entsprechender Leistung nicht zur Verfügung standen, eine Neukonstruktion jedoch als zu langwierig und bei der Kriegsbelastung der Industrie auch als problematisch angesehen wurde, griff man auf die im Marinebereich überzählig vorhandenen bzw. freigewordenen und damit in ausreichender Anzahl zur Verfügung stehenden 210-PS-Maybach-CX-6-Zylinder-Viertakt-Otto-Luftschiffmotoren zurück. Durch die gegebenen Abmessungen und Leistung dieser Motoren wurde die Bootskonstruktion von Anfang an festgelegt: Es mußten drei Motoren auf drei Wellen angeordnet werden. Weitere Schwierigkeiten ergaben sich aus dem Fehlen geeigneter Wendegetriebe, der ungleichen Zahl zur Verfügung stehender Links- und Rechtsläufer und dem Kraftstoff Benzin. Letzterer brachte eine erhebliche Explosions- und Brandgefahr, speziell unter Beschuß, mit sich. Die fehlenden leichten Wendegetriebe führten zum Verzicht auf die Rückwärtsfahrt und zum Rückgriff auf Luftschiff-Lamellenkupplungen, die bei voller Tourenzahl ein- und auskuppelbar waren.

Die ersten sechs Boote wurden im Januar–Februar 1917 bei den Werften Fr. Lürssen in Bremen-Vegesack, Naglo in Zeuthen bei Berlin und Max Oertz in Hamburg bestellt (Tabelle 1, lfd. Nr. 1–3). Sie liefen zunächst unter der Bezeichnung L-Boote (Luftschiffmotor-Boote), wurden dann aber ab Dezember 1917 in LM-Boote (Luftschiffmotor-Boote) umbenannt,

Tabelle 1 Deutsche Schnellboote des Ersten Weltkriegs

\multicolumn{14}{c}{Deutsche S-Boote im 1. Weltkrieg}														
Nr.	Bau-Auftrag	Fertig	Namen	Länge m	Breite m	Tiefgang m	Depl. m³	Antrieb	Prop.	Kn.	Bewaffnung Masch. W.	Bewaffnung TR	Werft
1	I-II/1917	1917	LM 1– 2	15.00	2.30	1.08*	6.0	3x210 PS Maybach	3	30.55	1–3,7 cm		Lürssen
2	I-II/1917	1917	LM 3– 4	14.57	2.40	1.08*	6.0	3x210 PS Maybach	3	27.80	1–3.7 cm		Naglo
3	I-II/1917	1917	LM 5– 6	15.00	2.42	1.08*	6.0	3x210 PS Maybach	3	29.45	1 MG	1–45 cm Bug.	Oertz
4	V-VI/1917	1918	LM 7–10	16.00	2.40	0.68	7.0	3x240 PS Maybach	3	31.80	1 MG	1–45 cm Bug.	Lürssen
5	V-VI/1917	1918	LM 11–13	16.25	2.55	0.76	6.5	3x240 PS Maybach	3	30.00	1 MG	1–45 cm Bug.	Naglo
6	V-VI/1917	1918	LM 14–16	16.50	2.42	0.61	6.8	3x240 PS Maybach	3	31.58	1 MG	1–45 cm Bug.	Oertz
7	V-VI/1917	1918	LM 17–20	17.00	2.42	0.60	7.5	3x240 PS Maybach	3	30.77	1 MG	1–45 cm Bug.	Roland
8	X/17-VII/18	1918-unv.	LM 21–26	16.00	2.40	0.68	7.0	3x240 PS Maybach	3	31.80	1 MG	1–45 cm Bug.	Lürssen
9	VIII/1918	unvoll.	LM 27–30	16.50	2.42	0.61	6.8	3x240 PS Maybach	3	31.58	1 MG	1–45 cm Bug.	Oertz
10	VIII/1918	unvoll.	LM 31–33	17.00	2.42	0.60	7.5	3x240 PS Maybach	3	30.77	1 MG	1–45 cm Bug	Roland
11	1918	unvoll.	Lüsi 1–2	19.60	2.90	0.82	10.4	3x400 PS Siemens/Deutz	3	~ 32	2–2 cm	2–50 cm Bug.	Lürssen
12	1918	unvoll.	Köro 1–2	19.00	3.00	0.79	16.0	3x450 PS Körting	3	~ 31	2–2 cm	2–50 cm Bug.	Roland
13	1918	unvoll.	Juno 1–4	19.00	2.44	0.72	9.3	3x450 PS Junkers	3	~ 34	2–2 cm	2–50 cm Bug.	Oertz

* Tiefgang incl. Propeller, übrige Tiefgang des Bootskörpers

um Verwechselungen mit den Marineluftschiffen (L...«) zu vermeiden.

Die bemerkenswerte Streuung der wenigen Boote auf mehrere Werften hatte den Sinn, jeder Werft Gelegenheit zu geben ihre einschlägigen Erfahrungen mit schnellen Motorbooten einzubringen. So konnte die Marine dann die Vor- und Nachteile der Einzellösungen prüfen und sie bei weiteren Fahrzeugen als Erfahrung einbringen.

»LM 1–2« erhielten 1000 Liter Kraftstoff, »LM 3–4« 1195 Liter und »LM 5–6« 1500 Liter, womit bei 200 Liter Kraftstoffverbrauch/Stunde bei 30 kn Geschwindigkeit ein Fahrbereich von 150, 180 bzw. 200 sm erreicht wurde. »LM 1–4« wurden wie gefordert mit Netzschere und 1–3,7-cm-MK mit 500 Schuß Munition, »LM 5–6« mit einem 45-cm-Bug-TR und einem MG bestückt (SK 1). Alle erhielten einen Unterwasserauspuff zur Schalldämpfung.

Abb. 2 Recht-Voraus-Torpedoschuß vom LM-Boot (Drüppel, Wilhelmshaven)

SK 1 LM-Boot des Ersten Weltkriegs (Verfasser)

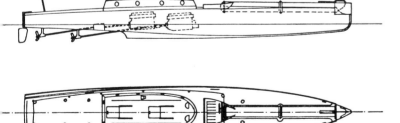

Aus taktischen Gründen war auf das ursprünglich geforderte Heck-TR verzichtet worden. Die neue Forderung nach Aufstellung eines Bug-TR ergab bei diesen kleinen Fahrzeugen zwangsläufig eine erhebliche Belastung des Vorschiffs und damit – aus konstruktiver Sicht! – eine im Hinblick auf günstige Widerstandsverhältnisse schwer zu lösende Vorschiffsform. Auch die ballistischen Verhältnisse des Recht-Voraus-Schusses bei schnellaufenden Boot machten einige Schwierigkeiten (Abb. 2). Ein einwandfreier Schuß war nur bis zu 20 kn Fahrt möglich. Andererseits sicherte die aufwendige Lagerung des Torpedos diesen weitgehend gegen Witterungseinflüsse und Beschädigungen.

Der gute Erfolg der ersten Boote – sie waren in Flandern neben dem Netzräumen auch durchaus erfolg-

Abb. 3 Fernlenkboot (Drüppel, Wilhelmshaven)

reich gegen die Küste beschießende Monitore und Sperrsicherungsfahrzeuge eingesetzt worden – und der bereits genannte Bedarf an derartigen Fahrzeugen im Ostseeraum führten im Mai–Juni 1917 zur Inbaugabe von »LM 7–19«. Im August folgte »LM 20« und im Oktober »LM 21« (Tabelle 1, lfd. Nr. 4–8), bei denen drei Maybach-HS-Lu-6-Zylinder-Viertakt-Otto-Motoren von je 240 PS eingebaut wurden. Für diese zweite Bauserie wurden 1500 Liter Kraftstoff verlangt, um 30 kn für 7 Stunden durchhalten zu können. Tatsächlich erhielten sie Tankraum für 1600 Liter, der so angeordnet wurde, daß aller Kraftstoff auch im Hinblick auf die Trimmlage des Bootes restlos verbraucht werden konnte. »LM 20–21« erhielten, abweichend von den übrigen Booten, nur 1 – 2-cm-MK mit 1000 Schuß Munition. Die schnell erkannte unbefriedigende Seefähigkeit der widerstandsgünstigen Gleitboote in der kurzen, steilen See von Nordsee und Kanal führte dann sehr schnell zu dem Entschluß, ab LM 14 wieder zu dem seegängigen Rundspantboot zurückzukehren. Diese Fahrzeuge konnten dann bis etwa Seegang 3 noch volle Fahrt laufen.

Bis zur Fertigstellung der zweiten Serie wurden Anfang Sommer 1917 die Fernlenkboote »FL 1, 2, 6, 10, 11, 13, 15, 17« (Abb. 3) auf Antrag des Marinekorps in Flandern mit 1 – 3,7-cm-MK bestückt, um offensiv als Schnellboote eingesetzt werden zu können. Sie liefen unter der Bezeichnung »L 20–28«, wurden jedoch im Dezember 1917 wieder zu Fernlenkbooten rückgebaut (1).

Mit der Indienststellung der 2. Serie, »LM 7–21«, standen Anfang 1918 21 LM-Boote zur Verfügung, von denen sieben in die Ostsee und 14 nach Flandern abgestellt wurden. Da das Marinekorps und der Oberbefehlshaber der Ostseestreitkräfte mit diesen Booten auszukommen glaubten, wurden zunächst keine neuen Boote bestellt, obwohl noch weitere Luftschiffmotoren zur Verfügung standen. Sie wurden jedoch vorsorglich für weiteren Bedarf reserviert. Die im Juni/Juli 1918 für die verloren gegangenen Boote »LM 1« und »LM 2« bestellten »LM 22–23«

Abb. 4 LM-Boote des Ersten Weltkriegs (Verfasser)

erhielten auf Wunsch des Marinekorps statt des Torpedorohrs 1 – 3,7-cm-MK. Abb. 4 zeigt deutsche LM-Boote auf dem Marsch.

Auf Bitten der von den italienischen Schnellbooten des Typs MAS in der Adria bedrängten und zum Durchbrechen der Otranto-Straße entschlossenen österreich-ungarischen Marine wurden dann im August 1918 die Boote »LM 24–33« (Tabelle 1, lfd. Nr. 8–10) bestellt. Als Interimslösung sollten die Österreicher, die im Sommer eine Kommission zur Bestellung von Schnellbooten nach Deutschland entsandt hatten, einige der für den Befehlshaber der deutschen U-Boote im Mittelmeer vorgesehenen, per Bahn anzufahrenden Boote der Reihen »LM 7–10« und »LM 14–21« und eine Anzahl von 240-PS-Luftschiffmotoren erhalten, mit denen sie jedoch offensichtlich primär ihre Flugmotorenmisere beheben wollten. Aufgrund der Kriegslage wurden jedoch bis zum Waffenstillstand im November 1918 keine Motoren mehr geliefert.

Die gute Bewährung des bisherigen Bootes regte 1917 trotz aller kriegsbedingten Schwierigkeiten die Entwicklung spezieller Schnellbootmotoren mit hoher Leistung und geringem Gewicht sowie geeigneter Wendegetriebe an, zumal die bisher verwandten Luftschiffmotoren als Bootsmotoren doch eine Reihe von Unzulänglichkeiten aufwiesen. Versuche, geeignete Motoren aus dem Ausland zu beziehen, waren fehlgeschlagen. Unter anderen wurden die Firmen Körting (Hannover), Deutz (Köln), Siemens & Halske (Berlin) und Junkers (Dessau) an der Entwicklung beteiligt. Sie erhielten, um schnell zum Zuge zu kommen und die vom Flugzeugmotorenbau vorhandenen Erfahrungen dieser Firmen zu nutzen, hinsichtlich Art und Ausführung ihrer Konstruktion weitgehend freie Hand.

Bei einer Besprechung am 4.3.18 wurden der für die Neubauten federführenden Oertz-Werft die militärischen Forderungen konkretisiert: Geschwindigkeit bei mäßiger See nicht unter 34 kn, Kraftstoff für 300 sm bei 34 kn. Bewaffnung zwei 50-cm-Bug-TR und zwei 2-cm-MK. Vorgesehen war der Bau je eines Bootes mit Siemens & Halske- bzw. Deutz-Motoren (Tabelle 1, lfd. Nr. 11), zwei Boote mit Körting-Motoren (Tabelle 1, lfd. Nr. 12) und vier Boote mit Junkers-Motoren (Tabelle 1, lfd. Nr. 13).

Die Bootsnamen waren eine Zusammensetzung der Werft und der Motorenbezeichnung: JUNO = Junkers-Oertz, KÖRO = Körting-Rolandwerft, LÜSI = Lürssen-Siemens. Erwähnenswert ist schließlich, daß die JUNO- (SK 2) und LÜSI-Boote (SK 3) Bootskörper mit Rundspant-Verdrängungsform, die KÖRO-Boote (SK 4) dagegen Wellenbinderform mit zwei Stufen erhalten sollten.

Auf Anweisung des Staatssekretärs des Reichsmarineamts sollte jedoch zunächst nur je ein Boot als Prototyp fertiggestellt werden und die Inbaugabe der anderen Boote erst nach Vorliegen der Erfahrungen erfolgen. Die für Ende November 1918 vorgesehene Abnahmefahrt des Bootes LÜSI 1 unterblieb durch das Kriegsende. Das relativ weit im Bau fortgeschrittene Boot wurde zwar fertiggestellt, kam aber nicht mehr in Dienst.

Insgesamt waren bei Kriegsende zwölf Boote unvollendet. Davon wurden fünf weitergebaut und »LM 24–26« und »LM 29–33« stillgelegt.

Parallel zu dem LM-Booten liefen in Deutschland weitere Entwicklungen: Das vom Flandern-Korps zurückgegebene Boot BONCOURT sollte 1916 von der Lürssen-Werft zu einem Depeschenboot umgebaut werden. Aufgrund der bekanntgewordenen Flandern-Erfahrungen (Bekämpfung der an den Netzen arbeitenden Boote durch englische Sicherungsfahrzeuge usw.) kam dem Werftbesitzer Otto Lürssen die Idee, das Boot mit einem Bug-TR zu versehen. Nach der Vorführung des Bootes erteilte ihm die Marine den Auftrag, ein in dieser Richtung tendierendes Boot als Erprobungsgerät zu fertigen. Das Fahrzeug sollte als Gleitboot 30–40 kn bei 200–250 sm Fahrbereich erhalten. Als Besatzung waren 2–4 Mann vorgesehen.

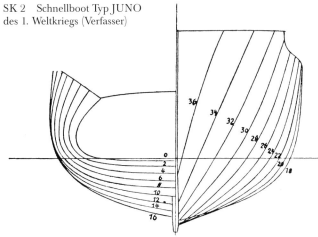

SK 2   Schnellboot Typ JUNO des 1. Weltkriegs (Verfasser)

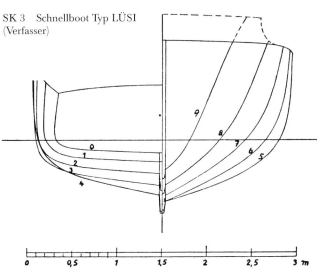

SK 3   Schnellboot Typ LÜSI (Verfasser)

Abb. 5   Gleitschnellboot (Verfasser)

Das am 1. 4. 17 fertiggestellte 11,2 m lang und 2,5 m breite Holzboot (Abb. 5) erreichte mit zwei Maybach-Luftschiff-Motoren von je 240 PS 34 kn. Unter 17 kn konnte es nicht laufen, da die Motoren dann nicht ausreichend gekühlt und vom Boot selbst viel Was-

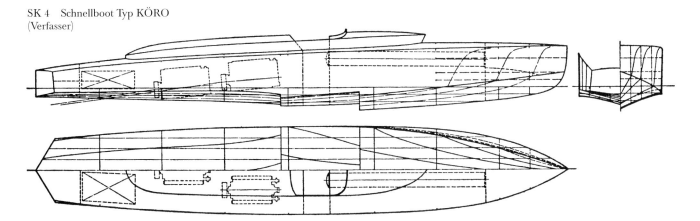

SK 4   Schnellboot Typ KÖRO (Verfasser)

ser übernommen wurde. Ab 17 kn trat auch der Gleiteffekt auf. Die Bewaffnung bestand aus einem fast mit der Wasserlinie abschneidenden 35-cm-TR im Vorsteven mit einem Schutz gegen Treibholz u. ä. Zunächst diente das Fahrzeug der Erprobung der ballistischen Verhältnisse beim Torpedo-Bug-Schuß vom schnellaufenden Boot, der leicht zu Versagern führt, da der Torpedo beim Eintritt ins Wasser eine starke Verzögerung erleidet. Bei den in Kiel unter Oberleutnant zur See Rabe durchgeführten Torpedoerprobungen rammte das wenig tiefgehende Boot ein getaucht fahrendes U-Boot und wurde stark beschädigt. Einige Mitglieder des Erprobungsteams verunglückten hierbei tödlich. Nach der Wiederherstellung ging das Boot unter der Bezeichnung »Sonderkommando Gleitboot« an Deck des Räumboot-Mutterschiffs INKULA zum Einsatz in den Raum von Windau. Es wurde mit dem Kran ein- und ausgesetzt. Auch das von vorn erfolgende Laden des Torpedorohrs wurde an Deck des Mutterschiffs ausgeführt.

Aufgrund der Schwierigkeit der Beschaffung geeigneter Motoren für schwere Kielboote stellte das Reichsmarineamt die prinzipiellen Bedenken gegen die generell weniger seefähigen Gleitboote auch weiterhin zurück und unterstützte die Entwicklung von weiteren Testfahrzeugen. Im Sommer 1916 lief ein kleines, luftschraubengetriebenes Versuchsboot ohne Bewaffnung, das wegen seiner zu geringen Größe nicht weiter verfolgt wurde. Im Frühjahr 1917 legte der Berliner Ingenieur Brase einen weiteren Entwurf für ein Luftpropeller-Gleitboot vor. Es erweckte vorherrschend wegen seines geringen Tiefgangs Interesse: Man hoffte, das Boot bei günstigen Witterungsverhältnissen über die flachen Sandbänke vor den flandrischen Küste einsetzen zu können. Drei der als Querspant-Stahl-Einstufenboote konstruierten Fahrzeuge wurden ab Mai 1917 auf der Müggelwerft in Friedrichshagen bei Berlin gebaut und später auf der Kaiserlichen Werft in Kiel fertiggestellt. Das erste Boot erhielt zwei auf Luftpropeller von 2,3 m Durchmesser und 500 U/min. arbeitende Maybach-HS-Lu-6-Zylinder-Viertakt-Otto-Motoren von je 240 PS für 34 kn, das zweite die endgültige Lösung: drei Motoren auf drei Luftpropeller für 40 kn. Der Fahrbereich sollte 400 sm bei 40 kn, die Seefähigkeit »volle Fahrt bis Windstärke 2« betragen. Bereits bei See 3 bestand jedoch Gefahr, daß das »springende« Boot leck schlug. Die Besatzung bestand aus 4 Mann, die Bewaffnung aus einer Heckfallvorrichtung für einen 45-cm-Torpedo und 1 MG.

Das erste Boot ging am 10.10.1917 bei der Fronterprobung durch Explosion (Benzin, Mine?) in der Irben-Straße verloren. Bei der ersten Probefahrt des zweiten Bootes, am 19.4.18, schlug der Boden beim überfahren der Heckwelle eines Dampfers leck. Nach schiff- und maschinenbaulichen Veränderungen schlug das Boot bei der zweiten Probefahrt wieder leck, lief voll und kenterte. Erneut geborgen wurde es wiederum umgebaut. Als dann auch noch das dritte Boot bei Probefahrten im Juli 1918 leckschlug, unterblieben alle weiteren Versuche mit diesen Fahrzeugen.

Im Frühjahr 1918 boten die Bayerischen Motorenwerke (BMW) aus eigener Initiative ein Boot von 20 m Länge und 2 m Breite an, das mit zwei Motoren von je 260 PS 35 kn laufen sollte. Da alle bisherigen Boote jedoch mit Maybach-Motoren ausgerüstet waren, soll das Reichsmarineamt das Angebot aus logistischen Gründen abgelehnt haben. Der Entwurf soll dann an die österreich-ungarische Marine abgegeben worden sein.

Erwähnt, aber hier nicht behandelt werden sollen auch die während des Krieges gebauten UZ-(U-Boot-Zerstörer-) und FL-(Fernlenk-)Boote. Erstere waren Fahrzeuge von 16–60 t Verdrängung und 10–17 kn, letztere den LM-Booten ähnliche Sprengstoffträger. (1, 2, 3, 4, 5, 6, 7, 8, 9)

Fronteinsätze und Erfahrungen

Trotz zahlreicher Einsätze, vor allem vor der flandrischen Küste und im Ostseeraum vor Ösel, erzielten die deutschen Torpedoschnellboote im Ersten Weltkrieg wenig herausragende Erfolge:

1. Am 24.8.17 wurde der 1200 t große russische Minenleger PENELOPE vor der Halbinsel Zerel durch das unter dem Kommando von Oberleutnant zur See Peytsch stehende »Versuchskommando Gleitboot« versenkt. Am 10.10.17 ging das Fahrzeug jedoch nach einer Explosion (Treibmine, Torpedo- oder innere (Benzin-)Explosion?) verloren. (2, 10/8)

2. In der Nacht vom 22/23.8.18 wurden »LM 8, 9, 10, 15, 16, 17, 18« der Schnellboot-Division Flandern zum Angriff auf vor Dünkirchen ankernde Schiffe angesetzt. Trotz heftigen Gefechts traten auf beiden Seiten keine Verluste ein. (7, 10/6)

Die Erfahrungen der Marinen mit Schnellbooten im Ersten Weltkrieg

a) Vor dem Kriege hatte man sich in allen Marinen – zuletzt auf der Basis der Erfahrungen der Seeschlacht von Tsushima – vom Ablauf zukünftiger Seekriege gewisse Vorstellungen gemacht und dementsprechend gerüstet. Schon bald zeigte sich aber, daß der Wert der großen Kampfschiffe – vor allem im Hinblick auf die vorherrschend in Küstengewässern stattfindenden Kämpfe – ganz erheblich überschätzt, neuere technische Entwicklungen wie das U-Boot und die Luftfahrzeuge (Luftschiff und Flugzeug) bezüglich ihrer Einsatzmöglichkeiten weitgehend unterschätzt worden waren. Dementsprechend durchliefen Luftfahrzeuge, U-Boot und Flugzeugschiff bzw. -träger innerhalb der wenigen Kriegsjahre alle aufbauenden Entwicklungsstadien bis zur vollen Frontreife. Darüber hinaus erforderte die weitgehende Zurückhaltung der großen Kampfschiffe und die – vom U-Bootkrieg abgesehen – fast völlige Verlagerung des Seekriegs in die küstennahen Gewässer die Entwicklung neuer, den Gegebenheiten angepaßter Kampfmittel. Das »comeback« des über lange Jahre vernachlässigten kleinen schnellen Torpedoträgers lag nahe und wurde durch die Existenz des Explosionsmotors gefördert. Wie auf vielen Gebieten zeigte sich dann auch im Schnellbootbau die kriegsbedingte Notwendigkeit zur Improvisation. Praktische Vorarbeiten waren in allen Marinen kaum vorhanden. Man mußte versuchen, ad hoc und aus dem Vorhandenen eine möglichst optimale Waffe zu schmieden. Diesem Zwang zum schnellen Handeln entsprachen zunächst auch die Endprodukte aller Marinen. Bemerkenswert ist auch, daß nur die englischen Boote von Anfang an als Offensivfahrzeuge geplant waren. Den italienischen und den deutschen Booten wurden offensive Torpedoträger-Aufgaben erst später »untergeschoben«. In allen Fällen zeigte sich dann aber bald, daß schnelle Motorboote unter entsprechenden Wetterbedingungen eine optimale und relativ breite Verwendbarkeit besaßen. Die Engländer verwandten die schnellsten Boote. Die daraus resultierende Notwendigkeit, sie als äußerst leichte Einstufenboote auszuführen, führte zum Verzicht auf Seefähigkeit und Standfestigkeit. Die Boote besaßen keine Schotten oder Schwimmkästen, der gesamte Bootskörper war ein Raum.

b) Alle Marinen mußten sich den vorhandenen Motoren anpassen, die meist nicht für diesen Einsatz vorgesehen waren und entsprechende Probleme mit sich brachten. Das traf besonders für die von der deutschen Marine verwandten Luftschiff-Motoren zu. Die allgemeine Verwendung von Otto-Motoren entsprach dem Stand der Motorentechnik. An sich schon brand- und explosionsgefährdet (s. den Verlust der deutschen Boote »LM 1« und »LM 2«), steigerte sich diese Gefährdung unter Beschuß. Spezielle Neuentwicklungen kamen nicht mehr an die Front. Für die Zukunft war die Forderung nach einem leichten, leistungsstarken und seegängigen Schnelläufer-Motor unabdingbar.

c) Immer wieder zeigte sich bei allen Marinen die geringe Seefähigkeit der Gleitboote. Der Attraktion der mit relativ geringer Leistung erreichbaren hohen Geschwindigkeit steht dieser nun einmal charakteristische Nachteil gegenüber. Während die italienische Marine zwar das Stufenboot ablehnte und nur das V-Spantboot akzeptiert hatte, entschloß sich die deutsche Marine als einzige während des Krieges wieder zum Rundspant-Verdrängungsboot zurückzukehren. Selbst Thornycroft, der die englischen Coastal Motor Boats (CMB) entwickelt hatte, stellte nach dem Kriege zu seinen Gleitern wörtlich fest: »Es waren ungemütliche Boote für die Besatzung, und nur kräftige junge Männer konnten längere Zeit die damit verbundenen Strapazen aushalten. Selbst federnde Sitze und Bodenbretter bringen wenig« (11). Über die in dieser Hinsicht besseren deutschen Rundspant-Verdrängungsboote sagte Thornycroft: »Aber sie waren so viel langsamer, daß sie niemals an unsere Boote herankommen konnten und sich nicht herauswagten, wenn unsere Boote in See waren«. Da Thornycroft sich nach dem Kriege sehr stark um den internationalen Markt bemühte, ist letztere Feststellung wohl mehr als »ad hoc«-Bemerkung zu verstehen. Die im Schnellbootbau bis in die jüngste Zeit immer wiederkehrende Frage nach der Bootsform soll aber durch eine kurze Behandlung der alternativen Möglichkeiten dargestellt werden:

1. Verdrängungsboote mit rundem Hauptspant kommen besonders für größere Boote in Frage. Sie lassen sich, wie der Widerstandsvergleich Verdrän-

SK 5 Widerstandsvergleich Verdrängungs-, V-Spant- und Stufenboot (Verfasser)

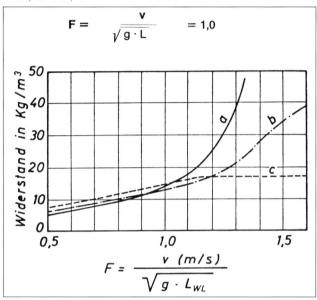

gungsboot, V-Spantboot und Stufenboot (SK 5) zeigt, gut bis zur Froude'schen Zahl $F = v/g \cdot L = 1{,}0$ verwenden (V = Geschwindigkeit des Fahrzeugs in m/sec, g = Erdbeschleunigung 9,81 m/sec^2, L = Länge in der Wasserlinie in m). Darüber hinaus steigt der Widerstand und damit der Leistungsbedarf stark an. Die See-Eigenschaften dieses Typs sind bei zweckmäßiger Gestaltung des Bootskörpers hervorragend. Sie sind auch bei geringen Geschwindigkeiten gut manövrierfähig. Die den Verdrängungsbooten eigenen Stampfbewegungen beim Laufen gegen und vor achterlicher See sowie das extreme achterliche Vertrimmen bei hoher Fahrt können durch zweckmäßige Gestaltung der Schiffsenden beherrscht werden.

2. Stufenlose Gleitboote mit Scharfer Kimm (V-Spantform)

2.1. Die reine V-Spantform (SK 6.1.) senkt die Baukosten erheblich wegen der geraden Boden- und Seitenflächen und der daraus resultierenden Möglichkeit, breite Planken bzw. wasserfest verleimte Sperrhölzer zu verwenden. Nachteilig ist ihr etwas steifes Aussehen und das harte Einsetzen im Seegang, besonders, wenn sie im Boden sehr flach gehalten sind. Bei hoher Geschwindigkeit pflegen sie häufig stark achterlich zu vertrimmen. Beim schnellen Heruntergehen mit der Fahrt pendeln sie gerne um die Querachse, sobald das vorher abgesenkte Vorschiff eintaucht. Auch weisen sie, besonders bei Teillast, häufig schlechte Steuereigenschaften auf. Um den Widerstand der Anhänge klein zu halten, wählt man die Ruderfläche so klein wie möglich. Oft reicht diese bei Vertrimmung und hoher Fahrt gut aus, bei geringer Fahrtstufe jedoch nicht. Ein guter Gleiteffekt bei allerdings weniger guten See-Eigenschaften ist zu erreichen, wenn die ersten Vorschiffsplanten bereits stumpfwinklig und die daran anschließenden zum Spiegel hin allmählich flach auslaufend gestaltet werden.

Im Bereich unter F = 1,0 ist das V-Spantboot – wie alle Gleiter – dem Verdrängungsboot unterlegen (SK 5), da der Reibungswiderstand größer ist. Danach macht sich zunehmend die Verringerung der benetzten Oberfläche und der Verdrängung durch das dynamische Austauchen bemerkbar.

2.2 Die V-Spantform mit hohlem (Konkav-)Boden (SK 6.2) ergibt bei gleichen Abmessungen eine etwas geringere Verdrängung und setzt in See etwas weicher ein. Die Baukosten liegen jedoch etwas höher.

2.3 Der konkav-konvexe Boden der Wellenbinderform (SK 6.3) ergibt eine weiter verbesserte Seefähigkeit bei weiter erhöhten Baukosten. Mit einem

SK 6 V-Spantformen (Verfasser)
6.1 = V-Spanten,   6.2 = V-Spanten mit hohlem Boden,   6.3 = Wellenbinderform
1   **2**   **3**

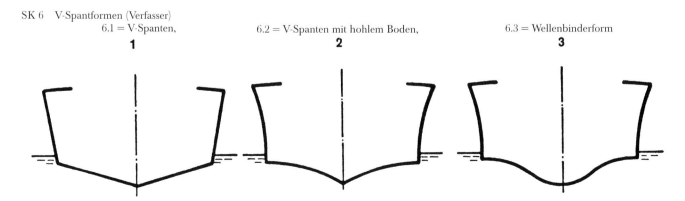

stufenlosen Wellenbinderrumpf läßt sich, besonders bei kleinen Booten, ein sehr guter Gleiteffekt erreichen. Diese Form findet sich daher häufig bei Flugbooten und Flugzeugschwimmern. Es werden jedoch die günstigen Widerstandswerte des reinen V-Bodenboots nicht ganz erreicht.

d) Die Erfahrung zeigt (SK 5), daß Einstufenboote mit dem Erreichen des Gleiteffekts bei gegebener Verdrängung und Leistung am schnellsten sind. Mehrstufenboote bringen dagegen meist keinen im Vergleich zum höheren Bauaufwand stehenden Vorteil. Grundsätzlich sollen Stufenboote jedoch nicht mit einem größeren Längen : Breiten-Verhältnis als 5:1 gebaut werden, da beim Gleiten ein Druck auf das Wasser ausgeübt wird und ein verhältnismäßig breites Boot nur eine geringe Senke, schmale Boote dagegen einen widerstandsvermehrenden »Trog« erzeugen.

Bei allen Gleitbooten erfordert das Fahren im Seegang etwas Gefühl. Durch entsprechendes, mit der Wellenfolge abwechselndes Herunter- und Heraufgehen mit der Drehzahl läßt sich – besonders bei längerer See, die Seegängigkeit erheblich heraufsetzen.

Interessant ist auch, daß Verdrängungsboote sich bei hoher Fahrt und Hartruderlage zunächst nach innen legen (Ruderdruck) und dann infolge der Zentrifugalkraft nach außen krängen. V-Spantboote dagegen legen sich wegen der Stützwirkung des Bodens im Drehkreis immer nach innen.

e) Die hohen Beanspruchungen der Kriegsboote mußten zu erheblichen Änderungen gegenüber der leichten, gewichtssparenden Bauweise der Renn- und Sportmotorboote führen. Im Hinblick auf Gewicht und lokale Beanspruchung wählten alle Marinen als Baumaterial Holz: Eiche für Steven, Kiel, gewachsene und eingebogene Spanten, Außenhaut, Schotte, Decksplanken und Spiegel; Oregon Pine für Längsspanten und Decksplanken, Mahagoni für Außenhaut und Aufbauten, Rüster für eingebogene Spanten und Kiefer für Fußböden usw.

Die Bootskörper benötigten eine hohe Längs-, Quer- und lokale Festigkeit. Es empfahl sich daher die Längsspantenbauweise, die zwischen den Schotten durch eingebogene oder leichtmetallene Spanten zu unterstützen ist. So entstehen quadratische Stützfelder. Die Außenhaut wurde meist in zwei Lagen verlegt. Die Motorenfundamente sollten so weit wie möglich durchlaufen, um – besonders bei dynamischen Beanspruchungen – einen möglichst großen Teil des Bodens zum Tragen zu bringen. Bei Stufengleitbooten muß der Überbrückung der Stufe besondere Aufmerksamkeit geschenkt werden, da sie die Festigkeit des Bodens schwächt. Bei den englischen CMB war die Stufe an den durchlaufenden Boden angebaut und der entstehende Hohlraum mit Kork gefüllt. Die Ruder werden entweder als Spatenruder oder als gewöhnliche abgehängte Ruder ausgeführt. Der einarmige Wellenbock ist dem zweiarmigen widerstandsmäßig überlegen. Er muß so stark ausgelegt sein, daß er den beim Verlust eines Propellerflügels auftretenden Kräften gewachsen ist. Der Austritt der Welle aus dem Boot geschieht meist durch einen an tragfähige Bootsteile angeschlossenen Hartholzblock. Für die Motoren ist die ausreichende Kühlwasserversorgung eine Lebensfrage. Die Förderung erfolgt durch Wasserfänger, d. h. entsprechend geformte Blechgebilde, durch die das Wasser durch den Fahrtstrom hineingedrückt wird. Bei Gleitbooten sitzen sie meist an der Stufe. In einigen Fällen sind auch die Wellenböcke als Wasserfänger ausgebildet worden. Der Auspuff wird am besten querab der Antriebsanlage in die Nähe der Wasserlinie gelegt. Mit Rücksicht auf mögliche Schwingungsbrüche sind mit Kühlmänteln versehene Metallschläuche zweckmäßig. Bei Stufenbooten wird der Auspuff häufig in die Stufe verlegt, um diese zu belüften.

f) Insgesamt gesehen hatten sich die Schnellboote jedoch bei allen Marinen als durchaus interessantes Seekriegsmittel erwiesen, vor allem, als man sie von U-Jagd-, Sperrbewachungs-, Minensuch- u. ä. Aufgaben befreite. Eine spezielle, dem neuartigen Offensivkampfmittel angemessene Einsatztaktik wurde jedoch von keiner Marine entwickelt. Man begnügte sich allgemein mit überfallartigen, kurzfristig ablaufenden Unternehmungen. Es hatte sich dabei gezeigt, daß bei geringem Einsatz an Menschen und Material durch Überraschung, kleine Zielfläche und überlegene Geschwindigkeit mit einem hohen Maß an Erfolgsaussicht gerechnet werden konnte. Vor allen Dingen bei Nacht, in flachen Küstengewässern, vor Häfen usw. hatten sich die Schnellboote als durchaus interessante und schlagkräftige Waffe erwiesen. Die Kriegserfahrungen zeigten auch, daß verfolgende Zerstörer und Torpedoboote in fast allen Fällen mit den Turbinenanlagen nicht schnell genug auf hohe Fahrstufen kamen, um nach dem Angriff ablaufende Schnellboote sicher abfangen zu können. Andererseits hatte sich aber auch sowohl im Nordseeraum als auch in der Adria immer wieder offenbart, daß das Flugzeug als besonders ernster Gegner des Schnellboots anzusehen war.

Die allgemeine Entwicklung der Schnellboote zwischen den Kriegen

Die militärpolitische Ausgangssituation nach dem Ersten Weltkrieg

Die ersten Jahre nach dem Ende des Ersten Weltkriegs waren gekennzeichnet durch einen noch aus der Kriegszeit herrührenden mörderischen Seerüstungswettkampf der verbliebenen großen Seemächte. Besonders die USA und Japan versuchten Flottenbauprogramme zu realisieren, die alle bisherigen Friedensbaupläne weit in den Schatten stellten.

Wirtschaftliche, aber auch politische Vernunftsüberlegungen, führten im Jahre 1922 zum Washington-Abkommen, einem Seerüstungs-Abkommen, das zunächst die Qualität und Quantität der großen Kampfschiffe begrenzte. Das quantitative Zahlenverhältnis der Schlachtflotten der USA, Englands, Japans, Frankreichs und Italiens wie 5 : 5 : 3 : 1,75 : 1,75 wurde jedoch nur nach zähem Ringen erreicht und besonders von Japan, aber auch von Frankreich und Italien, als benachteiligend empfunden. Da alle Seestreitkräfte vom durch das Abkommen nur qualitativ beschränkten Kreuzer abwärts erst in einem späteren Abkommen (London 1930) behandelt wurden, wurden die leichten Seestreitkräfte von allen Marinen stark ausgebaut. Neben der vollen Ausnutzung der vertraglich zugestandenen 10000-ts-Kreuzer (der sogenannten »Washington-Kreuzer« mit 20,3-cm-Geschützen) wurden – besonders in Japan, Frankreich und Italien – die Torpedoträger forciert. Als Flottillenführer bezeichnete große Zerstörer wuchsen in die Größenordnung der Kreuzer der Vorkriegszeit.

Um diesen, dem Sinn der Abrüstung widersprechenden Tendenzen einen Riegel vorzuschieben, wurden auf der Londoner Konferenz von 1930 neben weiteren einschränkenden Abmachungen über Schlachtschiffe und Träger auch Kreuzer und Zerstörer nach Zahl, Größe und Kampfwert beschränkt.

Aber auch in London blieben alle Überwasser-Kampfschiffe von 600 t Verdrängung und darunter frei von allen einschränkenden Bestimmungen (12).

Trotz des Einsatzes und der insgesamt gesehen durchaus erwähnenswerten Erfolge der Schnellboote im Ersten Weltkrieg wurden diese jedoch von den großen Seemächten s. Zt. so wenig ernst genommen, daß selbst der Versailler Vertrag, der die deutsche Flotte auf je 6 Linienschiffe und Kreuzer und je 12 Zerstörer und Torpedoboote (zzgl. je 2 Linienschiffe und Kreuzer und je 4 Zerstörer und Torpedoboote als Reserve) beschränkte, sie nicht erwähnte. Nur die Ausführungsbestimmungen (Gesamtzahl) der zugelassenen Torpedoträger und -rohre) berührten diese Frage indirekt. Ein Grund für die deutsche Marineleitung, die Entwicklung des Schnellboots in den zwanziger/Anfang dreißiger Jahren mit einer gewissen Tarnung zu betreiben...

Schnellboote konnten also zwischen den Kriegen – im Gegensatz zu allen größeren Schiffstypen über 600 t Verdrängung – von den interessierten Marinen völlig frei und ungehindert entwickelt und gebaut werden.

Die Grundlagen einer friedensmäßigen Weiterentwicklung der Schnellboote

Für eine friedensmäßige Weiterentwicklung der im Ersten Weltkrieg unter kriegsbedingten Umständen in allen Marinen mehr oder minder improvisierten, jedoch auf allen Kriegsschauplätzen grundsätzlich bewährten Motor-Torpedoboote mußten sich folgende Gesichtspunkte ergeben:

Aufgaben, Möglichkeiten und Grenzen

Schnellboote sind als Torpedoträger primär Offensivfahrzeuge. Die offensiven Aufgaben umfassen
– den Torpedoangriff auf große Schiffe,
– das Eindringen in feindliche Stützpunkte und Häfen zum Angriff auf die dort liegenden feindlichen Einheiten,
– kleinere Landungs-(Kommando-)Unternehmungen gegen die feindliche Küste.

Als sekundäre, von Schnellbooten nicht immer ganz befriedigend zu lösende Aufgaben fallen weiterhin alle jene an, die auch sonst kleineren Kriegsschiffen, bis einschließlich Zerstörern, gestellt werden, wie
– Jagd auf U-Boote,
– Küstenwach- und Geleitdienst,
– Aufklärungs- und Meldedienst,
– Legen offensiver Minensperren usw.

Wegen der geringen Größe sowie der hohen Geschwindigkeit und Wendigkeit besitzt das Schnellboot für einen großen Teil dieser Aufgaben gegenüber anderen Fahrzeugen eine Reihe von Vorteilen:
– Bessere Annäherungsmöglichkeiten an den Gegner als große Torpedoträger. Die noch bessere Annäherungsmöglichkeit des U-Boots wird durch dessen geringe Geschwindigkeit – vor allem im Tauchzustand – entwertet!
– Geringere Treffererwartung bei Gegnerabwehr durch kleines Ziel und hohe Fahrt und Manövrierfähigkeit,
– der Einsatz zum und das Absetzen nach dem Angriff ist auch über flache Gewässer möglich,
– geringe Gefährdung durch Minen usw.,
– geringer Einsatz von Menschen und Material.

Insgesamt gesehen also ganz offensichtlich eine Art Renaissance des klassischen Torpedoboots-Gedankens der 80er und 90er Jahr des 19. Jahrhunderts. Andererseits stehen diesen Vorteilen aber auch eine Reihe von Handicaps gegenüber:
– Die beschränkte Seefähigkeit,
– die geringe Standfestigkeit gegenüber Trefferwirkung,
– der geringe Fahrbereich und die dadurch bedingte Stützpunktabhängigkeit, die jedoch durch Mutterschiffe teilweise kompensierbar ist,
– der starke Verschleiß der hochgezüchteten Antriebsanlagen,
– die hohe physische Beanspruchung der Besatzungen,
– die hohen Baukosten je Tonne Wasserverdrängung.

Die entscheidenden Gegner – besonders am Tage – sind Flugzeuge und kleinkalibrige Artilleriewaffen mit hoher Kadenz, speziell die Flakartillerie, die nach dem Ersten Weltkrieg auf allen Kriegsschiffen erheblich anwuchs. Die idealen Angriffszeiten sind Dämmerung und Nacht. Entscheidend für den Erfolg ist weitgehend das Überraschungsmoment. Der konzentrische Ansatz mehrerer Boote zwingt die Abwehr zur Diversion der Kräfte, gleiches trifft für eine gleichlaufende Kombination von Schnellboot- und Luftangriff zu, wenngleich ein derartiger Angriff auch in praxi zeitlich außerordentlich schwer aufeinander abzustimmen ist. Je größer die Zahl der zum Angriff gleichzeitig angesetzten Boote, desto größer ist die Aussicht auf Erfolg.

Grundsätzlich können Schnellboote aber nie Seekriegsmittel schlechthin, sondern immer nur Teil einer in sich ausgewogenen Flotte sein! Ihr Bereich ist und bleibt das Küstenvorfeld sowie regional eingeschränkte Gewässer.

Forderungen an die weitere Entwicklung

Für die weitere Entwicklung der Schnellboote waren offensichtlich folgende Grundsatzforderungen zu stellen:

Die Forderung der Überraschung

Erfolg und Mißerfolg des Einsatzes von Schnellbooten hängen weitgehend vom überraschenden Auftreten ab. Das beinhaltet an Forderungen:
– Schwer erkennbar, kleine Abmessungen, kleine Silhouette.
– Rasches Anlassen und Hochfahren der Antriebsanlage.
– Möglichst geräuscharmer Lauf. Da diese Forderung selbst mit besten Schalldämpfern nicht zu erreichen ist, sind u. U. Marschhilfs- und Schleichmotoren zu erwägen.
– Große Geschwindigkeiten. Diese sollte die der Zerstörer und Torpedoboote um mindestens 5–10 kn

übertreffen. Sie wird aber, besonders bei Gleitbooten, mit zunehmendem Seegang schnell herabgesetzt. Es ist daher in jedem Falle zu prüfen, ob ein Verzicht auf die letzte Geschwindigkeitsspitze zugunsten besserer Seefähigkeit, d. h. also die Wahl von Formen, die auch bei mittlerem Seegang nicht allzu sehr von der Höchstgeschwindigkeit verlieren, zweckmäßiger ist. Hohe Geschwindigkeit geht ferner immer auf Kosten der Bewaffnung, des Fahrbereichs und der Festigkeit des Bootskörpers. Besonders in Seegebieten mit kurzer, steiler See (z. B. Nord- und Ostsee) werden Gleitboote wegen ihrer großen Anfangsstabilität schnell unbrauchbar.

– Großer Fahrbereich, teils, um länger auf Station stehen zu können, teils, um bei entsprechenden Wetterverhältnissen aus dem engeren Küstenbereich heraustreten und auch in entfernteren Seegebieten operieren zu können. Der Fahrbereich kann u. U. durch besondere Marschmotoren mit geringem Verbrauch verbessert werden.

– Gute Wendigkeit, doch sollten die Boote, u. a. auch wegen des Waffeneinsatzes in der Flugzeugabwehr, beim Drehen mit hoher Geschwindigkeit nicht allzusehr krängen.

Die Forderungen der Bewaffnung für Angriff und Abwehr

Ein Schnellbootangriff ist in fast allen Fällen das Ausnutzen einer einmaligen Gelegenheit. In diesem Moment muß alles Vorhandene an Waffen an den Feind gebracht werden können. Daraus resultieren an Forderungen:

Möglichst viele Torpedos mit starker Ladung, d. h. also großem Kaliber. Das mögliche und optimale Kaliber ist eine Frage der Anzahl, der Abmessungen und des Gewichts. Der 45-cm-Torpedo wiegt bei 5,5 bis 6,0 m Länge 700–800 kg und trägt allgemein unter 200 kg Ladung. Der 53,3-cm-Torpedo ist rd. 7–8 m lang, wiegt 1000 kg und mehr und trägt 250–300 kg Ladung.

Alle im Ersten Weltkrieg praktizierten Torpedoanordnungen hatten Vor- und Nachteile:

– Die Heckgleitbahn ist eine verhältnismäßig einfache, gewichtssparende Konstruktion. Nachteilig ist das ungeschützte Freiliegen des Torpedos und die Gefährdung des Bootes durch Oberflächenläufer. Die Anordnung der Gleitbahn innerhalb des Bootskörpers gibt dem Torpedo zwar Schutz, nimmt aber wertvollen Raum in Anspruch.

– Seitliche Abwurfeinrichtungen sind etwas unsicher und im Seegang auch nicht ungefährlich. Darüber hinaus führt der Abwurf nur eines Torpedos zu einseitiger Belastung und damit Krängung des Bootes. Hierbei kann das Boot u. U. aus dem Ruder laufen.

– Bugtorpedorohre sind die aufwendigste Methode, jedoch aus taktischer Sicht besonders günstig. Die Lagerung des Torpedos im Rohr sichert diesen gegen Witterungseinflüsse und Beschädigungen. Schwierig sind die ballistischen Verhältnisse beim schnellaufenden Boot und die erhebliche Belastung des Vorschiffs, die zu widerstandsmäßig ungünstigen Vorschiffslinien führen kann. Letzteres kann durch eine etwas weiter achterliche Anordnung der Rohre verhindert werden, doch muß der Torpedo dann in einem gewissen Winkel zur Mittschiffslinie geschossen werden.

– Möglichst viele Maschinenwaffen, deren Aufstellung einen weitgehend ungehinderten Luft- und Seezieleinsatz gewährleistet. Zahl und Kaliber dieser Waffen werden meist weniger von der Gewichtsseite als von der verfügbaren Decksfläche beeinflußt. Das Kaliber wird durch die auftretende Rückstoßkraft beschränkt, die mit den Festigkeitsverhältnissen des Bootes abzustimmen ist. Grundsätzlich muß das Kaliber jedoch bezüglich Reichweite und Wirkung am Ziel gegen gleichartige Seeziele – und besonders gegen Flugzeuge – beeindruckend sein.

– Für die gelegentliche U-Jagd sind möglichst viele Wasserbomben vorzusehen, die u. U. auch erfolgreich gegen verfolgende Überwasserschiffe eingesetzt werden können. Ihre Anzahl ist – da Sekundärwaffe – meist abhängig von dem hierfür freistellbaren Gewicht.

– Eine ausreichende Nebeleinrichtung ist grundsätzlich erforderlich, um das ablaufende Boot zu schützen. U. U. können Nebelwände auch das Zuschußkommen auf einen verfolgenden Gegner ermöglichen.

Die Forderungen der Zuverlässigkeit

Die Betriebssicherheit und Zuverlässigkeit des Gesamtfahrzeugs und aller Teile ist weitgehend bestimmend für den Erfolg. Im einzelnen ergeben sich:

– Die Forderung nach hochfester und gleichzeitiger leichter Bauweise des Bootskörpers, die durch entsprechende Baustoffe und -weise sicherzustellen ist. Holz wird bei kleineren Booten gewichtsmäßig, im Hinblick auf die Festigkeit gegenüber lokalen Beanspruchungen, die geschwindigkeitsbestimmende Glätte der Außenhaut und die Schwingungsdämpfung immer vorteilhaft sein.

– Die Forderung nach leichten (d. h. hochtourigen) und betriebssicheren Antriebsanlagen, die den im Betrieb auftretenden starken Belastungsschwankungen (u. a. im Seegang austauchende bzw. Luft von der Wasseroberfläche ansaugende Propeller) gewachsen sind. Das äußerst schwierige Problem der Zuverlässigkeit der hochgezüchteten Motoren engte die Zahl der in Frage kommenden Hersteller bei allen Nationen von vorn herein ein. Es zeigte sich bald, daß zwischen den Kriegen nur wenige Firmen in dieser Hinsicht einen guten Ruf bekamen, die dann auch fast alle Marinen der Welt belieferten. Der im zivilen Bereich wegen seines leichten Gewichts, der einfachen Wartung und der schnellen Betriebsbereitschaft vielfach interessante Otto-Motor hat für militärische Schnellboote den Nachteil der hohen Explosions- und Brandgefahr. Die deutsche Marine hat ihn schon nach dem Ersten Weltkrieg immer abgelehnt und schon im Laufe der ersten Entwicklungsphase zwischen den Kriegen systematisch auf den leichten Schnellbootdiesel hingearbeitet. Im Ausland mußte der Otto-Motor dagegen wegen fehlender bzw. nicht entsprechend leistungsfähiger Dieselmotoren-Fertigungskapazitäten meist noch im Verlauf des Zweiten Weltkriegs akzeptiert werden. Das günstigere Gewicht der Otto-Motoren wird im übrigen durch den höheren Kraftstoffverbrauch und das Gewicht der umfangreichen Feuerschutzeinrichtungen meist weitgehend kompensiert.

Allgemein wird man versuchen, so viele kleine, hochtourige Motoren zu verwenden, wie raum- und betriebsmäßig möglich. Umgekehrt beansprucht aber eine aus vielen kleinen Motoren bestehende Anlage mehr Grundfläche und Wartung und das günstige Gewicht der Antriebsanlage kann u. U. durch Sammelgetriebe o. ä. wieder ansteigen. Schließlich kann auch der Vortriebsgütegrad durch eine größere Anzahl von Propellern sinken. In fast allen Fällen wird sich jedoch die Anzahl der Motoren weniger aus konstruktiven und Zweckmäßigkeitserwägungen, sondern schlicht und einfach aus den zur Verfügung stehenden Motorentypen ergeben.

Die Forderungen an die Besatzung

Die Besatzungen von Schnellbooten sollten zahlenmäßig so klein wie einsatzmäßig möglich gehalten werden, damit sie sich auf dem kleinen Fahrzeug nicht selbst im Wege stehen. Weitgehende Spezialisierung bei gleichzeitiger Universalität müssen sich in jedem Mann vereinen.

Die außerordentlich starke physische Beanspruchung erfordert einen ausreichende und bequeme Unterbringung und zweckentsprechende Vorräte. (13, 14, 15)

Die Zwischenkriegsentwicklung des Schnellboots in der deutschen Marine

Die Boote

Erste Vorläufer der Reichsmarine

Das Kriegsende 1918 beendete zunächst auch erst einmal den deutschen Schnellbootbau. Die vorhandenen Boote wurden storniert, desarmiert und verkauft, die in Bau befindlichen abgebrochen oder für zivile Zwecke fertiggebaut.

Für die neu entstandene Reichsmarine galt es zunächst, neben der Aktivierung der gemäß Friedensvertrag zum Minenräumen in Fahrt zu haltenden Fahrzeuge die belassenen, meist völlig veralteten und materiell in schlechtem Zustand befindlichen größeren Fahrzeuge (Linienschiffe, Kreuzer, Torpedoboote usw.) in Fahrt zu bringen und personell zu besetzen. Für weiterführende Planungen und Entwicklungsarbeiten fehlten in den ersten Nachkriegsjahren zunächst alle monetären, personellen und materiellen Voraussetzungen. Sicher ist jedoch, daß das Torpedoschnellboot schon zu einem sehr frühen Zeitpunkt in vorausschauenden Überlegungen der Reichsmarine Eingang fand (7). Der Anstoß hierfür ergab sich aus

– den Kriegserfahrungen mit den LM-Booten, die sich trotz der Verwendung der für den Bordeinsatz sehr ungeeigneten Luftschiffmotoren und ihrer geringen Größe grundsätzlich bewährt hatten,

– einer unveröffentlichten Winterarbeit des damaligen Oberleutnants zur See Ruge aus dem Jahre 1920/21, in der sehr sorgfältig alle vorliegenden Erfahrungen und Unterlagen der deutschen, englischen und italienischen Fahrzeuge des Ersten Weltkriegs zusammengestellt und die in diesem Typ prinzipiell liegenden Möglichkeiten untersucht wurden,

– der drastischen zahlenmäßigen Beschränkung der deutschen Flotte nach dem Versailler Vertrag und nicht auszuschließenden Problemen in der Ostsee im Hinblick auf das durch den »Korridor« getrennte Ostpreußen.

Völlig offen war jedoch, ob die alliierten Überwachungskommissionen den Besitz und den Bau derartiger Fahrzeuge überhaupt zulassen würden. Zwar waren diese Fahrzeuge im Versailler Vertragstext nicht ausdrücklich erwähnt, doch gaben auf anderen Gebieten mit der alliierten Marinekontrollkommission, der NIACC, und der Botschafterkonferenz der Alliierten gemachte Erfahrungen durchaus Anlaß zu der Befürchtung, daß der unverhüllte Besitz derartiger Fahrzeuge zu untersagenden Zusatzforderungen bzw. zur Anrechnung dieser Boote auf die erlaubten Torpedoträger, d. h. auf die – nie gebauten – laut Vertrag zugestandenen zwölf (+zwei) 200-t-Torpedoboote animieren würde...

Erste praktische Möglichkeiten der direkten oder indirekten Förderung der Reichsmarine untersagter taktischer und technischer Einrichtungen eröffnete Kapitän zur See Lohmann, bei Kriegsende Dezernent im Reichsmarineamt, Teilnehmer an den Ausführungsverhandlungen zum Waffenstillstandsvertrag mit den englischen Vertretern der NIACC an Bord des Großkampfschiffs HERCULES am 8.12.18 vor Wilhelmshaven und ab Oktober 1920 Chef der Seetransportabteilung in der Marineleitung der Reichswehr. Lohmann hatte vom damaligen Chef der Marineleitung, Admiral Behncke, eine Generalvollmacht für die selbständige Verwaltung und Verausgabung zwar korrekt geführter, jedoch inoffizieller Sondermittel erhalten, die der Marine aus der Abwicklung des Weltkrieges und seiner Folgeerscheinungen, aus dem Ruhrfonds usw. noch zur Verfügung standen. Da bei derartigen Unternehmungen weder die Marine noch er selbst als Geldgeber in Erscheinung treten durften, gründete Lohmann als zentrale getarnte Verwaltungsstelle für eine Vielzahl sehr unterschiedlicher geheimzuhaltender Vorhaben u. a. die Firma NAVIS G.m.b.H. mit Sitz in Berlin.

Für die von Lohmann im Hinblick auf den äußerst geringen Kampfwert der im Friedensvertrag zugestandenen Flotte als besonders dringlich erachtete Entwicklung spezifischer, für den weiträumigen Nord- und Ostsee-Einsatz geeigneter schneller Motor-Torpedoboote und zur Ausbildung des erforderlichen Personalstammes wurden zunächst folgende Maßnahmen eingeleitet:

- 1924 Gründung der TRAYAG (Travemünder Yachthafen A. G.) als Stützpunkt und Werftbetrieb für die Entwicklungs- und Erprobungarbeiten an schnellen Motorbooten für Torpedo- und Minenräumeinsätze. Die Leitung der TRAYAG lag in den Händen des ehemaligen österreich-ungarischen Korvettenkapitäns Baierle. Als Kommandanten der Versuchsboote hatten sich ehemalige deutsche Seeoffiziere zur Verfügung gestellt, als Techniker die im Kriege mit Fernlenkbooten und Luftschiffmotoren befaßten Herren Mietke und Schlie. (7)

- 1925 Gründung des Hochseesportverbandes HANSA mit Sitz in Berlin und Vizeadmiral a. D. von Trotha als Präsidenten. Die dem Verband unterstellte Hanseatische Yachtschule in Neustadt/Ostsee sollte den Seefahrtsgedanken fördern und der Ausbildung von Personal auf kleinen Segel- und Motorbooten und zur ersten Funkausbildung dienen.

- 1925 Beteiligung an der Gründung der Neustädter Slip G.m.b.H., die aus der Wagria-Werft, Gbr. Klahn G.m.b.H., entstand. Sie sollte friedensmäßig

Abb. 6 LM-Boot aus dem Ersten Weltkrieg (Gröner)

als Reparaturwerft für die Boote der Yachtschule und als Motorenlehrwerkstatt, im Ernstfall aber auch als zweite, von der TRAYAG unabhängige Reparaturwerft für die Schnellboote der Marine dienen.

- Von 1923/26 Ankauf der zeitweilig durch Verkauf oder Scheinverkauf in Privathand befindlich gewesenen deutschen Kriegs-Schnellboote »LM 20, 21, 22, 23, 27, 28« (Abb. 6) als – später – »UZ(S) 20, 13, 21, 14, 15, 16, 17« und des kurz vor dem Kriegsende 1918 begonnenen, erst später fertiggestellten, nach den letzten militärischen Forderungen konzipierten »LÜSI 1« (später »UZ(S) 19«, um – natürlich ohne Bewaffnung und zivil getarnt – erste systematische Erprobungen durchzuführen (2, 16). Es gelang sogar, einige der im Kriege überbeanspruchten Motoren der LM-Boote gegen neuwertige, in England als Kriegsbeute lagernde auszutauschen: Sie wurden ordnungsgemäß mit Genehmigung englischer Dienststellen angekauft (7). Die nach der Übernahme um 1926 zunächst unter unverbindlichen Namen (BERTHA, BODO, MORITZ, LOTTE, URSULA, MAX, SIEGFRIED, LIESEL) laufenden Boote erhielten dann ab 1926 Mercedes-Benz-Otto-Motoren neuer Konstruktion: drei Boote 3×280 PS, zwei Boote 1×260 PS auf die Mittelwelle und 2×210 PS auf die beiden Außenwellen. Eines der beiden letzteren erhielt später 2×500 PS auf zwei Wellen (2). Trotz allem war jedoch mit den viel zu kleinen, ursprünglich ja nur für den Küsteneinsatz im Flandernraum vorgesehenen Booten technisch nicht weiterzukommen. Neubauten waren erforderlich.

Die letzten Kriegsplanungen hatten bereits vier entscheidende Forderungen an derartige Fahrzeuge herausgestellt:

- speziell dafür konstruierte leichte Höchstleistungsmotoren, wenn möglich sogar Dieselmotoren. Auch die TRAYAG-Versuche hatten erneut die Feuer- und Explosionsgefahr der Otto-Motoren bestätigt: Ein Boot brannte total aus, andere mußten aus Sicherheitsgründen auf See vorübergehend verlassen werden, ehe das ausgebrochene Feuer durch den luftdichten Verschluß des Bootes infolge Sauerstoffmangels erstickt bzw. durch Einblasen von Tetrachlor gelöscht war (7). Eine von Korvettenkapitän (Ing.) Stücker verfaßte, sehr eingehende Studie »Welche Forderungen sind an die Maschinenanlagen schneller Motorboote zu stellen, um sie im Kriege als Torpedoträger verwenden zu können? Welche Hilfseinrichtungen müssen auf den Land- und schwimmenden Stützpunkten (!!) dieser Boote vorhanden sein, um eine möglichst große Ausnutzung dieser Kampfmittel sicherstellen zu können (MGFA II M 57/34)« stellte alle Antriebsfragen zusammen.

- Die Entscheidung für die widerstandsmäßig besonders im höheren Geschwindigkeitsbereich nicht ganz so günstige, dafür aber sehr seefähige Rundspant-Verdrängungsbootsform mit einem sehr flach, brettartig gehaltenem, gegen zu starkes achterliches

Vertrimmen stützenden und den Propulsionsgütegrad begünstigenden Hinterschiff.

– Den im Hinblick auf die Gewichtsverteilung, die ballistischen Verhältnisse und den Widerstand des Bootskörpers problematischen, taktisch aber günstigen Torpedoschuß in Recht-Voraus-Richtung.

– Die Verwendung des schweren, langen, aber mit entsprechender Sprengkraft und Laufstrecke versehenen 53,3-cm-Torpedos anstelle des s. Zt. auf Schnellbooten meist üblichen 45-cm-Torpedos. Anzustreben waren schließlich zwei Bugrohre und – wenn möglich – zwei hinter den Rohren auf den Seitendecks einfahrbereit liegende Reservetorpedos, um auch bei weiträumigen Operationen den Fahrbereich voll ausnutzen zu können.

Trotz dieser sehr konkreten und mit der späteren Endlösung des deutschen S-Boots schon weitgehend identischen Vorstellungen entschloß man sich seiner Zeit – und das scheint besonders im Hinblick auf die geringen zur Verfügung stehenden Mittel bemerkenswert! – zu einem sehr breit angelegten Erprobungsprogramm: In den Jahren 1926/29 wurden gebaut und bezüglich Verwendbarkeit überprüft:

– Das bei Abeking & Rasmussen in Vegesack gebaute, im Herbst 1926 gelieferte Versuchsboot »K« (Abb. 7, 8), 17,4 × 3,48 × 1,16 m, rd. 16 t Verdrängung, zwei 450/530-PS-Otto-Motoren für rd. 40 kn, ein von Professor Ehrenburg (Technische Hochschule Berlin) nach dem Vorbild der englischen 55-Thornycroft-CMB entwickeltes Wellenbinderform-Stufengleitboot mit Doppelkarweel-Mahagoni-Beplankung. Exakte Konstruktionszeichnungen seiner Boote hatte Thornycroft im Jahre 1923 in den »Transactions of the Institution of Naval Architects« veröffentlicht (11 a). Das Fahrzeug erwies sich jedoch als festigkeitsmäßig unbefriedigend: Der erste Bootskörper erlitt bereits bei mittleren Geschwindigkeiten um 25 kn und leichtem Seegang nicht zu beseitigende Schäden. Ein neuer, wesentlich verstärkter Bootskörper hatte laufend nicht dicht zu bekommende Leckagen im Bereich der Stufe. Die vorgesehene Bewaffnung, 2-45-cm-Heck-TR für den Achterausschuß nach dem Abdrehen und ein MG, wurde bei den Versuchen aus Tarnungsgründen durch Ballastgewichte ersetzt. Auf freier See sollen mit diesem Fahrzeug aber auch Torpedo-Seitenwurf-Versuche nach italienischem Vorbild vorgenommen worden sein (2, 7, 17). Das Boot wurde am 25. 7. 1930 in »UZ(S) 12« umbenannt.

– Das 1925/26 auf eigenes Risiko bei Lürssen in Vegesack gebaute Versuchsboot LÜR (Abb. 9) – später »UZ(S) 11« –, 21,0 × 3,6 × 128 m, rd. 23 t Verdrängung, 3 × 450-PS-Maybach-Otto-Motoren, 33,5 kn, Eiche-Mahagoni-Kraweelbau. Es entstand in Anleh-

Abb. 7   Deutsches Versuchs-Schnellboot »K« (Verfasser)
Abb. 8   Versuchs-Schnellboot »K« in voller Fahrt (Verfasser)

Abb. 9   Versuchs-Schnellboot LÜR (Verfasser)

Abb. 10   Versuchs-Schnellboot LÜSI 1/LIESEL (Gröner)

nung an die schnellen »Expreß-Motorkreuzer«, einem Rundspant-Verdrängungsbootstyp, den Lürssen in jener Zeit in relativ großer Zahl für amerikanische Wassersportler baute. Das Fahrzeug sollte nur die bereits vorliegenden guten Erfahrungen mit dem kleineren LÜSI 1 (Abb. 10) erhärten und darüber hinaus grundsätzliche Vorstellungen von den Eigenschaften größerer, schneller Rundspantboote in der kurzen, steilen See des Nord-/Ostseeraumes vermitteln (2,7). Das Boot wurde am 16. 3. 1930 ausgemustert und als »Flugbetriebsboot FL D 226« an die »Luftwaffe« abgegeben.

Abb. 11   Versuchs-Schnellboot NARWAL vor dem Zuwasserbringen (Neesen)

Abb. 12 Versuchs-Schnellboot NARWAL – Antriebsraum (Neessen)

Abb. 13 Versuchs-Schnellboot NARWAL – Zentraler Motoren-Leit (Neessen)

– Das in Gemeinschaftsarbeit Caspar-Werft/TRAYAG in Travemünde gebaute und im Herbst 1926 fertiggestellte Versuchsboot NARVAL (Abb. 11, 12, 13) – später »UZ(S) 18« –, 21,3×4,06×0,9 m, 26,4/31 t Verdrängung, 3×375-Atlantic-12-Zylinder-V-Otto-Motoren auf 3 Propeller von 0,76 m Durchmesser, 34,8 kn, wurde bewußt als »Anti-Boot« gegen die auf Grund aller vorliegender Erfahrungen bereits als günstiger erachtete Rundspantform gebaut. Es war das größte Gleit-Schnellboot seiner Zeit. Entworfen von Dipl.-Ing. Neesen, Berlin, baute es, wie das Versuchsboot »K«, auf dem 55-Thornycroft-CMB auf (Wellenbinder-Einstufen-Gleitboote mit rundem Waldeck), war aber – unter Nutzung neuartiger, vom Konstrukteur entwickelter Bauverfahren – im Gegensatz zu »K« wesentliche kräftiger gebaut: Mahagoni-Doppel-Diagonalkraweel-Schalenbau auf Querspanten mit starken Längsbändern. Trotz bemerkenswerter Eigenschaften bestätigten die Vergleichserprobungen dann aber erneut die wesentlich besseren Eigenschaften der Rundspantboote LÜSI 1 und LÜR im Seegang: Ab See 2–3 gehen die günstigen Widerstandseigenschaften des Gleitboots nun einmal verloren: Das Boot beginnt zu springen, setzt hart ein und verliert an Fahrt. (2, 7, 17, 18)

Damit war die Entscheidung der deutschen Marine endgültig zu Gunsten des Rundspantboots gefallen, die technischen Erprobungen waren abgeschlossen. Herr Bunje, der seit 1919 bei der Lürssenwerft im Motorboots- und Schnellbootbau tätig war, schrieb dem Verfasser seinerzeit: »Nachträglich kann gesagt werden, daß der große Aufwand an Zeit, Mitteln und Ingenieurarbeit nicht gerechtfertigt war, denn vergleichende Modellschleppversuche und die vorliegenden bekannten Erprobungen mit den Thornycroft-Booten hätten vollauf genügt, Klarheit zu schaffen«. Eine vom Standpunkt des Ingenieurs sicher absolut richtige Stellungnahme, doch für die Truppe, die mit den Endprodukten schließlich fahren soll, sind praktischer Großversuch und eigener Augenschein weitaus überzeugender als Experimente im Schlepptank usw.

Taktische Versuche hinsichtlich zweckmäßiger Schnellboot-Einsätze waren erstmalig von Juli bis September 1926 unter Kapitänleutnant Weichhold mit einigen zu diesem Zweck vorübergehend in Dienst gestellten, um 16 kn laufenden, aus den Kriegsjahren 1916/17 stammenden UZ-Booten (U-Boot-Zerstörer) ausgeführt worden und wurden in den folgenden Jahren sporadisch wiederholt. Aufgrund dieser technischen und taktischen Arbeiten war es Kapitän zur See Lohmann in den späten zwanziger Jahren sogar gelungen, den spanischen König für die deutschen Schnellboot-Entwicklungen zu interessieren. Auf seine Bitte hin stellten Lohmann und Korvettenkapitän Canaris eine Studie über die Verwendung von Schnellbooten innerhalb der spanischen Marine auf, mit dem Erfolg, daß die spanische Marine in Deutschland eine größere Anzahl von Booten bestellen wollte. Da diese Bestellung dann je-

Abb. 14   Ostseesperrverband der Reichsmarine (Verfasser)

doch wegen des Umsturzes in Spanien nicht mehr zur Ausführung kam, blieben Lohmanns Hoffnungen unerfüllt (Sammeln von Erfahrungen für eigene Neubauten, Stärkung der deutschen Bootsbau- und Motorenindustrie usw.).

Erfolgreicher verlief jedoch die Einrichtung einer mit Reichsmitteln finanzierten, offiziell von dem spanischen Großindustriellen Echevarrieta geführten, tatsächlich jedoch unter Leitung deutscher Konstrukteure stehenden Torpedofabrik in Cadiz (16).

Am 16.4.1928 wurde der »Ostseesperrverband«, bestehend aus 25 »Sperrübungsfahrzeugen« (Minenräumboote aus den Jahren 1905–1917) und sogenannten »Bewachungsfahrzeugen« aufgestellt (Abb. 14). Als Bewachungsfahrzeuge liefen die UZ-Boote sowie, unter Zusatz des Tarnbuchstabens (S), d.h. Schnellboot

– die ehemaligen LM-Boote als »UZ(S) 13, 14, 15, 16, 17, 20, 21« (Abb. 15)
– ex LÜSI 1 bzw. LIESEL als »UZ(S) 19«
– ex LÜR als »UZ(S) 11«
– ex »K« als »UZ(S) 12«
– ex NARWAL als »UZ(S) 18«.

Im weiteren Verlauf wurden die Erprobungsboote dann nach und nach außer Dienst gestellt: am 7.8.1930 »UZ(S) 16«, am 31.3.1931 »UZ(S) 12, 13, 14, 18, 20« am 6.9.1932 »UZ(S) 19« und am 9.6.1933 »UZ(S) 15, 17, 21«. »UZ(S) 18« existierte noch bis 1938 bei der Marineschule Kiel, die übrigen Boote wurden verkauft, darunter »UZ(S) 15, 17, 19, 20« als »A–D« nach Kolumbien.

Bemerkenswert ist, daß der Werftbesitzer Otto Lürssen, der sich ab 1925 ein gut eingearbeitetes Team von Schiffbau- und Maschinenbau-Ingenieuren verpflichtet und auf die Entwicklung von Schnellboot-Projekten angesetzt hatte, als willkommene Ergänzung der technischen Erfahrungen für das Reichsfinanzministerium drei mit Leicht-Dampfturbinen angetriebene Zollfahrzeuge bauen konnte.

Abb. 15   Schnellboote »UZ(S) 14, 15, 17« (Marine-Rundschau 1963, S. 114)

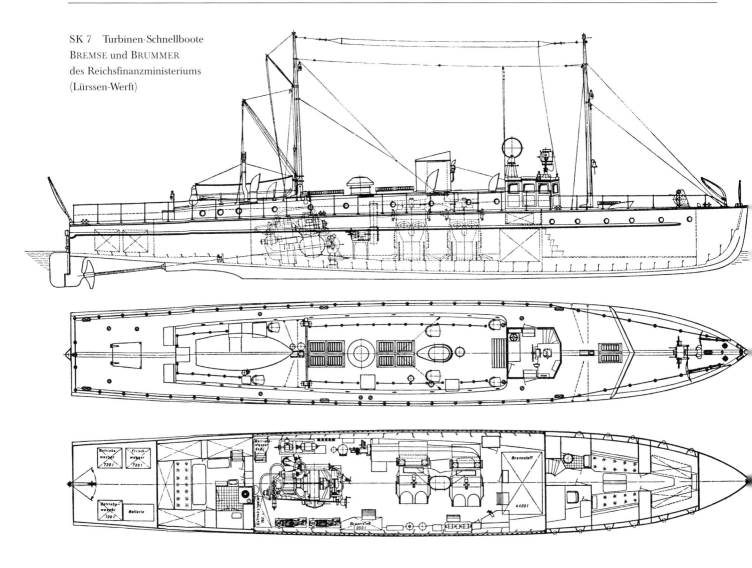

SK 7 Turbinen-Schnellboote BREMSE und BRUMMER des Reichsfinanzministeriums (Lürssen-Werft)

1925 erhielt der zum Zollkreuzer HINDENBURG umgebaute ehemalige U-Jäger »UZ(S) 30« eine 1600-PSw-Wagner-Hochdruck-Dampf-Turbinenanlage mit 9 kg/PS Einheitsgewicht und 330 g/PSh Kraftstoffverbrauch (19).

Im Jahre 1928 veranlaßte Ministerialrat Werner Otto vom Reichsfinanzministerium den Bau zweier Wagner-Versuchsanlagen, die in Größe, Gewicht und Leistung für ein Schnellboot geeignet gewesen wären. Die beiden bei Lürssen gebauten 55-t-Boote BREMSE (Leichtmetall-Holz-Kompositbau) und BRUMMER (elektrisch geschweißte Stahlinnenverbände) erreichten mit zwei 60 atü Wasserrohrkesseln und einer 1600-PSw-Turbine mit Rädergetriebe 29 kn. Der Fahrbereich betrug 800 sm bei 15 kn (SK 7).

Die von der deutschen Marine bereits im Verlauf des Ersten Weltkrieges klar erkannten Nachteile des Otto-Motors für den militärischen Einsatz und die zu diesem Zeitpunkt noch fehlenden leichten Schnelläufer-Diesel mußten den Blick geradezu zwangsläufig auf derartige Leicht-Dampfanlagen richten, die dann auch dem späteren deutschen Torpedoboots- und Zerstörerbau beträchtliche Impulse gaben. Auch die britische Marine beschritt später, im Zweiten Weltkrieg, mangels geeigneter Motoren bei einigen S-Boot-Typen diesen Weg…

BRUMMER und BREMSE bewährten sich im harten See-Einsatz hervorragend. Aufgrund der bald darauf erfolgenden Entwicklung geeigneter Dieselmotoren blieben sie jedoch Einzelgänger.

Am 14. 5. 1930 ordnete eine Verfügung des Reichswehrministeriums für den Sommer 1930 die Aufstellung einer der Torpedo- und Mineninspektion in Kiel unterstellten »UZ(S)-Versuchsgruppe« mit zunächst drei älteren UZ-Booten und einem 1929 in Fertigung gegebenen Neubau an.

Der große Bootstyp »S«

Aufgrund der Vergleichserprobungen beschäftigte sich das Konstruktionsamt der Marineleitung ab 1928 mit der Entwicklung eines den deutschen Vorstellungen entsprechenden Schnellboots für den Einsatz im Nord- und Ostseebereich, Gewässer, die sich generell durch eine relativ kurze und steile See auszeichnen. Als Grundlage diente der 1926 bei der Lürssen-Werft in Vegesack für amerikanische Auftraggeber gebaute Expreß-Kreuzer OHEKA II und das daraus abgeleitete Versuchsboot LÜR. Der 22,5 m lange und 3,7 m breite Expreß-Kreuzer verdrängte 22,5 t und erreichte mit 3×550 PS-Maybach-Otto-Motoren um die 34 kn. Eine besonders geglückte Linienführung des Rundspant-Verdrängungsbootskörpers gewährleistete in Verbindung mit einer sehr stabilen, jedoch gewichtsmäßig günstigen Leichtmetall-Holz-Kompositbauweise sowie stählernen Motorenfundamenten ein hohes Maß an Seefähigkeit und Festigkeit. An den umfangreichen Vorarbeiten und -untersuchungen waren neben dem Konstruktionsamt der Marineleitung (Leitung Ministerialdirektor Presse, Schiffbau Marineoberbaurat Burckhardt, Maschinenbau Ministerialrat Laudahn, Oberbaurat Brandes, Sachbearbeiter Marinebaurat Fenselau und Ingenieur Docter) und der militärischen Seite (Kapitänleutnant Bey, Oberleutnant (Ing.) Dorn) die Firmen Lürssen, MAN und Daimler-Benz beteiligt. Den Entwurf des Prototyps und alle Bauzeichnungen fertigte die Lürssen-Werft, das K-Amt lieferte den Linienriß (Entwurf Amtmann Keller), dessen Formen und Proportionen dann praktisch für alle Folgebauten, bis hin zu den letzten Kriegsbauten des Zweiten Weltkriegs, beibehalten wurden.

Nach Abschluß der Schleppversuche und aller konstruktiven Vorarbeiten erhielt die Lürssen-Werft im November 1929 den Auftrag zum Bau des ersten, direkt an die Reichsmarine zu liefernden Schnellboots, das am 7.8.30 unter der Bezeichnung »UZ(S) 16« in Dienst gestellt wurde. Am 31.3.31 wurde es zum Wachboot »W 1«, am 16.3.32 zum Wachboot »S 1« umbenannt. Damit wurde die bisher als Tarnbe-

Wichtige Schnellbootmotoren zwischen den Kriegen

a) Otto-Motoren

		Kermath USA	British Power Boat Napier „Sea Lion" England	Thornycroft England	Maybach Deutschland	Lorraine Frankreich	Fiat Italien	Rußland	Daimler-Benz Deutschland BFz 12	Lorraine Frankreich	Isotta Fraschini Italien	Packard USA
Leistung	PSe	450	500/600	550	550	690	750		720/850	800/900	1 100	1 000/1 150	800/1200 (ohne Kompressor) 950/1350 (mit Kompressor)
Drehzahl	U/min	2 200	2 300	1 800	1 600	2 400	800	/1850	1 700	1 600	1 800/2 000	/2 500
Zahl der Zylinder		12	12	12	12		12	12	12	24	18	12
Anordnung der Zylinder		V = 2 × 6	V = 2 × 6	V = 2 × 6	V = 2 × 6		V = 2 × 6	V = 2 × 6	V = 2 × 6	W = 4 × 6	W = 3 × 6	V = 2 × 6
Maschinentyp		Viertakt	Viertakt	Viertakt	Viertakt		Viertakt		Viertakt	Viertakt	Viertakt	Viertakt
Kolbendurchmesser	mm	125	140	146	140		165	160	165	150	150	165
Kolbenhub	mm	150	130	178	180		180	190	210	200	180	162
Kolbengeschwindigkeit	m/sek	11,00	10,00	10,70	9,65		10,80		11,90	10,65	10,80	
Mittlerer effektiver Druck p_{me}	kg/cm²	8,35		7,70	9,27		8,10		9,85	7,25	8,10	
Einheitsgewicht des Motors	kg/PSe							1,24			1,37	
Einheitsgewicht der Anlage	kg/PSe	2,50		2,25	2,10		2,87		1,66	2,73	1,70	
Brennstoffverbrauch	kg/PSeh	0,275	0,236	0,295	0,215		0,245	0,253	0,230	0,260	0,245	

b) Dieselmotoren

		Maybach Deutschland	Fiat Italien	Daimler-Benz Deutschland MB 500	MAN Deutschland L7 Zu 19/30	Daimler-Benz Deutschland MB 502	MAN Deutschland L11 Zu 19/30	Daimler-Benz Deutschland MB 501
Leistung	PSe	600	750	700/950	900/1 320	900/1 320	1 400/2 050	1 500/2 000
Drehzahl	U/min	1 400	1 800	1 460/1 630	900/1 050	1 500/1 650	900/1 050	1 480/1 630
Zahl der Zylinder		12	16	12	7	16	11	20
Anordnung der Zylinder		V = 2 × 6	V = 2 × 8	V = 2 × 6	Reihe	V = 2 × 8	Reihe	V = 2 × 10
Maschinentyp		Viertakt	Viertakt	Viertakt	Dopp. wirk. Zweitakt	Viertakt	Dopp. wirk. Zweitakt	Viertakt
Kolbendurchmesser	mm	150	160	175	190	175	190	185
Kolbenhub	mm	200	180	230	300	230	300	250
Kolbengeschwindigkeit	m/sek	9,30	10,80		10,50		10,50	
Mittlerer effektiver Druck p_{me}	kg/cm²	9,27	6,47	7,90	4,90	8,15	4,90	8,25
Einheitsgewicht des Motors	kg/PSe			2,280	2,70	2,040	2,840	2,150
Einheitsgewicht der Anlage	kg/PSe	4,00	3,87					
Brennstoffverbrauch	kg/PSeh	0,200	0,200	0,180	0,200	0,180	0,200	0,180

Zusammengestellt nach Literatur- und Herstellerangaben. Absolute Verbindlichkeit der Werte ist jedoch nicht sicher.

Tabelle 2 Schnellbootmotoren zwischen den Kriegen

SK 8 Schnellboot »S 1« (Lürssen-Werft)

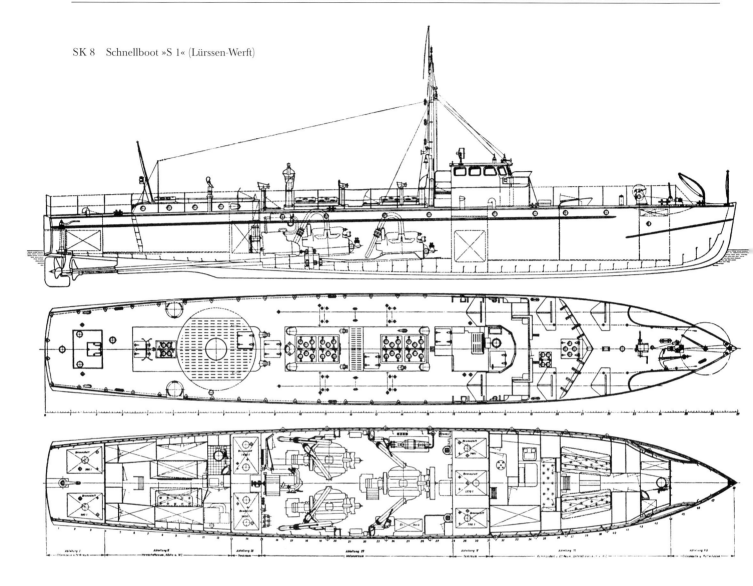

zeichnung verwandte Klassifizierung »Schnellboot« offizielle Typbezeichnung in der deutschen Marine.

Kennzeichen für das neue, als Mahagoni-Leichtmetall-Kompositbau (20) hergestellte, speziell für höhere Geschwindigkeit im Seegang entwickelte Rundspantboot (Tabelle 3, SK 8, Abb. 16) war die auf 39,8/51,6 t angewachsene Verdrängung, die »S 1« zum größten Schnellboot seiner Zeit machte (20).

Abb. 16 Schnellboot »S 1« (Verfasser)

Dies ergab sich aus

– den sehr hohen Anforderungen an die Seefähigkeit. Das Boot blieb selbst in der kurzen, steilen See des Nord-/Ostseebereichs einsatzfähig bis Beaufort 5–6.

– der Forderung nach Anordnung von zwei losnehmbaren Torpedorohren auf dem Vorschiff und damit dem Schuß in Recht-Voraus-Richtung (Abb. 17). Bei kleineren Fahrzeugen würden sich durch das sehr erhebliche, weit vorn liegende Gewicht der Torpedobewaffnung Nachteile ergeben:

a) widerstandsmäßig ungünstige Vorschiffslinien, da der Verdrängungsschwerpunkt sehr weit vorn liegen muß,

b) ein unzureichendes Anheben des Vorschiffs bei höheren Fahrstufen und im Seegang,

c) ein plötzliches und starkes Ins-Gatt-Fallen bei gleichzeitigem Abschuß beider Rohre.

– Der Anbordgabe von zwei auf dem Seitendeck hinter den Torpedorohren liegenden Reservetorpedos zum Nachladen der Rohre (Abb. 18).

– Dem für ein Schnellboot bemerkenswert großen Fahrbereich.

– Der Defensivbewaffnung von 1–2-cm-MK und 1 MG.

Da die von der Marine an sich erwünschten Dieselmotoren entsprechender Leistung noch nicht zur Verfügung standen, mußten auf »S 1« Benzinmotoren des Typs Daimler-Benz-Bfz-12-Zylinder-Viertakt mit 800/900 PS Leistung eingebaut werden. Das Arbeiten auf drei Wellen ergab sich aus der Leistung der Motoren. Alle drei Motoren waren direkt umsteuerbar. Die E-Anlage bestand aus einem 10-KW-110-Volt-Generator, der von einem Otto-Hilfsmotor angetrieben wurde. Eine umfangreiche Ardex-Feuerlöschanlage diente der Sicherheit von Boot und Besatzung. Vorausschauend hatte jedoch die Firmen MAN (Augsburg–Nürnberg) und Daimler-Benz (Stuttgart-Untertürkheim), die sich in Zusammenarbeit mit der Marine schon seit fast 10 Jahren mit Schnelläufer-Dieseln beschäftigten, von der Marine Entwicklungsaufträge für einen leichten Schnellboot-Diesel erhalten. MAN konzentrierte sich dabei auf einen Reihen-, Daimler-Benz auf einen V-Motor (2, 3, 7, 17, 21).

Nach umfangreichen Erprobungen setzte sich in der deutschen Marine die Gewißheit durch, mit diesem großen Verdrängungs-Schnellboot ein gegenüber den im Ausland allgemein üblichen Gleitbooten zwar langsameres, aber bezüglich der Einsatzmöglichkei-

Abb. 17 Torpedoschuß in Recht-Voraus-Richtung
(Marine-Rundschau 1941, S. 133)

Abb. 18 Nachladen eines Reservetorpedos
(Marine-Rundschau 1941, S. 133)

ten in den vorgesehenen Seegebieten des Nord- und Ostseeraumes vielseitigeres und ausdauerndes Fahrzeug geschaffen zu haben, das einerseits den taktischen Vorstellungen, hintergründig aber auch dem verständlichen, aus dem Friedensvertrag resultierenden Bestreben entsprach, die zahlenmäßigen Restriktionen in irgendeiner Weise zu unterlaufen und eine Art »Torpedoboots-Ersatz« zu bauen, ohne die erlaubte, bisher jedoch nicht in Anspruch genommene Quote von 12 (+4) 200-t-Torpedobooten in Anspruch zu nehmen. Bei offiziellen Einsprüchen hätte man ja auch zur Not auf diese Quote verweisen können. Auch die später vorgenommenen Verbesserungen – größeres, geschlossenes Ruderhaus, gute und heizbare Wohnräume, um die Besatzung für kurze

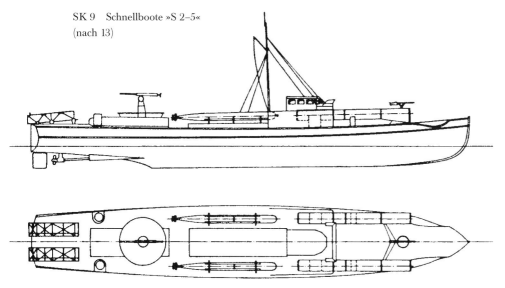

SK 9 Schnellboote »S 2–5«
(nach 13)

Zeit an Bord unterbringen zu können – tendieren deutlich in diese Richtung.

Selbst das vom »Ufficio Storico« der italienischen Marine herausgegebene Standardwerk der italienischen Schnellboote, »I MAS e le Motosilurante Italiane«, stellt zum deutschen Schnellboot »S 1« fest: »Es war tatsächlich das erste wirkliche und befriedigende Torpedo-Schnellboot. Ausschließlich für den Torpedoeinsatz konzipiert, mit der erhöhten Verdrängung, den im Vergleich zu ähnlichen zeitgenössischen Booten beträchtlichen Abmessungen, der äußerst gelungenen Bootsform und der beachtlichen Leistung der Motoren eignete sich das Boot nicht nur zu Operationen in Küstengewässern, sondern war in der Lage, auch in bewegter See und unter Wetterbedingungen mit hoher Fahrt zu laufen, die bis dahin als ungeeignet für Schnellboote gegolten hatten (22).

Die aufgrund aller bisherigen Erfahrungen mit dem Neubau im Jahre 1931 in Auftrag gegebene, in den Monaten April bis Juli 1932 gelieferte Neubau-Serie »S 2–S 5« (Tabelle 3, SK 9) schloß sich prinzipiell an den Vorläufer »S 1« an. Durch die verbesserte Einrichtung und Ausrüstung sowie den zusätzlichen, in Deutschland nur bei diesen Booten eingebauten, mit einem Kettentrieb auf die Mittelwelle arbeitenden, seitlich aufgestellten 100-PS-Maybach-Marsch- und Schleichmotor stieg die Verdrängung der um 1,0 m verlängerten Boote auf 46,5/58 t an. Die mit Hilfe von Kompressoren auf 800/1100 PS gebrachten Daimler-Benz-Bfz-12-Otto-Motoren und der hier erstmalig erfolgende Einbau der beiden, den Lürssen-Effekt bewirkenden Stauruder ergaben trotz der größeren Verdrängung eine nur unwesentlich geringere Geschwindigkeit (2, 7, 21). Eine vom Ölküchenherd betriebene Warmwasserheizung für Wohnräume, Steuerhaus und Antriebsräume sollte längere Einsätze auch in den Wintermonaten ermöglichen.

Am 1.6.32 erhielt die unter dem Kommando von Kapitänleutnant Bey stehende »UZ(S)-Versuchsgruppe«, zwischenzeitlich mit den Neubauten »S 2–5« ausgerüstet, die Bezeichnung »1. Schnellboot-Halbflottille« und wurde unmittelbar dem Befehlshaber der Aufklärungsstreitkräfte unterstellt, um die taktischen und technischen Entwicklungsfragen mit dem nötigen Nachdruck vorantreiben zu können (7, 23).

Trotzdem wurde die Eigenschaft der Boote als Torpedoträger zunächst noch geheim gehalten. Ein Erlaß des Chefs der Marineleitung, Admiral Raeder, vom 10.2.32. (B.Nr. AIIIb 2271/31 Gkdos) ordnete an:

»Betrifft: Torpedobewaffnung der S-Boote

Aus vertragspolitischen Gründen und mit Rücksicht auf die Abrüstungskonferenz muß vermieden werden, daß die 1. Schnellboot-Halbflottille, die in wenigen Monaten aus gleichartigen Neubau-(S-)Booten bestehen wird, sich nach außen offen als ein Verband von Torpedoträgern kennzeichnet, da nicht beabsichtigt ist, die Schnellboote auf die Zahl der uns zugestandenen Torpedoträger anzurechnen. Ich ordne daher an:

1) »S 2–S 5«, die auf der Bauwerft (Lürssen, Vegesack) ohne Bewaffnung in Dienst stellen, erhalten an den für die Torpedorohre notwendigen Aussparungen leichte losnehmbare Abdeckbleche. Gleiches ist vom T.M.I. im Einvernehmen mit Mar. Arsenal auf »S 1« zu veranlassen, das seine Torpedorohre nach Beendigung des Einschießens bei Einbau der Torpedorohre auf einem anderen Boot von Bord zu geben hat.

2) Die Torpedorohre aller S-Boote lagern auf dem Marinearsenal klar zum sofortigen Einbau. Sie werden bei den Probefahrten nacheinander zum Verpassen und Einschießen kurzfristig an Bord gegeben, so daß jeweils nur ein Boot Torpedoarmierung trägt.

DIE BOOTE   31

Dieses Boot dient der Öffentlichkeit gegenüber für zeitlich begrenzte Versuchszwecke der T.V.A. und soll wegen des auffälligen gleichen Bootstyps mit den übrigen unarmierten Booten der Halbflottille nicht zusammenliegen. Die Zeit des Einschießens, und damit des Anbordseins der Torpedorohre, ist möglichst abzukürzen.

3) Anbordgabe der Torpedorohre auf alle S-Boote ist beabsichtigt, sobald die kontrollpolitische Lage es zuläßt (24)«.

Im Laufe des Nürnberger Prozesses kommentierte Großadmiral Raeder diesen Befehl wie folgt:

a) Deutschland hätte lt. Versailler Vertrag 12 + 4 gleich 16 Torpedoboote von 200 ts bauen können. Da in einem Fahrzeug dieser Größe optimale Kampfwerte mangels geeigneter Motoren zu jener Zeit technisch noch nicht realisierbar waren, wurde der Bau dieser Fahrzeuge unterlassen und dafür ältere Torpedoboote (aus der Zeit vor dem Ersten Weltkrieg!) als Übungsfahrzeuge für Besatzungen in Dienst gehalten.

b) Für den Zeitraum der Indiensthaltung dieser alten, wenig kampffähigen Boote sollten die S-Boote zur Anbordnahme von Torpedorohren eingerichtet werden, um sie gegebenenfalls für die Absperrung der Ostsee verwenden zu können, falls die militär-politische Lage das Reich zu einer derartigen Maßnahme zwingen würde.

c) Die Torpedoausrüstung der S-Boote wurde geheimgehalten, um die im Jahre 1932 bestehenden Hoffnungen, im Rahmen der Abrüstungskonferenzen Lockerungen des Versailler Vertrages zu erzielen, nicht zu gefährden (25, 26).

Da »S 1–S 5« als Benzin-Boote den deutschen Vorstellungen letzthin noch nicht voll entsprachen, wurden sie nach Abschluß aller der weiteren Entwicklung dienenden Erprobungen am 10.12.36 außer Dienst gestellt. Hierzu befinden sich im Bundes-/Militärarchiv noch zwei interessante Originalschreiben:

»1) »S 1–S 5« (Vergasermotoren) scheiden aus Reservebootsbestand der 1. Flottille aus, da Geldmittel für schiff- und maschinenbaulichen Umbau (Vorschiffsänderung und Dieselmotoren) in absehbarer Zeit nicht verfügbar. Abgabe an Marinearsenal. Weitere Verwendung wird später entschieden (OKM Bz229 MA IIM 21 vom 4.7.36.).

2) M wird gebeten, auf Grund des vorliegenden Einverständnisses des ObdM zum Wortlaut nachstehender Weisung, diese an alle Marineattachès und MI zu übermitteln:

In der neuen Ausgabe des »Weyer« (jährlich in Deutschland erscheinendes Taschenbuch mit Bildern, Skizzen und technischen Daten des internationalen Flottenbestandes ähnlich dem englischen »Jane's Fighting Ships«, dem französischen »Flottes de combat« u. a.) werden die Boote »S 1–S 5« nicht mehr enthalten sein. Mit Anfragen fremder Marineattachès muß gerechnet werden. Derartige Anfragen sind folgendermaßen zu beantworten: Die Schnellboote »S 1–S 5« sind von der Liste der Kriegsschiffe gestrichen worden. Bei Fragen über ihren weiteren Verbleib ist zu antworten, daß sie verkauft worden sind, da sie den Ansprüchen der Kriegsmarine nicht mehr genügen.

Falls von englischer Seite etwa eine Mitteilung im Rahmen des Nachrichtenaustauschs hierüber vermißt wird, ist zu antworten, daß es sich bei Schnellbooten um Kriegsschiffe unter 100 t handelt, über die auf Grund des Londoner Vertrages von 1936 Teil III ein Nachrichtenaustausch nicht vorgesehen ist« (Schreiben SK 153/36 Geh. II Ang. V. 4.11.36 II M/34/5).

»S 1–S 5« sollten zunächst – zusammen mit dem in Bau befindlichen Mutterschiff, das später von der Marine als TANGA übernommen wurde – an China verkauft werden. Schließlich wurden aber alle fünf Boote als BADAJOZ, FALANGE, OVIEDO, REQUETE und TOLEDO (»LT 11–LT 15«) an Spanien abgegeben und die Lürssen-Werft baute für China drei gleichartige Neubauten als »C 1–C 3«. Von den spanischen Booten wurde die TOLEDO am 10.2.37 bei der Entladung in Cadiz irreparabel beschädigt und FALANGE geriet am 18.6.37 in Malaga in Brand – eine erneute Bestätigung der Problematik von Benzin-Booten... (2, 27, 28).

Den aus militärischer Sicht entscheidenden Fortschritt brachte dann das im November 1933 zur Flotte tretende, erstmals mit $3 \times 960/1320$-PS-MAN-L7-Zu-19/30-7-Zylinder-Viertakt-Dieselmotoren ausgerüstete Boot »S 6«. Obwohl die Antriebsanlage und der Bootskörper schwerer geworden waren, als zunächst angenommen, und das entsprechend tiefer tauchende Boot nur um die 32 kn erreichte, lag hier ein bedeutender Markpunkt der Schnellboot-Entwicklung vor: Die deutsche Marine besaß als erste Seemacht einen leichten Schnellboot-Diesel mit ausreichender Leistung! Die bei Otto-Motoren – speziell im militärischen Einsatz – immer akute Brand- und Explosionsgefahr war gebannt (2, 7, 21). Die geringeren

Abb. 19 Schnellboot der Serie »S 7–13« (WGAZ MSM)

Kraftstoffkosten, der geringere spezifische Kraftstoffverbrauch, und damit ein erhöhter Fahrbereich, waren weitere bemerkenswerte Vorteile dieses Diesels.

Die folgende, 1933 in Auftrag gegebene, von Oktober 1934 bis Dezember 1935 zur Flotte tretende Serie » S 7–S 13« (Tabelle 3, SK 10, 11, Abb. 19) entsprach den für den Einbau von Dieselmotoren vergrößerten Hauptabmessungen des Vorläufers »S 6«. Die im Vergleich zu den Vorläuferbooten »S 2–S 5« erhebliche Steigerung der Hauptabmessungen und der Verdrängung ergab sich aus dem gegenüber Otto-Motoren höheren Gewicht der Dieselanlage und dem Streben nach einer weiteren Steigerung der Seefähigkeit. Dementsprechend war auch die Seitenhöhe von 2,44 m auf 2,88 m vergrößert worden. Das Gewicht des Bootskörpers betrug 36 t, das der Antriebsanlage 24,2 t. »S 7–S 9« er-

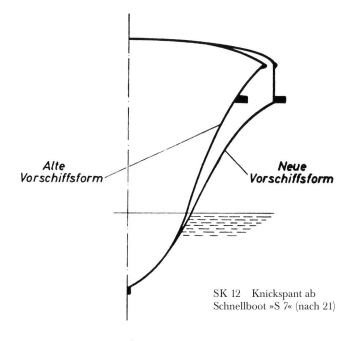

SK 12 Knickspant ab Schnellboot »S 7« (nach 21)

SK 10   Schnellboote »S 7–13« Querschnitte (WGAZ MSM)

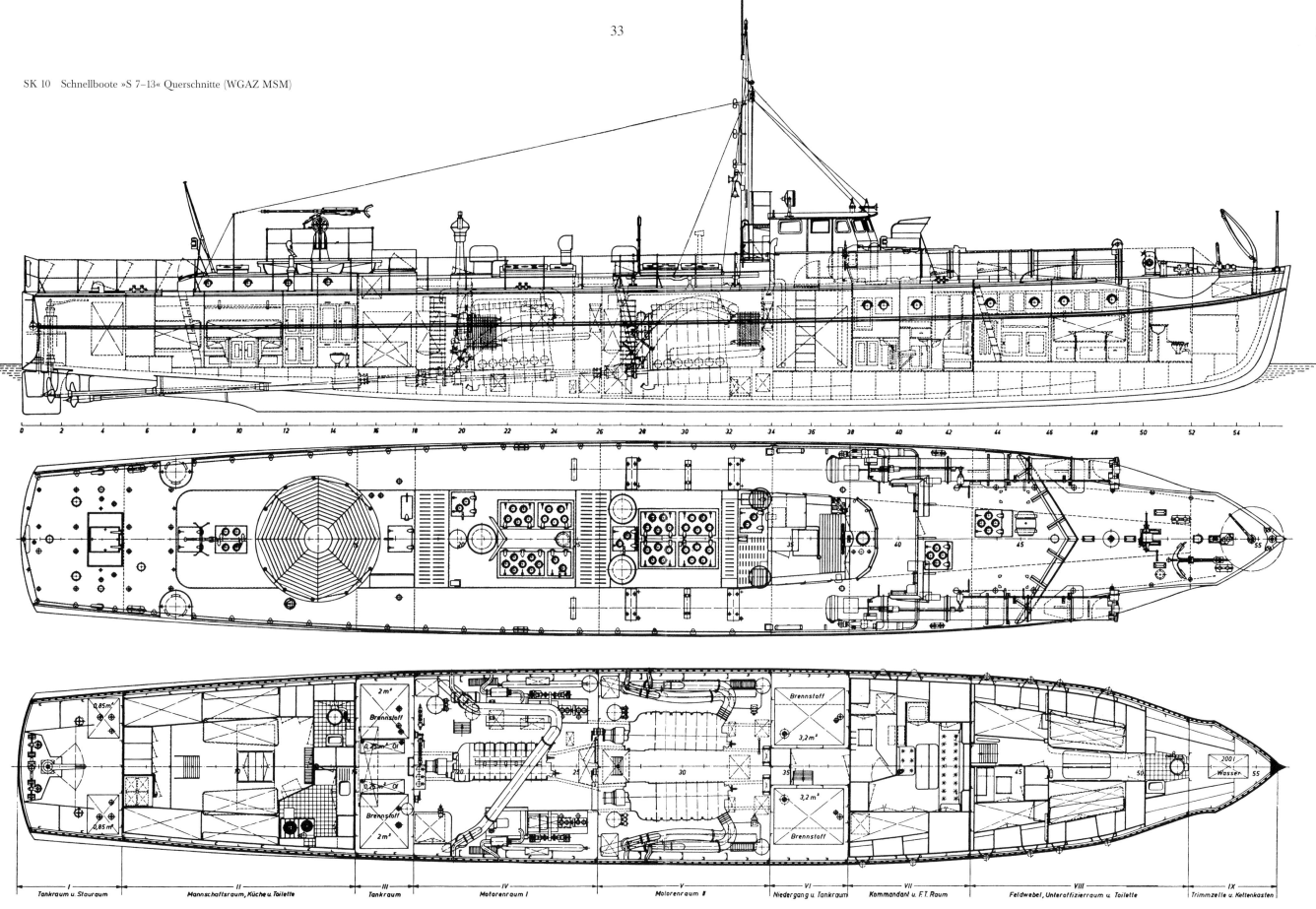

SK 11 Schnellboote »S 7–13« Querschnitte (WGAZ MSM)

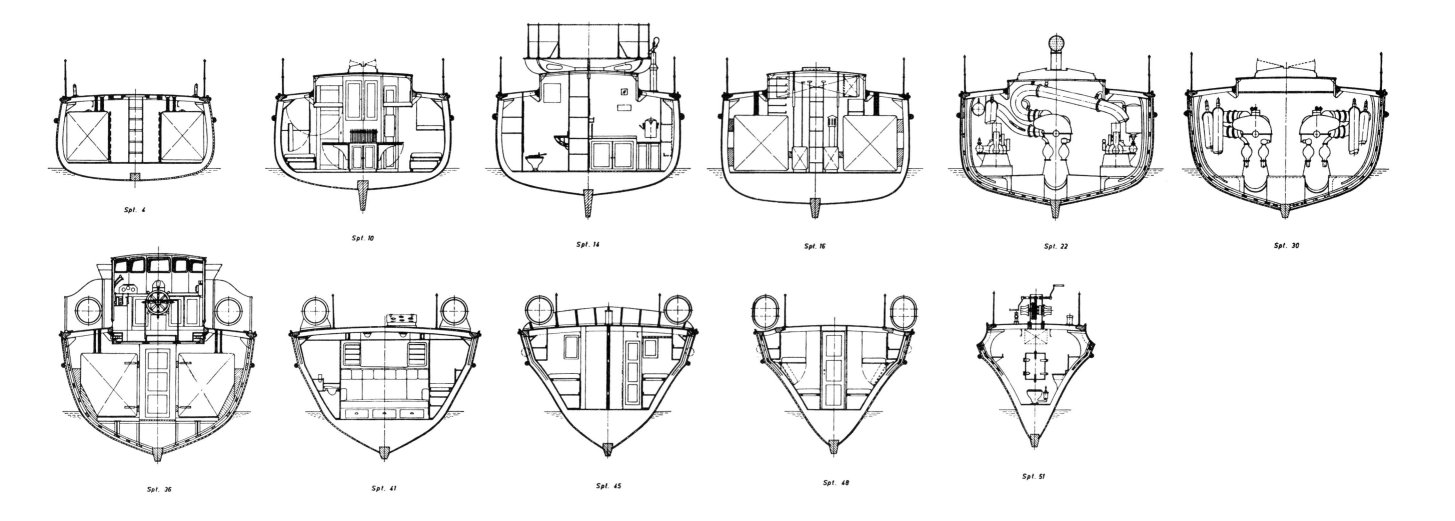

SK 22 Schnellboot Typ »S 26« – Spantenriß (Lürssen)

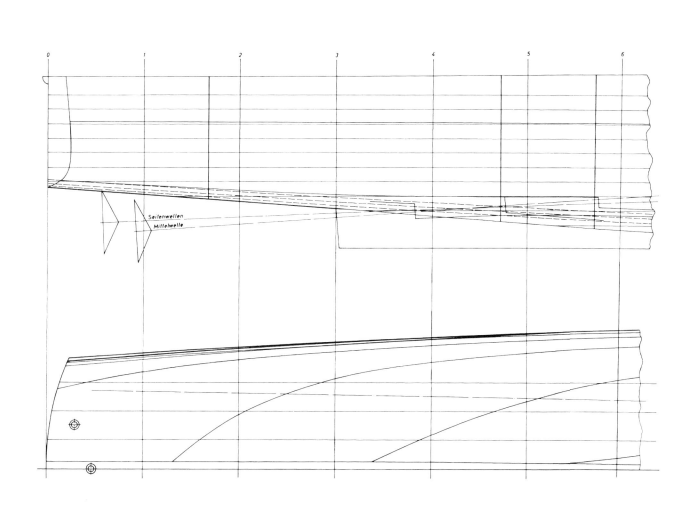
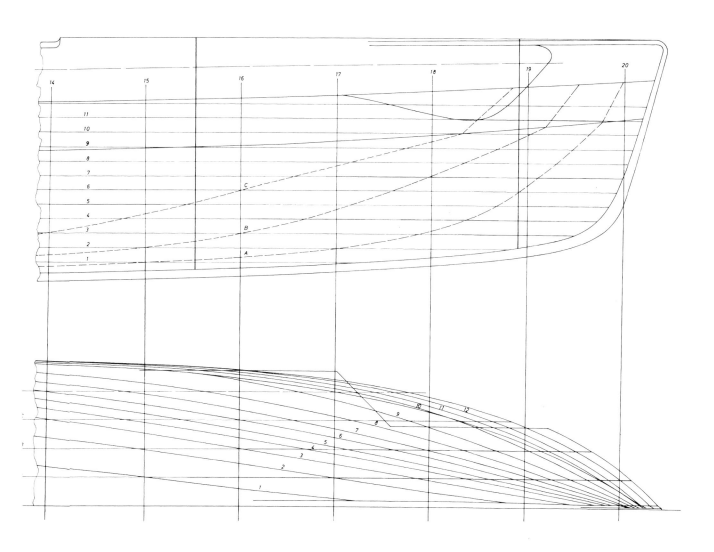

SK 30 Lürssen-Entwurf eines 21-m-MTB mit drei Wellen für ausländische Rechnung (nach BA/MA 132)

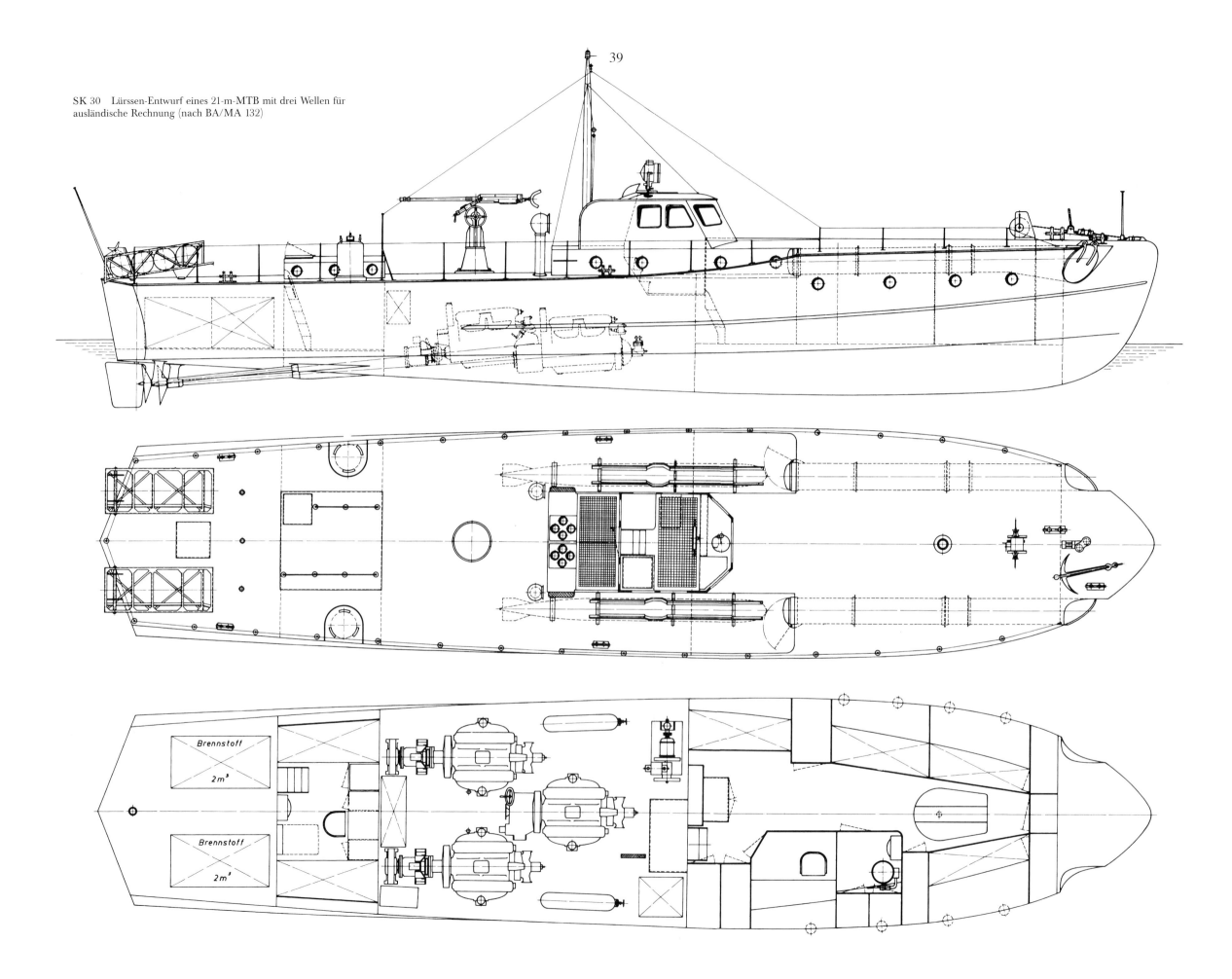

Abb. 20 Knickspant-Vorschiff der Schnellboote ab »S 7« (Verfasser)

hielten wiederum den 7-Zylinder-MAN-Motor, die Folgeserie »S 10–S 13« den gerade fertiggestellten 900/1320-PS-Daimler-Benz-16-Zylinder-V-Viertakt-Diesel MB 502, dessen Leistung später durch Aufladung noch um 25% erhöht wurde. Der E-Bedarf wurde von zwei 20-KW-110-Volt-Otto-Generatoren gedeckt.

Zur weiteren Verbesserung der Seefähigkeit, d. h. besonders zum Verhindern des Wegsackens des Vorschiffs beim Laufen vor der und gegen die See und geringerem Übernehmen von Spritz- und Sprühwasser im Vorschiffs- und Brückenbereich, wurden alle Boote ab »S 7« mit Knickspanten im Vorschiff gebaut (Abb. 20). SK 12 läßt den durch die Knickspantform erreichten Gewinn an zusätzlicher Reserveverdrängung im Vorschiff gut erkennen.

Schon bald zeigte sich jedoch bei den gemeinsamen Einsätzen, daß die Mercedes-Diesel erheblich

SK 13   Schnellboote »S 14–17«
(nach 21)

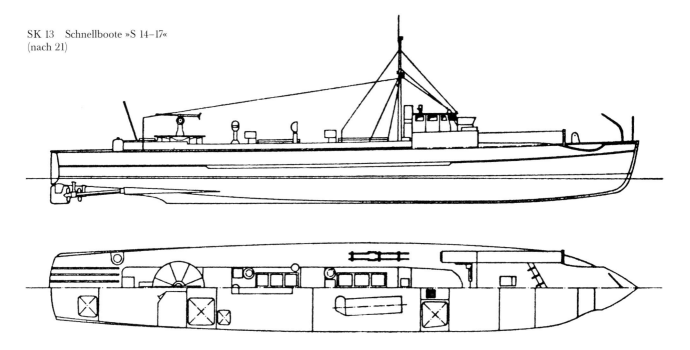

robuster und zuverlässiger als die MAN-Motoren waren.

Da die von »S 7–S 13« erreichte Geschwindigkeit von 30 kn Dauer- und 36,5 kn Kurzhöchstfahrt den militärischen Ansprüchen an ein Schnellboot noch nicht unbedingt genügen konnte, erhielt die im Frühjahr 1934 in Bau gegebene Serie »S 14–S 17« (SK 13) je drei MAN-Viertakt-Diesel-Motoren des neuen Typs L 11 Zu, die mit von sieben auf elf vermehrter Zylinderzahl 1500/2050 PS Leistung abgaben. Die Vergrößerung des Motoren- und Kraftstoffgewichts erforderte – bei gleichbleibender Bewaffnung – eine erneute Vergrößerung der Hauptabmessungen und Verdrängung (Tabelle 3, S. 157/158). Die Bootskörper wogen 40,7 t, die Antriebsanlage 32,5 t.

Die Boote »S 14–S 17« kamen mit größeren zeitlichen Verzögerungen zwischen Juni 1936 und März 1938 an die Front. Die erzielte Geschwindigkeit von 35,5/37,5 kn brachte sie zwar an die untere Grenze der von ausländischen Gleitbooten erreichten, doch bedauerlicherweise erwiesen sich die verlängerten MAN-Motoren als wenig befriedigend im Betrieb: In sich nicht genügend verwindungssteif, mit großer Bauhöhe bei kleiner Fundamentbreite, wurden die Motoren und Motorenfundamente der leichten Boote überbeansprucht. Es traten Brüche und Ausfälle auf. So hielten im Mai 1937 die mit Mercedes-Motoren ausgerüsteten Boote »S 10–S 13« eine 500 sm lange, von Helgoland rund um Skagen nach Kiel führende, mit 25 kn Dauerfahrt durchgeführte Einsatzerprobung störungsfrei durch, während die mit MAN-Motoren ausgerüsteten Boote wegen Motorschäden teilweise erhebliche Verspätungen hatten oder sogar liegen blieben. Da vorgenommene Veränderungen am Motor und Verstärkungen der Fundamente nur wenig Besserung brachten und Daimler-Benz zwischenzeitlich einen leichteren 20-Zylinder-V-Motor von 1500/2000 PS, den Typ MB 501, herausgebracht hatte, wurde der für Schnellboote offensichtlich weniger geeignete MAN-Motor von der Marineleitung für zukünftige Neubauten ausgeschlossen. Standardmotor der deutschen Schnellboote wurde der Daimler-Benz MB 501 mit seinen später daraus abgeleiteten bzw. aufbauenden Folgemotoren.

Der deutsch-englische Flottenvertrag vom 18.6.35 hatte mit seinem Stärkeverhältnis von 35:100 der beiden Flotten zueinander auf dem maritimen Gebiet die bereits seit 1933 sukzessive angelaufene Wiederaufrüstung legalisiert. Eine im Sommer 1936 getroffene Entscheidung des ObdM, zukünftig je zwei Schnellboot-Flottillen mit je acht Booten und einem Begleitschiff in Dienst zu halten, wurde schon kurz darauf durch das »Rüstungsvorhaben Ostsee« überholt: Auf Grund der militärpolitischen Lage im Ostseeraum wurden erhebliche Zusatzforderungen an

Kleinboots-Verbänden (T-, S-, M- und R-Boote) in den gerade aufgestellten »Umbauplan (Endziel)« aufgenommen und als vordringliche Rüstungsvorhaben bezeichnet. Das »Rüstungsvorhaben Ostsee« erhöhte die Gesamtzahl der vorzusehenden Schnellboote drastisch auf vierundsechzig: Fünf aktive Flottillen mit je acht Booten und einem Begleitschiff (davon je zwei Boote bei jeder Flottille ohne Besatzung als Sofortreserve) sollten in Dienst gehalten werden. Die restlichen vierundzwanzig Boote sollten im Frieden als Materialreserve außer Dienst bleiben. Der mobmäßige Ausbau der Schnellbootwaffe sah vor, daß unter Einstellung der Begleitschiffe TSINGTAU und NORDSEE als Schnellboot-Mutterschiffe zwei weitere Schnellboot-Flottillen kurzfristig und eine dritte zu einem etwas späteren Zeitpunkt in Dienst gebracht werden konnten. Der Schiffsneubauplan 1936 fixierte dann:

Boote	Bauwerft	Inbaugabe	Indienststellung
S 14–S 15	Lürssen		6.36/02.37
S 16–S 19	Lürssen	5.11.35	10.37/01.38
S 20–S 25	5 Lürssen 1 Naglo	20.05.37	7.37/05.39
S 26–S 29	Lürssen	20.05.37	1.10.39
S 30–S 35	5 Lürssen 1 Naglo	1.04.38	1.04.40
S 36–S 41	5 Lürssen 1 Naglo	1.04.39	1.04.41
S 42–S 47	5 Lürssen 1 Naglo	1.04.40	1.04.42
S 48–S 53	5 Lürssen 1 Naglo	1.04.41	1.04.43
S 54–S 58	5 Lürssen 1 Naglo	1.04.42	1.04.44
S 59–S 64	5 Lürssen 1 Naglo	1.04.43	1.04.45

Schon bald stellte sich jedoch heraus, daß schon die ersten Inbaugabe- und Ablieferungsdaten aufgrund der allgemeinen Aufrüstung der drei Teilstreitkräfte und den im Rahmen der Arbeitsbeschaffungsmaßnahmen ausgelösten erheblichen Bauvorhaben der Regierung auf dem zivilen Sektor nicht eingehalten werden konnten und z. T. erhebliche Terminkorrekturen vorgenommen werden mußten.

Die Ende Dezember 1936 bzw. 1937 in Bau gegebenen, zwischen Juli 1938 und Dezember 1939 zur Flotte tretenden Boote »S 18–S 25« (Tabelle 3) wurden erstmals mit dem neuen 1500/2000-PS-Daimler-Benz-20-Zylinder-V-Viertakt-Diesel MB 501 ausgerüstet. Sie erhielten die gleichen Abmessungen wie »S 14–S 17«, doch wurden die Längsverbände des Vorschiffs aufgrund der vorliegenden Erfahrungen verstärkt, um den Seegangsbeanspruchungen bei hohen Fahrtstufen noch besser gewachsen zu sein. Andererseits konnte durch die verbesserte Leichtmetallkonstruktion der Innenverbände und den Ersatz schwerer Holzbauteile durch Leichtsperrplatten eine beachtliche Gewichtsersparnis erzielt werden. Das Schiffskörpergewicht betrug 41,2 t, das der Antriebsanlage 31,0 t. Durch diverse widerstandsverbessernde Maßnahmen (Anordnung von Staukeilen, Änderung der Propelleranordnung, widerstandsgünstige Formung der Anhänge usw.) wurden Probefahrtsgeschwindigkeiten von 38–39 kn, in der Spitze sogar 39,7 kn, erreicht.

Ende 1939 befanden sich zwei Schnellboot-Flottillen (die Aufstellung der 2. Flottille erfolgte ab August 1938) mit 20 Booten, »S 6–25«, in Fahrt. Drei weitere in Bau befindliche Boote mit gleichen Abmes-

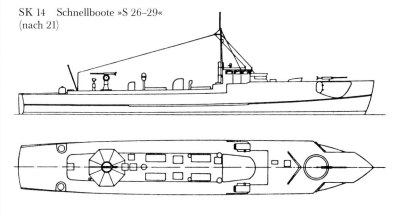

SK 14   Schnellboote »S 26–29« (nach 21)

sungen wie »S 18–S 25«, die Boote »S 26–S 29«, erhielten erstmals die vom Konstruktionsamt vorgeschlagene, von militärischer Seite jedoch zunächst abgelehnte Back (SK 14, 15, Abb. 21), die den Freibord im Vorschiff um mehr als 0,5 m vergrößerte. Die daraus resultierende zusätzliche Reserveverdrängung im Vorschiffsbereich ließ diese Boote auch

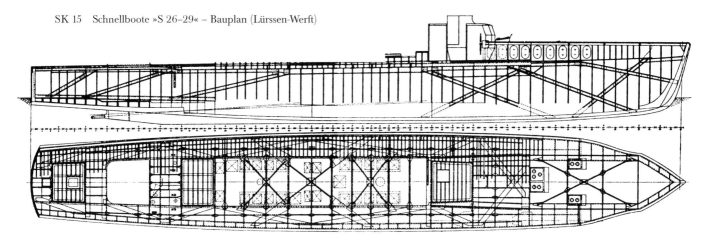

SK 15   Schnellboote »S 26–29« – Bauplan (Lürssen-Werft)

bei stärkerem Seegang wesentlich trockener fahren. Gleichzeitig wurde auch das Ruderhaus aus technischen und seemännischen Überlegungen geändert. Alle drei Boote kamen jedoch erst nach Kriegsausbruch, zwischen Mai und November 1940, in Dienst.

Über den um die Jahreswende 1937/38 aufgestellten Mob-Schiffsneubauplan 1939 befinden sich einige Unterlagen im Bundes-/Militärarchiv. Hinsichtlich der Schnellboote ist zu erwähnen:

1. Marinekonstruktionsamt B. Nr. K IZB 533 Gkdos/37 v. 6.12.37:

... »S 18–S 19« und die folgenden Boote bis »S 25« wichen nicht wesentlich hinsichtlich ihrer Abmessungen von den Booten »S 14–S 15« ab. Sie unterscheiden sich nur in der Bauart und der Leistung der Motoren. Weder »S 18–S 19« noch »S 14–S 15« haben eine abgeschlossene Fronterprobung hinter sich, so daß heute noch nicht entschieden werden kann, welche Schnellboottypen im Mob-Plan 1939 aufgeführt werden sollen.

Weiter schwebt die Entscheidung darüber, ob künftig überhaupt noch größere Boote gebaut werden sollen, oder ob zum Typ »S 10–S 15« zurückgekehrt werden soll.

Der Einbau von MAN-Dieselmotoren Typ L-11-Z-19/30 in die Boote ab »S 18–S 19« ist wegen räumlicher Schwierigkeiten nicht möglich. Nach der augenblicklichen Sachlage müßten daher Schnellboote vom Typ »S 20« mit Daimler-Benz-Motoren MB 501 von je 2500 PS maximaler Leistung im Mob-Plan 1939 vorgesehen werden.

Diese Boote ab »S 20« unterscheiden sich von den Booten »S 18–S 19« nur dadurch, daß sie gleich mit Gebläsen an den Motoren in Dienst gestellt werden,

während die Gebläse bei den Bauten »S 18–S 19« nach Indienststellung nachgeliefert werden.

... Weiterhin sind bei K z. Zt. kleine, einsetzbare Schnellboote (LS-Boote) in der Entwicklung. Bauwerft ist die Naglo-Werft in Berlin-Weinmeisterhorn. Als Antrieb sind Flugzeug-Dieselmotoren nach Bauart Junkers und Daimler-Benz vorgesehen. Da die ersten zwei Versuchsboote im Jahre 1938 fertig werden sollen, erscheint die Aufnahme auch dieser Boote in den Mob-Plan 1939 angebracht. Der zahlenmäßige

Abb. 21   Schnellboote »S 26–29« (Verfasser)

Bedarf dieser Boote im Mob-Falle wäre von A anzugeben ...

2. Allgemeines Marineamt (BWI) B 4774/37 Gkdos a. v. 17.1.38: B (BWI) stellt nach eingehender Prüfung der Unterbringungsmöglichkeit folgende zwei Vorschläge für Mob-Schiffsneubauplan 1939 zur Entscheidung

DIE BOOTE

	monatliche Lieferung	Lieferung des 1. Bootes im ...Kriegsmonat
a)		
Zerstörer 36	2	18.
Torpedoboote 37	4	13.
M-Boote 35	12	7.
U-Boote Typ VII B	4	14.
U-Boote Typ IIC	4	9.
S-Boote wie »S 14–S 21«	4	7.
R-Boote wie »R 25–R 30«	7	6.
Fischdampfer	10	6.
b)		
Zerstörer 36	2	18.
Torpedoboote 37	4	13.
M-Boote 35	11	7.
U-Boote Typ IX	2	16.
U-Boote Typ VII B	3	10.
U-Boote Typ II C	4	7.
S-Boote wie »S 14–S 21«	7	6.
R-Boote wie »R 25–R 30«	9	6.
Fischdampfer	9	6.

Im Hinblick auf den raschen Bedarf und die Schwierigkeiten bei der Kurbelwellenherstellung für den 20-Zylinder-MB-501-Motor mußte dann aber doch noch eine Neuorientierung der Bootsaufträge erfolgen: »S 30–S 37« sowie »S 54–S 61« wurden als Nachbauten des kleineren Typs »S 10–S 13« mit 3×1200/1320-PS-16-Zylinder-Daimler-Benz-MB 502-Motoren (sie kamen durch Aufladung später auf 1600 PS), »S 38– S 53« als Nachbauten des großen Typs »S 26–S 29« mit 3×1800/2000-PS-MB-501-Motoren bestellt.

Parallel zu den für deutsche Rechnung gebauten Booten lieferte die Lürssen-Werft aber auch in den Jahren 1936/39 eine Anzahl meist mit Daimler-Otto-Motoren ausgerüsteter Boote der Typen »S 2–S 5«/ »S 10–S 13« für ausländische Auftraggeber:

– Für China »C 1–C 3«. Die geplante Übernahme der für die Kriegsmarine bestellten kleinen Boote »S 30–S 36« als »C 4–C 10« durch China kam nicht mehr zustande: Die Boote wurden mit Kriegsausbruch beschlagnahmt und unter den alten Bezeichnungen wieder von der Kriegsmarine übernommen.

– Für Bulgarien »F 1–F 5«. Das letzte dieser Boote wurde mit Kriegsbeginn beschlagnahmt und als »S 1« von der Kriegsmarine übernommen (28,0×4,2 ×1,25 m, 49/59 t, 3×700/950-PS-Daimler-Benz-MB-500-12-Zylinder-Viertakt-Diesel, 37,1 kn).

– Für Jugoslawien ORJEN, VELEBIT, DINARA, TRIGLAV, SUVOBUR, RUDNIK, KAMAKCALAN, DURMITUR als Nachbauten des Typs »S 2–S 5«. Da die Boote gegenüber »S 2–S 5« eine schwerere Bewaffnung (4-cm- statt 2-cm-Geschütz, 55-cm- statt 53,3-cm-Torpedos) und größere Vorräte erhielten und die Bootskörper infolge des sehr weitgehenden Ersatzes der Leichtmetall-Innenverbände durch Stahlbauteile ebenfalls schwerer wurden, ergaben sich gegenüber dem deutschen Vorlauftyp einige Änderungen der technischen Daten. So legten u. a. die angestiegene Einsatzverdrängung und Stabilitätsgründe (hochliegendes 4-cm-Geschütz) eine Vergrößerung der Bootsbreite nahe. Die Bauvorschrift weist folgende Gewichtszusammenstellung auf:

Schiffskörper	26,00 t
Maschinen	14,70 t
0,5 Kraftstoff	3,30 t
Schmieröl	0,25 t
0,5 Frischwasser	0,15 t
16 Mann Besatzung	1,20 t
FT-Anlage	0,20 t
2 TR mit Zubehör und Zielgerät	2,90 t
Vereinbarte Probefahrtsverdrängung	48,70 t
4-cm-Geschütz mit Unterbau und 200 Schuß Munition	1,70 t
Nebelgeräte	0,65 t
MG mit Munition und Unterbau	0,75 t
2 Torpedos im Rohr	3,00 t
2 Reservetorpedos	3,00 t
Restvorräte	3,90 t
Einsatzverdrängung	61,7 t

Im Jahre 1939 schaffte es die Lürssen-Werft dann, mit einem der für ausländische Rechnung gebauten Boot erstmals einen Weltrekord nach den Bestimmungen der UIYA für Boote mit einem oder mehreren Dieselmotoren ohne Beschränkung von Abmessungen und Leistung aufzustellen. Da Boote mit Dieselmotoren namhafte Geschwindigkeiten bisher nicht erreicht hatten, waren Weltrekorde in dieser Klasse noch nicht ausgefahren worden. Unter diesem Aspekt stellte die unter Überwachung durch eine Kommission der Obersten Nationalen Sportbehörde für die Kraftfahrt erzielte Geschwindigkeit von 36,79 kn, d. h. 68,13 km/h, eine beachtliche, auch aus der Sicht weiterer Exporte interessante Leistung dar.

Kleine Boote

Außer der mit bemerkenswerter Planmäßigkeit durchgeführten Entwicklung der großen S-Boote beschäftigte sich die deutsche Marine in den Zwischenkriegsjahren mehrfach auch mit Planungen kleiner Schnellboote für Sonderzwecke:

Im Jahre 1934 entstand auf der Basis des U-Boot-Typs IA das Projekt eines U-Boot-Typs III (SK 16), der in einem längeren druckfesten Hangar hinter dem Turm zwei Klein-Schnellboote mit sich führen sollte. Offensichtlich wollte man diese Klein-Schnellboote in Anlehnung an die Einsatzvorstellungen der nicht-autonomen Torpedoboote des 19. Jhdts. vor einem feindlichen Flottenstützpunkt o. ä. ausbooten und zum Angriff auf Reede oder im Hafen liegende Einheiten ansetzen. Der U-Boot-Typ III, und damit auch das dazugehörige Klein-Schnellboot, kamen jedoch dann im Hinblick auf die seit 1938 sehr konkret werdenden – und dann auch schon vor dem Kriege in Übungen sehr eingehend erprobten – Einsatzvorstellungen des Führers der U-Boote (später B. d. U.), Dönitz, (die spätere »Rudeltaktik«, d. h. der Ansatz größerer Zahlen von Land aus »gesteuerter« U-Boote auf einen Geleitzug) über das Planungsstadium nicht hinaus (2, 27, 29).

Ähnliche Überlegungen standen später – im Kriege – auch Pate bei der Idee, ein kleines, sehr leicht gebautes Schnellboot durch einen Lastensegler des Typs »Go 242« an den Feind bringen zu lassen. Alle in Richtung dieser Einsatzvorstellungen gehenden Arbeiten wurden jedoch zunächst eingestellt und erst später, im Jahre 1944, mit dem Bau der HYDRA wieder aufgegriffen.

Im Jahre 1936 wurde dann im OKM erneut die Entwicklung eines Klein-Schnellbootes gefordert, das an Stelle der üblichen Marine-Verkehrsboote an Bord jener Kreuzer und Hilfskreuzer gegeben werden sollte, die im Kriegsfall für den Kreuzer- resp. Kaperkrieg gegen den feindlichen Seehandel in außerheimischen Gewässern eingesetzt werden sollten. Ein erster, von einer Bootswerft (Lürssen?) erstellter Projektentwurf,

SK 16   U-Boot-Typ III mit druckfestem Hangar für Klein-Schnellboote (nach 29)

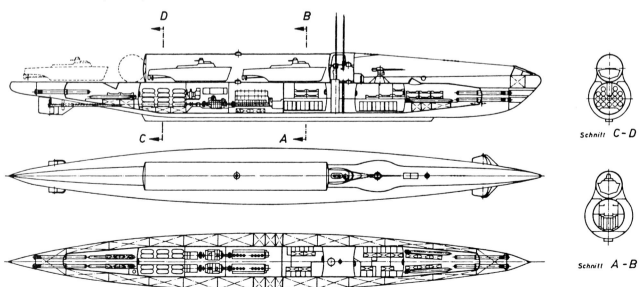

DIE BOOTE   47

der in Anlehnung an die deutschen LM-Boote des Ersten Weltkriegs einen 20 m langen Holz-Leichtmetall-Kompositbau mit einem Bug-Torpedorohr vorsah, wurde von militärischer Seite abgelehnt, da er für den vorgesehenen Zweck, besonders hinsichtlich des Ein- und Aussetzens in freien Seeräumen, zu groß und zu unhandlich erschien.

Während das Interesse der militärischen Stellen nach diesem wenig befriedigenden Ergebnis zunächst nachließ, nahm der dienstlich an der Entwicklung der großen deutschen Schnellboote beteiligte und am Bau schneller Motorboote persönlich sehr interessierte Schiffbau-Ingenieur H. Docter sich 1937 dieser etwas ungewöhnlichen Aufgabe an. Die geforderte und notwendige Beschränkung auf 10–11 t Gewicht und 12–13 m Länge erforderte eingehende und vergleichende Untersuchungen alternativer Bootskörper-, Antriebs- und Bewaffnungsfragen. Als Bootsform war bei der gegebenen Größe ein Gleitboot mit V-Boden vorteilhaft. Konstruktiv boten sich die beim Bau der großen Boote bewährte Holz-/Leichtmetall-Konstruktion, eine weitgehend genietete Leichtmetallbauweise oder eine vollgeschweißte V2A-Stahl (nichtrostender Stahl)-Ausführung an, die Docter bereits bei Pionier-Schnellbooten für ausländische Auftraggeber als gut realisierbar kennengelernt hatte. Sowohl die Leichtmetall- wie auch die V2A-Konstruktion ergaben gegenüber der Kompositbauweise eine um 1 t, d. h. rd. 10 % des Gesamtgewichts leichtere Bauausführung. Bei den in Frage stehenden sehr dünnen Blechen ergeben jedoch die Schweißverbindungen Spanten/Außenhaut und späterer Seeschlag bei einem länger in Dienst befindlichen Boot meist – und relativ schnell – eine zwischen den Spanten einfallende Außenhaut, mit entsprechenden, bei diesen Geschwindigkeiten nicht unerheblichen Widerstandszunahmen. Die elastische hölzerne Außenhaut eines Kompositbaus ist und bleibt dagegen – bei entsprechender Pflege – immer glatt und dementsprechend auch widerstandsmäßig günstig. Da die Gewichtsüberlegungen aber gerade bei diesem Fahrzeug vorrangig waren, wurde für die Projektstudien die Ganzmetall-Ausführung zugrunde gelegt.

Antriebsmäßig hätte es nahegelegen, die bereits beim Baum der großen Boote verwandten, im Hinblick auf die Feuersicherheit und den niedrigen spezifischen Kraftstoffverbrauch vorteilhaften leichten Schnelläufer-Diesel zugrunde zu legen, doch waren die zu diesem Zeitpunkt vorhandenen MAN- und Mercedes-Benz-Motoren für das kleine Fahrzeug einfach zu schwer. Für die räumliche Bemessung des Antriebsraumes des Vorentwurfs wurden daher zunächst zwei amerikanische 600-PS-Packard-Otto-V-Motoren, gewichtsmäßig jedoch bereits 1,2 t/Motor angesetzt im Hinblick auf die von der Kriegsmarine grundsätzlich erwünschten, bei dem hohen Stand der deutschen Motorenindustrie zu einem späteren Zeitpunkt auch zu erwartenden Dieselmotoren entsprechender Leistung und Gewichts.

Bewaffnungsmäßig wurden die Alternativen Bug- oder Hecktorpedorohre, ein 53,3-cm-Rohr resp. zwei 45-cm-Rohre untersucht. Die seit dem Beginn des deutschen Schnellbootbaus im Ersten Weltkrieg von militärischer Seite aus taktischen Gründen erhobene, beim Bau der großen Schnellboote auch praktizierte Forderung des Torpedoschusses in Recht-Voraus-Richtung ist wegen der dann sehr weit nach vorn kommenden Lage des Verdrängungsschwerpunkts bei großen Booten zwar problematisch, aber lösbar, bei einem 10–11-t-Gleitboot dagegen, das allein aufgrund der am Bootskörper auftretenden Auftriebskräfte mit dem Vorschiff hochkommen soll, mußte das erhebliche Gewicht von Rohr und Torpedo auf dem Vorschiff zu einer sehr völligen und damit widerstandsmäßig ungünstigen Vorschiffsform und letztlich auch zu unbefriedigenden See-Eigenschaften führen. Da die bei dem beabsichtigten Kapereinsatz in Frage kommenden Ziele auch mit der geringeren Sprengkraft eines 45-cm-Torpedos vernichtet bzw. nachhaltig angeschlagen werden konnten, die geringere Länge und das kleinere Gewicht des 45-cm-Kalibers schließlich auch die Anbordgabe von zwei Rohren und zwei Torpedos, und damit eine höhere Trefferwahrscheinlichkeit, versprach, fiel die Entscheidung zugunsten des Einbaus von zwei 45-cm-Heck-Torpedorohren.

Neue Probleme ergaben sich bei der Frage, ob die Torpedos als Heckschuß nach dem Abdrehen vom Ziel, also mit dem Kopf voraus, oder beim Anlauf des Bootes in Zielrichtung mit dem Schwanzteil zuerst nach achtern ausgestoßen werden und dann unter dem abdrehenden Boot auf den Gegner zulaufen sollten. Die gewichtsmäßig an wenigsten aufwendige, von den englischen Thornycroft-CMB des Ersten Weltkriegs und später auch von den deutschen Kriegs-Klein-Schnellbooten mit bestem Erfolg praktizierte zweite Lösung wurde s. Zt. von den Vertretern der Torpedoversuchsanstalt (TVA) als nicht möglich erklärt: Wegen der großen Tiefgangsschwankungen der deutschen Torpedos beim Abschuß bestände die Gefahr, daß der mit dem Schwanz-

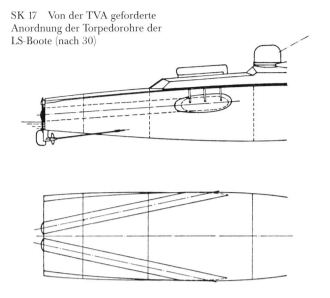

SK 17 Von der TVA geforderte Anordnung der Torpedorohre der LS-Boote (nach 30)

ende vorweg achteraus ausgestoßene Torpedo das eigene Boot überlaufen könne. Die TVA schlug daher mit der Idee eines Voraus-20-Grad-Winkelschußes aus achtern liegenden Torpedorohren (SK 17) einen höchst bemerkenswerten Kompromiß zwischen den konstruktiven Wünschen des Bootsbaus (Heckanordnung), den taktischen Wünschen (Vorausschuß) und den Eigenarten des Torpedos (Tiefensteuerung) vor. Bedenken des Konstrukteurs (Sicherung der rund 2,1×0,5 m großen, dicht über der Wasserfläche liegenden, zum Schuß nach oben zu klappenden Verschlußklappen der Torpedorohre gegen Seeschlag, Verklemmen des bei hoher Fahrt in die Bugwelle geratenden Torpedos im Rohr, u. U. dadurch Kentern des Bootes) wurden von den militärischen Stellen negiert.

Ende 1938 wurde der Bau von zwei Versuchsbooten angeordnet: »LS 1« als Mahagoni-Diagonal-Karweel-Leichtmetall-Kompositbau bei der Naglo-Werft in Berlin, »LS 2« als Ganz-Leichtmetallbau bei der Dornier-Werft in Friedrichshafen am Bodensee. Die Wahl der letzteren ergab sich aus der dort vom Flugbootbau herrührenden großen Erfahrung mit der Leichtmetallverarbeitung für schnelle seegängige Fahrzeuge wie Flugboote usw. Die Abmessungen der Fahrzeuge lauteten: Länge über Deck 12,5 m, Länge in der Wasserlinie 12,16 m, größte Breite 3,46 m, Breite auf Spanten 3,30 , Freibord vorn 1,45 m, Freibord auf halber Länge 1,27 m, Freibord achtern 0,77 m, Seitenhöhe auf halber Länge 1,94 m, Tiefgang des Bootskörpers 0,77 m, maximaler Tiefgang an Propeller und Ruder 0,92 m, Konstruktionsverdrängung 11,5 t. Als Besatzung wurden 9 Mann vorgesehen.

Da die zwischenzeitlich für die beiden Versuchsboote bei Daimler-Benz in Auftrag gegebenen 12-Zylinder-V-Viertakt-Dieselmotoren MB 507 mit 850 PS Kurzhöchstleistung bei 2200 Upm. nicht rechtzeitig verfügbar waren, wurde als Zwischenlösung der Einbau von zwei 700-PS-Junkers-6-Zylinder-Doppelkolben-Zweitakt-Flugzeug-Dieselmotoren des Typs Jumo 205 angeordnet, um die beiden Erprobungsboote den Grundlagenversuchen unterziehen zu können. Als Fahrbereich waren 300 sm bei 30 kn vorgesehen. Mit Kriegsausbruch 1939 wurde der Bau beider Boote jedoch zunächst stillgelegt. Nur die Motoren- und Getriebefertigung lief weiter (2, 30, 31).

Zusammenfassende Betrachtung

Allgemeines, Taktik, Mutterschiffe

Im Gegensatz zu allen übrigen Marinen zeigte man sich in Deutschland, trotz beschränkter Mittel und Schwierigkeiten mit den Versailler Vertragsbestimmungen, von Anfang an an der systematischen Weiterentwicklung des im Ersten Weltkrieg entstandenen Schnellboots interessiert. Ein von Docter (21) zitiertes Nachkriegsurteil der englischen Zeitschrift »Ship and Boatbuilder« über den deutschen Schnellbootbau charakterisiert in einem einzigen kurzen Satz den ganzen Kern der deutschen Bemühungen: »Die gründlichen Überlegungen der deutschen Marine haben zu sehr guten Entwürfen von kleinen Torpedobooten geführt...« Das heißt:

a) Im Gegensatz zu allen anderen Marinen wollte die deutsche Marine kein reinrassiges, typisches Schnellboot der Weltkriegsära, das klein, schnell, wendig, mit geringem Aufwand in großer Stückzahl herstellbar und eingesetzt eines der im Küstenvorfeld mit Aussicht auf Erfolg einsetzbaren Seekriegsmittel darstellte. Man wollte – bewußt oder unbewußt die zahlenmäßige Beschränkung der klassischen Torpedoträger durch den Versailler Vertrag unterlaufend – ganz klar und eindeutig den in der deutschen Marine stets besonders gepflegten Gedanken des kleinen, seegängigen Torpedoboots unter Nutzung der durch den

Zusammenfassende Betrachtung

Motorantrieb gegebenen technischen Möglichkeiten wiederaufleben lassen und damit die relativ geringe Schlagkraft der vertraglich zugestandenen Flotte nachhaltig verstärken. Die hohen Anforderungen an die Seefähigkeit und -ausdauer, die Forderungen nach Wohnlichkeit und Reservetorpedos, der bewußte Verzicht auf die dem Schnellboot an sich spezifisch eigene letzte Geschwindigkeitsspitze, die Wahl der diese Forderungen einzig erfüllenden Rundspantform usw., alles dies ist nur bedingt mit den oft genannten besonderen Verhältnissen des Nord-/Ostseebereichs zu erklären. Sie charakterisieren viel mehr die Abkehr vom sporadischen »Deus ex machina«-Schnellbooteinsatz des Ersten Weltkriegs und die taktische Reinkarnation des kleinen Torpedoboots der »Jeune ècole« des französischen Admiral Aube in den achtziger Jahren des 19. Jhdts. Conrady, Chef der 1. Schnellbootflottille von Oktober 1936 bis Mai 1938, schreibt: »Noch stand die Taktik der Torpedobootangriffe im Zeichen der Erfahrungen des Ersten Weltkrieg, d. h. es wurde noch am Tage der Angriff auf die feindliche Linie mit Höchstfahrt geübt und auch bei Nacht versucht, mit guter Geschwindigkeit in die Schußposition zu gelangen und dann zum Schuß abzudrehen... Man war sich darüber im klaren, daß von einer Überraschung des Gegners keine Rede sein konnte, von einem Treffer erst recht nicht, daß die ganze Angriffsart – abgesehen von zufälligen Schußgelegenheiten infolge Nebels oder unsichtigem Wetter – eigentlich nur dem taktischen Druck diente, vor dem der Gegner abdrehen mußte« (7). Last not least unterstreicht auch die spätere, nach dem Erreichen der Freizügigkeit des Flottenbaus erfolgende Inbaugabe der aufwendigen, artilleristisch völlig unterbewaffneten kleinen Torpedoboote »T 1–T 21« die tiefe Verankerung der klassischen Torpedobootsidee in der deutschen Marine. Erst als man dann nach intensiven Übungen in der Ära des Admirals Behncke von der klassischen starren Linien- zur beweglichen Kampfgruppentaktik überging, begann sich die Torpedoboots- und Schnellboottaktik zu wandeln und sich vor allem auf den unbemerkten, u. U. auch mit geringer Fahrtstufe ausgeführten Nachtangriff zu konzentrieren.

Conrady schreibt über diese späteren taktischen Übungen: »Viele Möglichkeiten wurden mit der steigenden Zahl der Schnellboote im Frieden geübt, Wetter-, Sicht- und Lichtverhältnisse ausprobiert, vom Einzelschuß zur Einkreisung und Rudeltaktik übergegangen. Stand in hellen Mondnächten das Boot auf der »falschen Seite«, so war ein Angriff – wie am Tage – zwecklos. Zeigte es bei hoher Fahrt den »Schnurrbart«, oder die helle Hecksee, so wurde es frühzeitig erkannt« (7).

Kurz gefaßt hatten sich für die Torpedoträger einige Dogmen herauskristallisiert:

1) Torpedoeinsatz bewirkt generell taktischen Druck, im günstigsten Fall die Vernichtung des Gegners. Er behindert jedoch auf den eigenen Fahrzeugen den Einsatz der anderen Waffen, wenn ein Andrehen zum Schuß oder das Einhalten bestimmter Kurse nach dem Schuß erforderlich ist.

2) Für die Torpedowaffe kommt es darauf an, jede Schußgelegenheit sofort und in höchstem Maße zu nutzen. Hemmungen gegen den restlosen Einsatz aller Torpedos (Kosten, geringe Anzahl), sind immer falsch, da a) die Schußunterlagen nie absolut sicher sind und nur ein Masseneinsatz Ausgleich schafft, b) die frei und ungeschützt an Deck stehenden Torpedoeinrichtungen durch Gegnerwaffen, Splitter usw. derart gefährdet sind, daß eine erneute Verwendung in demselben Gefecht sowieso fraglich ist.

3) Die größten Erfolgsaussichten für einen Torpedoeinsatz bestehen bei ruhiger See und langen, klaren Nächten. Bei kurzen Nächten sollten Torpedoträger mit beginnender Helligkeit von stärkeren Seestreitkräften aufgenommen und durch eine Luftsicherung gegen Flugzeuge abgeschirmt werden, da ihre Defensivwaffen generell unzureichend sind.

4) Das Wesen des nächtlichen Torpedoangriffs ist der plötzliche Überfall mit unbemerktem Schuß. Je überraschter der Gegner, desto größer ist die Erfolgsaussicht. Wird der Torpedoschuß bemerkt, dreht der Gegner ab. Je näher der Angriff an den Gegner herangetragen wird, desto unwirksamer sind dessen Abwehrmanöver.

b) Keine Marine hat zwischen den Kriegen mit einer auch nur entfernt vergleichbaren Gründlichkeit die taktischen Vorstellungen des Einsatzes sowie die technischen Möglichkeiten und Grenzen der Konstruktion ausgelotet und aufeinander abgestimmt. Das eingehende Studium der Kriegslösungen und -erfahrungen aller Marinen, der Nachbau der Thornycroft-CMB (»K«) einschließlich des Versuchs, die Festigkeitsprobleme des Gleitboots durch eine neuartige, verbesserte Bauweise zu lösen (NARWAL), die Versuche mit dem Rundspantboot (LÜSI 1 und LÜR), dem Bug- und Heck-Torpedoausstoß und dem seitlichen Abwurf des Torpedos usw. wogen sorgfältig die Pro und Contra jeder Lösung ab.

Selbst nachdem die Entscheidung zugunsten des außergewöhnlich großen Rundspantboots gefallen

SK 18 Schnellbootbegleitschiff
TSINGTAU – Längsriß (Verfasser)

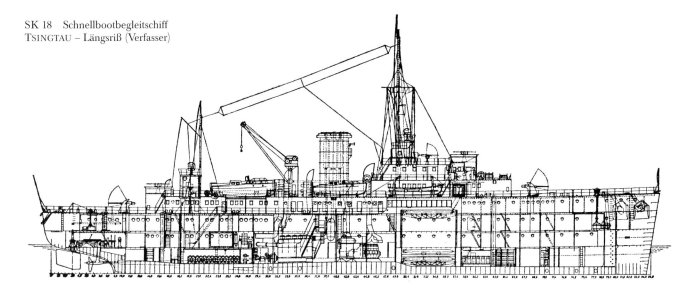

war und durch die systematische Weiterentwicklung von Bootskörpern und Antriebsanlagen, speziell nach Einführung des Dieselmotors ab »S 18«, ein ausgefeilter Typ vorlag, wurden um 1937 erneut vergleichende Modellversuche mit Rundspant- und Gleitbootsformen durchgeführt, die jedoch nur Bekanntes bestätigten (21).

c) Die Zusammenarbeit mit der im Bau schneller Motorboote seit Jahrzehnten erfahrenen Lürssen-Werft mit dem Konstruktionsamt der Marine und Motorenfirmen von Weltruf ergab in wenigen Jahren einen schnellen und sichtbaren Fortschritt. Harte Dauerbeanspruchungen in den Jahren 1937/38 brachten dann die notwendigen Erfahrungen für weiterführende Arbeiten (7). Die bei Kriegsbeginn vorhandenen Boote zeigten – unter dem Aspekt der taktischen Vorstellungen – einen außergewöhnlich hohen Reifegrad und ermöglichten operative Einsätze in Seegebieten, die in der Ostsee bis zu den Baltischen Inseln, in der Nordsee bis England und Südnorwegen reichten.

d) Obwohl mit Lürssen und Daimler-Benz diejenigen Firmen zur Mitarbeit herangezogen wurden, die ohne Zweifel über außerordentlich umfangreiche Erfahrungen auf ihren Gebieten verfügten, muß die Frage offen bleiben, ob über einen längeren Zeitraum ein breiterer, monetär zwar aufwendigerer aber konkurrierender Wettbewerb weiterer Firmen im Saldo nicht noch mehr gebracht hätte ...

e) Bemerkenswert detaillierte Darstellungen der technischen Entwicklung und der Eigenarten des deutschen Schnellboots bringt Docter (21), der an diesen Arbeiten selbst beteiligt war, die innerhalb der Marine handelnden Persönlichkeiten, sowie taktische Überlegungen, Übungen usw. Conrady (43). Hinsichtlich konstruktiver Daten, Verbleib der Boote usw. sei weiterhin auf Gröner (2) hingewiesen.

f) Von Anfang an bemühte sich die deutsche Marine um spezielle Schnellboot-Begleitschiffe, um
– den Besatzungen der Schnellboote nach anstrengendem Einwach-Einsatz Ruhe und zweckmäßige Unterkunft zu gewähren,
– die Ergänzung von Kraftstoff, Munition, Proviant, Torpedos usw. zu ermöglichen,
– kleinere und mittlere Reparaturen an den Booten durch Fachpersonal vor Ort ausführen zu können.
– für Übungen stets ein dem Verband unterstehendes Zielschiff zur Verfügung zu haben,

Schließlich ermöglichten es die Begleitschiffe aber auch, mit dem Bootsverband stützpunktunabhängig und in weiten Räumen zu operieren, falls die Lage dies erforderlich machen würde.

Vor dem Kriege wurden als Tender verwandt
– NORDSEE, Baujahr 1914, 830 t, 12 kn (während der ersten Aufbaujahre ab 1932: UZ(S)-Halbflottille, 1.Schnellboot-Halbflottille)
– TSINGTAU, Baujahr 1934, 1970 t, 17,5 kn (ab 1934 für die 1. Schnellbootflotille) (SK 18-21)

Die in Bau befindlichen Tender CARL PETERS und ADOLF LÜDERITZ (Baujahr 1939/40), 2900 t, 26 kn) kamen erst nach Kriegsausbruch, im Jahre 1940, in Dienst. Vier weitere, ebenfalls bei der A.G. Neptun in Rostock bestellte Schnellboottender (C–F), wurden storniert.

Zusammenfassende Betrachting

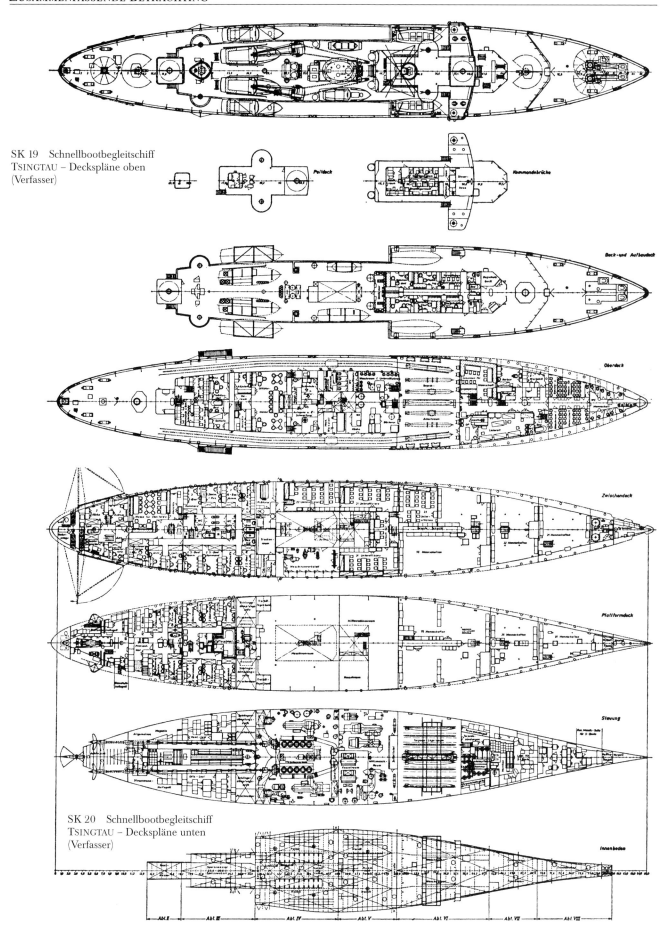

SK 19 Schnellbootbegleitschiff TSINGTAU – Deckspläne oben (Verfasser)

SK 20 Schnellbootbegleitschiff TSINGTAU – Deckspläne unten (Verfasser)

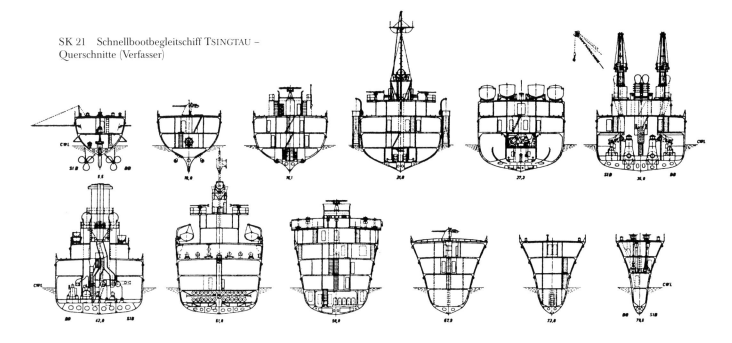

SK 21   Schnellbootbegleitschiff TSINGTAU – Querschnitte (Verfasser)

Bootsbestand und technischer Stand bei Kriegsausbruch 1939

Bei Kriegsausbruch 1939 standen als Produkte einer mit außergewöhnlichen Kontinuität durchgeführten Entwicklungsarbeit zwanzig Schnellboote zur Verfügung, die zwar etwas unterschiedlichen, jedoch systematisch aufeinander aufbauenden Typen angehörten:

– »S 6–S 9« mit 3×960/1320-PS-MAN-L-7-Zu-19/30-7-Zylinder-Viertaktdieseln (Indienststellung 1933/35)
– »S 10–S 13« mit 3×1200/-1320-PS-Daimler-Benz-MB-502-16-Zylinder-V-Viertakt-Diesel (Indienststellung 1935)
– »S 14–S 17« mit 3×1500/2050-PS-MAN-L-11-Zu-11-Zylinder-Viertakt-Dieseln (Indienststellung 1936/38)
– »S 18–S 25« (Abb. 22) mit 3×1500/2000-PS-Daimler-Benz-MB 501-20-Zylinder-V-Viertakt-Dieseln (Indienststellung 1938/39).

Hinzu kam der Anfang 1939 in Dienst gestellte, dem Typ »S 14–S 17« entsprechende, unbewaffnete, mit einer großen Schleppseiltrommel hinter dem Motorenaufbau versehene Schnellscheibenschlepper LUDWIG PREUSSEN. Fünf weitere Schnellscheibenschlepper dieses Typs waren – nicht zuletzt auch zur Schulung der Abwehr derartiger Fahrzeuge von den größeren Schiffen – vorgesehen, wurden aber nach dem Kriegsausbruch nicht mehr fertiggestellt. Ein deutliches Beispiel für die hohe Wertschätzung der Waffe bei der Marineleitung.

Abb. 22   Schnellboot »S 22« mit offener Brücke (Drüppel, Wilhelmshaven)

Alle diese Boote waren von der Lürssen-Werft gebaut und von dieser und dem Konstruktionsamt (K-Amt) im Oberkommando der Kriegsmarine (OKM) in engem Zusammenwirken mit der Truppe und den Motorenherstellern entwickelt worden.

Die letzte Bauserie, der Schlußpunkt der Friedensentwicklung, schloß alle jenen Erfahrungen ein, die, im Ersten Weltkrieg beginnend, und dann, von den mittzwanziger Jahren an, unter systematischer Auswertung mit den jeweils vorangegangenen Fahrzeugen gesammelt worden waren:

a) den 1500/2000-PS-20-Zylinder-V-Viertakt-Diesel MB 501, der nach vorzüglicher Bewährung auf »S 18–S 25« als Standard-Motor aller zukünftiger Neubauten ausgewählt worden war, nachdem sich herausgestellt hatte, daß der auf elf Zylinder verlängerte MAN-Reihenmotor in sich nicht genügend verwindungssteif war und die Motorenfundamente der leichtgebauten Fahrzeuge durch seine große Bauhöhe und geringe Fundamentbreite stark beansprucht. Die Motoren waren direkt umsteuerbar und hatten ein Untersetzungsverhältnis Motor : Welle = 1,72 : 1.

b) Eine durch langjährige Modell- und Großversuche widerstandsmäßig und im Hinblick auf optimales Seeverhalten sehr ausgefeilte Rundspant-Verdrängungsbootsform mit flachen, rechteckigen Hinterschiffsspanten (SK 22 auf S. 37/38), die eine Vielzahl für derartige Fahrzeuge neuer Details aufwies:

– Das Überwasser-Knickspant im Vorschiff (s. SK 12), um ein Wegsacken des Vorschiffs beim Laufen vor achterlicher See zu verhindern und die gerade bei hoher Fahrt laufenden Schnellbooten meist sehr störende Wasserübernahme herabzusetzen.

– Die Stauruder (SK 23), die hinter den Seitenpropellern querab vom Hauptruder angeordnet und über Pinnen mit diesem verbunden waren. Sie bewirkten den sogenannten Lürssen-Effekt. Hinsichtlich Eigenart und Wirkung dieser Stauruder schreibt Docter (21) unter Rückgriff auf eine 1951 in »Ship and Boatbuilder« erfolgte Veröffentlichung: »Jedes der Stauruder besitzt zwei übereinanderliegende Ruderpinnen, von denen die obere mit dem Ruderschaft fest verbunden ist. Die untere ist dagegen im Ruderschaft drehbar gelagert. Die untere Pinne ist mit dem Ruderquadrant durch eine Stange verbunden. Die feste Pinne besitzt ein Zahnsegment und kann bis zu einem Winkel von 30 Grad mittels eines Schraubentriebes aus mittschiffs herausgedreht werden, der zwi-

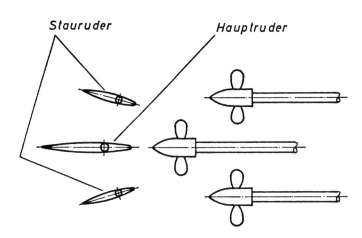

SK 23 Anordnung von Hauptruder und Staurudern auf deutschen S-Booten (nach 21)

schen fester und loser Pinne angeordnet ist. Das Schraubengetriebe für jedes Stauruder wird durch ein Handrad mit Verbindungsgestänge vom Mannschaftsraum aus betätigt. Auf diese Weise ist es möglich, während der Fahrt die Seitenruder als »Stauruder« anzustellen. Der »Lürssen-Effekt« ist nur bei hoher Geschwindigkeit zu erreichen. Er basiert auf einer Änderung der Strömungsstruktur bei und hinter den Propellern. Beim Herausdrehen der stromlinienförmig ausgebildeten Stauruder bis auf ca. 30 Grad aus der Mitschiffsebene findet plötzlich eine Unterbrechung der Strömung innerhalb des Kielwassers statt. Es entsteht ein luftgefüllter Hohlraum hinter den Staurudern, so daß sowohl die Richtung und Beschleunigung des Kielwassers wie auch die Heckeintauchung bemerkenswert beeinflußt werden. Beim Eintreten des »Lürssen-Effekts« entstehen folgende drei Wirkungen:

1. Die Umdrehungen der Propeller werden etwas geringer oder der Propellerschub erhöht sich bei gleicher Drehzahl aufgrund des abgebremsten Kielwassers. Der Wirkungsgrad der Propeller wird verbessert und die Geschwindigkeit nimmt um über 1 kn zu.

2. Die hohe Heckwelle, die sich etwa 27 m hinter dem Boot erhebt, ist abgeflacht und die sonstige Wellenbildung bemerkenswert schwächer.

3. Die Tiefertauchung des Hecks von ungefähr 75 cm wird verringert, so daß das Boot nur noch wenig vertrimmt.

Das Anstellen der Stauruder ist bei Geschwindigkeiten unter 25 kn nicht zu empfehlen, da das Abreißen der Strömung sonst nicht erfolgt. Bei Höchstgeschwindigkeit ist jedoch mehr Kraftaufwand

SK 24   Schnellboot »S 130« – Meilenfahrten mit 3 Motoren am 28.10.43 ohne und mit Staukörpereinstellung (Verfasser)

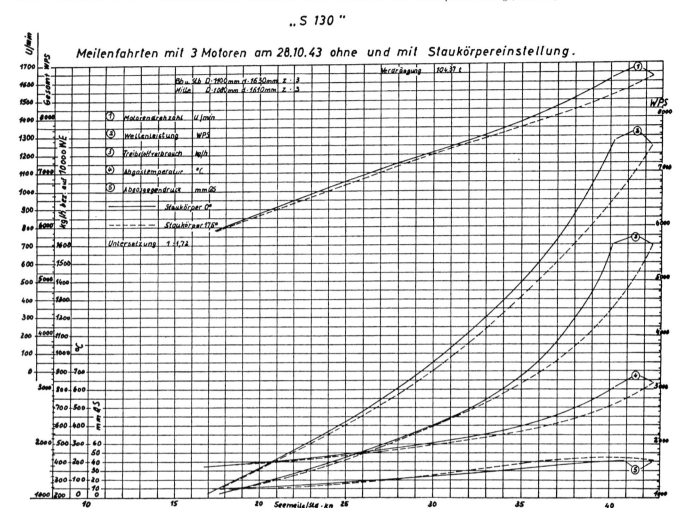

erforderlich wegen der erhöhten Reibung im Gestänge und den Lagern. Zum Erreichen des »Lürssen-Effekts« ist demnach ein wirksames Abreißen der Strömung hinter den Staurudern und die Bildung eines Hohlraums im Wasser erforderlich. Dieses Abreißen der Strömung tritt ganz plötzlich ein und man kann es auch leicht am Anstellhandrad fühlen, das sich danach sehr leicht bewegen läßt.

Da die Strömung an den beiden Staurudern verschieden ist wegen der unsymmetrischen Strömung hinter dem Mittelpropeller, ist das Anstellen der Stauruder mit verschiedenem Kraftaufwand verbunden. Das Backbordstauruder läßt sich leichter anstellen als das Steuerbordruder. Es ist jedoch notwendig, zunächst beide Ruder im gleichen Winkel anzustellen. Der am Manövrierstand angezeigte größte Anstellwinkel muß beachtet werden. Wenn der »Lürssen-Effekt« eingetreten ist, sind beide Stauruder von 30 Grad auf etwa 17 Grad zurückzudrehen, wobei jedoch keine Änderung der Geschwindigkeit eintritt. Beim Anstellwinkel von 17 Grad sind die besten Ergebnisse, sowohl bei Modellversuchen wie auch bei Meilenfahrten mit verschiedenen Geschwindigkeiten, erzielt worden.

Bei der Verringerung der Geschwindigkeiten auf etwa 20 kn hört der Effekt der Stauruder auf. Er kann dabei ganz oder nur für die Steuerbordschraube verschwinden. In diesem letzteren Fall zeigt sich bei einem bis auf wenige Grad veränderten Stauruderwinkel an Backbord eine Krängung des Bootes nach Steuerbord, da an dieser Seite die Trimmwirkung des Staururuders fortgefallen ist. Hierbei wird auch das Kielwasser unsymmetrisch.

In diesem Fall müssen die Stauruder wieder bis auf 30 Grad angestellt und dann wieder auf 17 Grad zurückgedreht werden. Wenn dies nicht geschieht, tritt

Zusammenfassende Betrachtung

der gewünschte Effekt auch bei höherer Geschwindigkeit nicht wieder ein, die Geschwindigkeit wird vielmehr verringert. Es ist daher ratsam, für das Steuerbordstauruder einen größeren Anstellwinkel von etwa 20 bis 22 Grad zu wählen, der für jedes Boot durch Versuche festgelegt werden muß. Es ist daher erforderlich, den Anstellwinkel der Stauruder zu beobachten, ähnlich wie die Motorenumdrehungen während der Fahrt beobachtet werden (S. 419)«

Ergänzend seien die Ergebnisse der Meilenfahrten erwähnt, die am 28.10.1943 vom Erprobungskommando der Kriegsmarine mit dem Schnellboot »S 130« durchgeführt wurden (SK 24). In diesem Boot waren drei 20-Zylinder-Daimler-Benz-MB511-Motoren eingebaut, die mit 25% Aufladung 2500 PS leisteten. Bei den Meilenfahrten betrug die Höchstgeschwindigkeit mit 7500 PS bei 104,37 t Wasserverdrängung ohne Stauruderanstellung 40,2 kn. Mit 17,5 Grad Stauruderanstellung wurden 42,4 kn erreicht. Der »Lürssen-Effekt« ergab also ohne Mehraufwand an Antriebsleistung einen Geschwindigkeitsgewinn von 2,2 kn bei Vollast. Bei Teillasten ergaben sich folgende Werte

Leistung	ohne	mit Stauruder	Gewinn durch Stauruder
7000 PS	39,35 kn	41,35 kn	2,00 kn
6500 PS	38,50 kn	40,20 kn	1,70 kn
6000 PS	37,50 kn	38,90 kn	1,40 kn
5000 PS	35,05 kn	35,90 kn	0,85 kn
4000 PS	31,90 kn	32,55 kn	0,65 kn

– die Anordnung des Staukeils (SK 25) unter dem Boden des flachen Hinterschiffs, der den Fahrtstrom nach unten ablenkt und dadurch

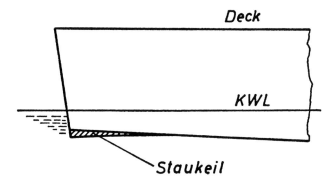

SK 25 Staukeil (Verfasser)

1. die widerstandsvermindernde Mulde hinter dem Spiegelheck verlängert (größere virtuelle Länge des Bootskörpers!),

2. den widerstandsbeeinflussenden hecklastigen Trimm des Boots verringert. Insgesamt ergaben die Staukeile, deren Form und Größe zunächst durch Modell- und später durch Großversuche bestimmt worden war, je nach Trimm- und Beladungszustand einen Geschwindigkeitsgewinn von 0,25–0,5 kn.

– Nachdem Modellversuche mit den LS-Booten gezeigt hatten, daß die Lagerung der Mittelwelle in einem festen Ruderleitbock direkt hinter dem Propel-

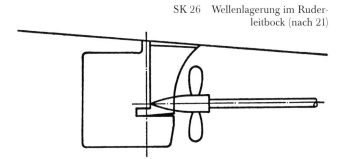

SK 26 Wellenlagerung im Ruderleitbock (nach 21)

ler (SK 26) durch teilweises Eliminieren der Drallwirkung des vom Propeller abströmenden Wassers zu einer Geschwindigkeitssteigerung führte, wurden entsprechende Versuche auch mit den großen Booten ausgeführt. Die Ergebnisse ermutigten zur Übernahme der Anordnung auch für diese Fahrzeuge, obwohl dadurch der Propellerwechsel erschwert wurde.

– Weitere Wirkungsgrad- und Widerstandsverbesserungen wurden durch die zweckmäßige Gestaltung stromlinienförmiger Kühlwasserfänger (SK 27) und

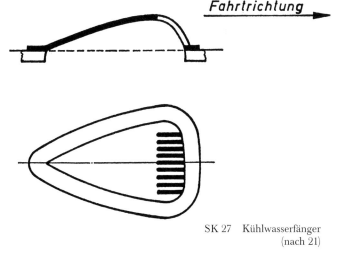

SK 27 Kühlwasserfänger (nach 21)

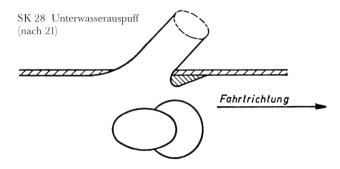

SK 28 Unterwasserauspuff (nach 21)

gegendruckregulierender Unterwasserauspüffe (SK 28) erreicht. Da der mit zunehmender Antriebsleistung wachsende Gegendruck des Wasser gegen die Auspuffgase die Motorenleistung beeinträchtigte, wurden zahlreiche alternative Lösungen für Unterwasserauspuffe untersucht. Als günstigste Lösung erwies sich ein vor der Austrittsöffnung angeordneter, von vorn flach ansteigender und nach hinten steil abfallender halbmondförmiger Wulst, der in Verbindung mit dem an der Hinterkante gut abgerundeten Auspuffrohr bei hoher Fahrt einen Unterdruck im Auspuffrohr hervorrief und damit den leistungsmindernden Gegendruck des Wassers beseitigte.

– Eine Holz-Leichtmetall-Kompositkonstruktion für den Bootskörper (Abb. 23) mit stählernen Motorenfundamenten, Leichtmetall-Innenverbänden und einer Doppel-Karweel-Mahagoni-Weißzeder-Beplankung. Ab »S 18« waren die Längsverbände im Vorschiffsbereich noch einmal erheblich verstärkt worden, um den hohen Beanspruchungen bei großen Fahrstufen im Seegang gewachsen zu sein. Eine außergewöhnlich leichte und gleichzeitig feste Deckskonstruktion aus Leichtmetallrahmen und -längsstringern mit einem dünnen Plankenbelag, die von Typ zu Typ bis auf 2,9 m gesteigerte Seitenhöhe sowie geschickte Gewichtsersparnisse (hölzerne Schotte, Möbel, Fußböden aus Leichtsperrplatten) hatten die aus Festigkeitsgründen erwünschten Verstärkungen gewichtsmäßig weitgehend aufgefangen.

Die Kurzhöchstgeschwindigkeit des Typs »S 18« lag bei 92,5 t Konstruktionsverdrängung und 6000 PS Leistungsabgabe zwischen 37,7 und 39,8 kn. Aus dem Bestreben, weitere Geschwindigkeitssteigerungen zu erzielen, wurden erneut ausgedehnte Modellversuche ausgeführt. Sie wurden jedoch eingestellt, als sich ergab, daß die mit »S 14« eingeführten Linien ohne Inkaufnahme von Nachteilen auf anderen Gebieten

Abb. 23 Schnellbootbau bei der Lürssenwerft (Lürssen)

ZUSAMMENFASSENDE BETRACHTUNG

Abb. 24 Schnellboot Typ »S 26«/»S 38« (WGAZ MSM)

nicht mehr übertroffen werden konnten. Die 1939 vorhandene Bootsform wurde daher – von einigen wenigen Sonderfällen abgesehen – bei allen während des Krieges gebauten großen Booten beibehalten. Daß die von ausländischen Gleitschnellbooten erzielten spektakulären Geschwindigkeiten mit diesen außergewöhnlich großen, auf optimale See-Eigenschaften ausgelegten Booten bei glatter See weder theoretisch noch praktisch erreichbar waren, lag auf der Hand. Dafür konnten sie aber die erreichbare Spitze auch noch bei ungünstiger Wetterlage durchhalten!

Die Bewaffnung von zwei 53,3-cm-Bug-TR mit zwei Torpedos (G 7a) im Rohr und zwei Reservetorpedos auf den Seitendecks, einer 20-mm-MK mit 3000 Schuß Munition, einem MG sowie Wabos zur U-Jagd war allen ausländischen Booten hinsichtlich Anzahl und Kaliber überlegen. Da kein Horchgerät an Bord war (keine Wirkung bei den starken Motoren- und Propellereigengeräuschen in Fahrt), war der Wert der Boote als U-Jäger jedoch gering. Alle Boote waren jedoch für die Verwendung als schneller Minenleger eingerichtet (Minenschienen). Statt der beiden Reservetorpedos konnten sechs Minen gefahren werden.

Die Navigationsmittel beschränkten sich auf Magnetkompaß, Karte und Stoppuhr, die Führungsmittel auf optische Signalmittel, einen HF-Sender und ein UKW-Telephoniegerät.

Vier weitere, bei Kriegsausbruch in Bau befindliche und zwischen Mai und November 1940 in Dienst gestellte Boote des Typs »S 18«, die Boote »S 26–S 29«, erhielten auf Vorschlag des K-Amts, und gegen den anfänglichen Widerstand der Frontkommandos, anstelle der frei auf dem Vorschiff liegenden Torpedorohre eine feste Back, die die mit Öffnungsklappen versehenen Torpedorohre umschloß (SK 14, Abb. 24). Da der Freibord im Vorschiffsbereich durch diese Maßnahme um mehr als einen halben Meter vergrößert wurde, fuhren diese Boote auch bei starkem Seegang und hohen Fahrtstufen außergewöhnlich trocken. Darüber hinaus ließ der Einbau der Back auch eine günstige Veränderung des Schiffsführungsbereichs zu: Standen bei den bisherigen Booten Kommandant und Wachoffizier wie in alten Zeiten ungeschützt vor dem Steuerstand hinter einem gleichzeitig als Spritzwasserschutz dienenden Brückenschanzkleid und gaben ihre Befehle durch ein geöffnetes Frontfenster des dahinter befindlichen Steuerhauses an den Rudergänger, so wurde die Back bei den neuen Booten direkt an das Steuerhaus herangeführt. Durch eine Verkürzung des Ruderstandes und eine geringe Verlängerung des Steuerhauses konnte hinter dem Ruderstand eine erhöhte, offene, mit herunterklappbaren Windschutzscheiben versehene »Brücke« für die Schiffsführung eingebaut werden (SK 29). Daraus resultierte

SK 29 Ruderhausanordnung auf deutschen S-Booten (nach 21)

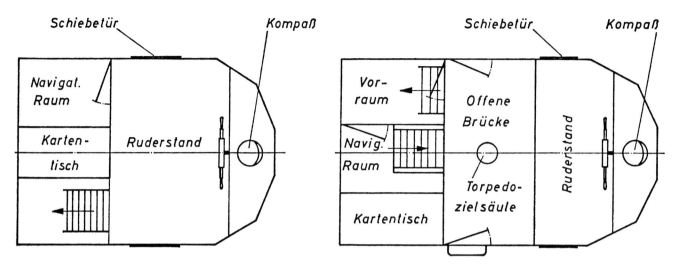

a) eine wesentliche Verbesserung der Sicht (ungehinderte Rundumsicht aus einem 0,5 m höheren Stand),

b) besserer Schutz des Brückenpersonals gegenüber Spritz- und Sprühwasser,

c) die Möglichkeit der Anordnung je eines leichten MG auf ausziehbaren und schwenkbaren Gabelstützen in den Brückennocken (Bedienung jeweils durch im Moment freies Signal- und Brückenpersonal).

Die Verständigung von der offenen Brücke zum Ruderstand und zum Navigationsraum erfolgte durch Klappen im Deck bzw. durch Sprachrohr. In der Mitte der offenen Brücke war die Torpedozielsäule aufgestellt.

Die Kriegsbauten

Die großen Boote

Der Typ »S«

Der letzte Friedensschiffbauplan hatte eine kontinuierliche Fortsetzung des Schnellbootsbaus vorgesehen. Bis 1945 sollten die Boote »S 1–S 64« zur Verfügung stehen. Im Hinblick auf den raschen Bedarf und die erwähnten Schwierigkeiten bei der Kurbelwellenherstellung für den 20-Zylinder-MB-501-Motor waren »S 30–S 37« sowie »S 54–S 61« als Nachbauten des kleineren Typs »S 10–S 13« mit 3 × 1200/1320-PS-16-Zylinder-MB-502-Motoren, »S 38–S 53« sowie »S 62–S 64« und einmal weiter folgende als Nachbauten des größeren Typ »S 26–S 29« mit 3 × 1800/2000-PS-MB-501-Motoren bestellt worden. Da die kleineren Fahrzeuge an sich jedoch nicht mehr so gefragt waren, hatte sich die Marine 1939 bereit erklärt, »S 30–S 36« nach der Fertigstellung als »C 4–C 10« an China abzugeben. Nach dem Kriegsausbruch wurden die China-Boote jedoch beschlagnahmt und unter der alten Numerierung, ein als »F 5« für Bulgarien in Bau befindliches Boot als »S 1« von der Kriegsmarine übernommen.

»S 1« entsprach mit 28,00 × 4,46 × 1,51 m Abmessungen und 49/59 t Verdrängung den 1936/37 für Jugoslawien gebauten Booten des Typs ORJEN, hatte jedoch anstelle der s. Zt. verwandten Otto-Motoren 3 × 700/950-PS-Daimler-Benz-MB-500-12-Zylinder-V-Viertakt-Diesel für 37,1 kn erhalten. Es wurde am 29.9.39 von der Kriegsmarine in Dienst gestellt. »S 30–S 37« kamen zwischen Ende November 1939 und Juli 1940 in Dienst.

Schon bei der Planung der ersten Kriegsaufträge war sich das K-Amt darüber klar, daß durch den Fortfall der MAN als Motorenlieferant bei der Herstellung von Schnellbootmotoren ein Engpaß zu erwarten war. Speziell im Hinblick auf die Kurbelwellenfertigung für die 2000-PS-Motoren stand fest, daß der alleinige Hersteller, Daimler-Benz, dem möglichen Bautempo der Werften bei einer Konzentration auf den großen Typ »S 26« nicht würde folgen können. Eine Studie, der Schwierigkeit durch den Entwurf eines kleineren Mob-Schnellboottyps mit nur 2 × 2000 PS zu begegnen, mußte fallengelassen werden, als sich herausstellte, daß die sehr konkreten militärischen Forderungen der Front hinsichtlich Geschwindigkeit, Fahrbereich und Bewaffnung mit einem kleineren Boot nicht erfüllt werden konnten. In diesem Zusammenhang ist zu erwähnen, daß die im deutschen Schnellbootbau allein führende Lürssen-Werft bereits 1938 für ausländische Rechnung (Portugal) Entwürfe für einen kleinen Knickspant-Schnellboottyp angefertigt hatte, der alternativ als Zwei- oder als Dreiwellenboot geliefert werden konnte.

Die nach dem Vorbild der bewährten Lürssen-Bauten in Kompositbauweise konzipierten Boote sollten 21,0 m lang und 4,5 m breit werden. Die Seitenhöhe betrug 2,28 m, der maximale Tiefgang 1,3 m. Als Bewaffnung waren zwei 45-cm-TR für etwa 5 m lange Torpedos, 1–2-cm-MK mit 300 Schuß, 2 Wabobühnen für je vier 50-kg-Wabos und zwei 45-Liter-Nebelsäurebehälter vorgesehen. Das Dreiwellenboot (SK 30, Tafel 1) sollte drei 900/1100-PS-12-Zylinder-Daimler-Benz-BFz-V-Viertakt-Otto-Motoren erhalten und bei 24,45 t Probefahrtsverdrängung 41,5 kn Dauer- bzw. 45,5 kn Kurzhöchstfahrt, bei 28,55 t Einsatzverdrängung 38,5 kn Dauer- und 42,5 kn Kurzhöchstfahrt laufen. Der Mittelmotor sollte ein Wendegetriebe erhalten, die Seitenmotoren während der Fahrt ein- und ausrückbare Kupplungen. Die Gewichtsverteilung für diesen Typ lautete:

Leeres Boot mit Ausrüstung	20,00 t
0,5 Kraftstoffvorrat	1,50 t
0,5 Schmieröl	0,10 t
0,5 Frischwasser	0,15 t
7 Mann Besatzung	0,55 t
0,5 Proviant und pers. Ausrüstung	0,15 t
FT-Anlage	0,10 t
2 Torpedorohre	1,20 t
2 MK incl. Unterbau und Podest	0,60 t
Nebelgeräte und Zubehör	0,10 t
Probefahrtverdrängung	24,45 t
2 Torpedos, 300 Schuß Munition	1,80 t
restliche 0,5 Vorräte	1,90 t
8 Wasserbomben	0,40 t
Einsatzverdrängung	28,55 t

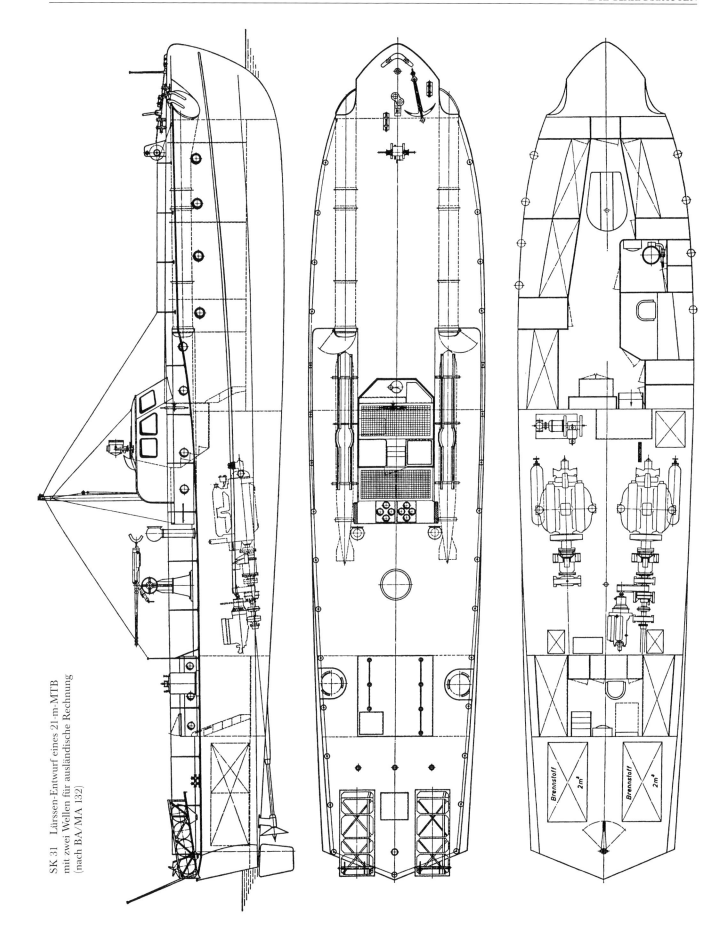

SK 31 Lürssen-Entwurf eines 21-m-MTB mit zwei Wellen für ausländische Rechnung (nach BA/MA 132)

Das Zweiwellenboot (SK 31) sollte zwei mit ein- und ausrückbaren Kupplungen versehene 900/1100-PS-12-Zylinder-Daimler-Benz-BFz-V-Viertakt-Otto-Motoren erhalten. Auf die Steuerbordwelle konnte über ein Getriebe ein 28-PS-Marsch- und Manövriermotor geschaltet werden, der 6 kn Marschfahrt ermöglichte. Bei 23,5 t Probefahrtsverdrängung sollten 36 kn Dauer- und 39,0 kn Kurzhöchstfahrt, bei 27,5 t Einsatzverdrängung 34,0 kn Dauer- und 37,0 kn Kurzhöchstfahrt gelaufen werden.

Beide Typen sollten einen von einem 12-PS-Otto-Motor angetriebenen 2-KW-24/37-V-Generator und eine 150 Ah-Stahlbatterie erhalten. Bei 20 kn Marschfahrt und 4000 Liter Kraftstoff in zwei Tanks wurde ein Fahrbereich von 350 sm angesetzt (32).

Nach der grundsätzlichen Ablehnung der kleinen Boote ergab sich, angeregt durch die Möglichkeit einer schnellen Fertigung einer entsprechenden Anzahl von 1200/1350-PS-MB-502-Dieseln und das Vorhandensein einer Anzahl für ausländische Rechnung in Bau befindlicher, bei Kriegsausbruch beschlagnahmter Diesel folgende auf dem Friedensbauplan aufbauende Mob-Planung:

– »S 26–S 29« in Bau befindliche große Boote mit 3 × 1800/2000-PS-MB-501-Dieseln, Friedensplanung, Bauwerft Lürssen

– »S 30–S 37« Bootskörper entsprechend »S 10–S 13« mit 3 × 1200/1320-PS-MB-502-Dieseln, Bauwerft Lürssen

– »S 38–S 53« große Boote des Typs »S 26« mit 3 × 1800/2000-PS-MB 501-Dieseln, Bauwerft Lürssen, in Dienst zwischen November 1940 und September 1941

– »S 54–S 61« kleine Boote des Typs »S 30« mit 3 × 1200/1320-Ps-MB-502-Dieseln, Bauwerft Lürssen, in Dienst zwischen August 1940 und Februar 1941

– »S 62–S 100« große Bote des Typs »S 38« mit 3 × 1800/2000-PS-MB-501-Dieseln, Bauwerft Lürssen, in Dienst zwischen September 1941 und Mai 1943

– »S 101–S 133« große Boote des Typs »S 38«, Bauwerft Schlichting-Werft, Travemünde, in Dienst zwischen November 1940 und Dezember 1942

– »S 134–S 150« große Boote des Typs »S 38«, Bauwerft Lürssen, in Dienst zwischen Mai 1943 und Dezember 1943

Zum Bau der kleinen Boote »S 30–S 37, S 54–S 61« schreibt Docter (21):

»...Die Boote mußten auf Wunsch militärischer Stellen noch mit dem alten Führerstand vor dem Ruderhaus ausgerüstet werden. Durch die Back wurde der Führerstand noch nasser als bei den früheren Booten, da das an Deck gekommene Wasser nun nicht mehr durch ein hohes Brückenschanzkleid abgewiesen und gehindert wurde, direkt in den Führerstand zu laufen... Der Bau dieser beiden Serien des kleineren Bootstyps erwies sich im weiteren Verlauf des Krieges als sehr vorteilhaft, da diese Boote infolge ihrer kleineren Abmessungen noch die Möglichkeit hatten, über Rhein, Rhin-Rhone-Kanal und Rhone in das Mittelmeer zu gelangen. Hier bewährten sie sich beim Kriegseinsatz von Sizilien aus aufs beste, obwohl ihre Geschwindigkeit infolge der hohen Lufttemperatur im Mittelmeer auf etwa 30 kn gesunken war. Durch den nachträglichen Einbau von Ladern wurde die Geschwindigkeit der Boote wieder auf etwa 33 kn gebracht. Zur Verstärkung der Bewaffnung dieser Boote wurde nachträglich in einem

Abb. 25 Schnellboot »S 67« mit Testbrücke (Drüppel, Wilhelmshaven)

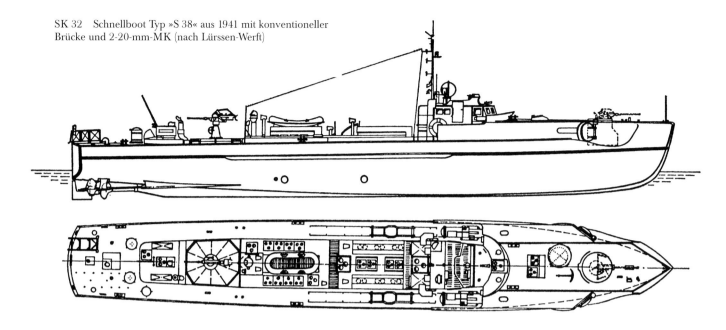

SK 32 Schnellboot Typ »S 38« aus 1941 mit konventioneller Brücke und 2-20-mm-MK (nach Lürssen-Werft)

Mittelmeerstützpunkt in die Back noch eine 2-cm-Flak in Drehkranzlafette eingebaut (S. 415)«, die auf dem Backdeck gelagert war, um die Sicht des Rudergängers möglichst wenig zu beeinträchtigen. Die Bedienung des Geschützes erfolgte von einem wasserdicht im Deck eingebauten selbstlenzenden Leichtmetallbrunnen aus. Da sich Lafette und Geschütz niederklappen ließen, konnte die Brunnenöffnung durch einen Schieber bzw. abnehmbare Deckel geschlossen werden, so daß bei schwerer See kein Wasser in den Brunnen kam.

Aufgrund der Kriegserfahrung erhielten auch die großen Boote, zusätzlich zu der achtern stehenden 2-cm-Flak-38 in Sockellafette, eine zweite 2-cm-Flak-38 in versenkbarer Drehkranzlafette 41 in der Back und 2 MG 34 auf der Brücke (SK 32). Für die beiden 2-cm-Waffen wurden insgesamt 6000 Schuß an Bord gegeben.

Auf Anregung der Front wurden »S 67« und einige weitere Versuchsboote vorübergehend mit einer »Plexiglasbrücke« versehen, um die Silhouette niedriger und die Brücke zugfreier zu gestalten, ohne jedoch die notwendige Rundumsicht zu beeinträchtigen (Abb. 25). Ab »S 68« entschied man sich dann für eine Leichtmetallbrücke in Kalottenform.

Die im Laufe des Jahres 1942 immer mehr zunehmenden Personalverluste beim Kampf mit feindlichen Zerstörern, MTB, MGB und Flugzeugen ließen energische Maßnahmen erforderlich werden. Eine Vielzahl von Wegen wurde erörtert, untersucht, verworfen und für gut befunden:

Der Führer der Torpedoboote (F. d. T.), dem die Schnellboote bis zum 20. 4. 1942 unterstanden, hatte die Entwicklung reiner Artillerieboote nach dem Vorbild der englischen MGB (Motor Gun Boat) gefordert oder zumindest die Ausrüstung von drei Booten je Flottille mit verstärkter Artillerie.

Als artilleristische Verstärkung wurde zunächst auf den Booten »S 29, 39, 42, 44–46, 81–83, 98–99, 117« anstelle der achteren 2-cm- eine vollautomatische 4-cm-Bofors-Flak-28 mit 2000 Schuß Munition eingebaut. Ferner entschloß man sich, die Geschütze zukünftig mit Panzerschilden zu versehen und ab »S 100« das Ruderhaus sowie Seiten- und Rückwände der Brücke mit 10–12-mm-Wotan-hart-Panzermaterial zu schützen. Um fertigungstechnisch schwierige, der Kalottenform entsprechende, doppelt gekrümmte Panzerbleche zu vermeiden, wurden die Panzerkalotten aus mehrfach geknickten Platten zusammengeschweißt (Abb. 26).

Es ist verständlich, daß diese ab »S 100« serienmäßig und bei der Masse der in Dienst befindlichen Boote nach und nach ausgeführten Verbesserungen der Schlag- und Standkraft mit erheblichen Mehrgewichten verbunden waren und die Höchstgeschwindigkeit auf 37 kn zurückging. Da die Front jedoch

Die grossen Boote

Abb. 26   Schnellboot mit Panzer-Kalottenbrücke (Drüppel, Wilhelmshaven)

nicht nur die Wiederherstellung der alten Kurzhöchstfahrt, sondern eine Erhöhung auf über 40 kn forderte, waren Maßnahmen wie eine Leistungssteigerung der Motoren u. ä. dringend notwendig. Parallel zu den diesbezüglichen Arbeiten der Firma Daimler-Benz beschäftigte sich das K-Amt aber auch mit alternativen Lösungen:

– Es wurde die Frage des Einbaus eines vierten Motors untersucht. Docter (21) schreibt hierzu: »Beim Einbau eines vierten Motors boten sich zwei Möglichkeiten an:

a) vier Motoren mit Vierschraubenantrieb. Als Nachteile ergaben sich: Mehrgewichte durch vierten Motor, viertes Motorfundament, vierte Wellen-, Propeller- und Auspuffanlage, Vermehrung des Maschinenpersonals, Verschlechterung des Propellerwirkungsgrades sowie Erhöhung des Anhängewiderstandes.

b) Die Leistung von zwei Motoren über ein Getriebe auf eine Mittelwelle leiten. Hierbei wären die beiden letzten Nachteile zum Teil vermieden worden, dafür hätte man aber das erhebliche Mehrgewicht für ein Getriebe von 4000 PS in Kauf nehmen müssen. Außerdem war es fraglich, ob ein solches Getriebe in größeren Stückzahlen schnell lieferbar war (S. 146)«.

Unter diesen Umständen wurde von dem Einbau des vierten Motors abgesehen und hinsichtlich der großen Boote auf die Leistungssteigerung der Motoren durch den Einbau einer Aufladung gesetzt.

– Im Jahre 1937 hatte das K-Amt im Anschluß an Schleppversuche zur Formverbesserung der großen S-Boote Modellversuche mit verschiedenen Wellenbinder-Gleitbootformen durchgeführt. Es ergab sich erneut eine Bestätigung der bekannten Tatsache, daß aus der Sicht des Schiffswiderstandes die Rundspantform der Wellenbinderform bis etwa 39 kn etwas überlegen ist, von 39 bis 40 kn sind beide etwa gleich und bei Geschwindigkeiten über 40 kn wird die Wellenbinderform mit zunehmender Geschwindigkeit widerstandsmäßig immer stärker überlegen. Allerdings muß diese Überlegenheit üblicherweise mit einer beträchtlichen Verschlechterung der Seefähigkeit erkauft werden. Dieses Ergebnis zeigte sich auch bei Versuchen, die die Kriegsmarine mit in Holland erbauten Wellenbinder-Gleitschnellbooten (»S 201–202«) (s. Abschnitt 5.2.) ausführte.

Trotzdem beschäftigte man sich aufgrund der Kriegssituation erneut mit der Entwicklung eines relativ großen Wellenbinder-Schnellboots (69 t, 1–2-cm-MK, 1–13-mm-MG, 2–53,3-cm-TR), das günstige Widerstands- und gute See-Eigenschaften miteinander verbinden sollte. Als man jedoch feststellte, daß die zur Verfügung stehenden 2000-PS-Motoren nicht ausreichten, um mit zwei Motoren die für Geschwindigkeiten von mehr als 40 kn erforderliche Wellenleistung aufzubringen, mußte vor einer weiteren Betrachtung der Schiffsform-Alternative die Leistungssteigerung der Motoren abgewartet werden. Mit zwei 2500-PS-Motoren hoffte man die Knickspant-Holz-Leichtmetall-Kompositboote auf zumindest 38 kn zu bringen (33). Ein etwas kleineres, 1943 bei der Lürssen-Werft als »VS 1« in Bau gegebenes Versuchsboot (23,1 m Länge über alles, 22,045 m Länge in der Wasserlinie, 4,73 m Breite im Deck, 4,53 m Breite in der Wasserlinie, 2,65 m Seitenhöhe und 1,00 m Tiefgang auf halber Länger, Wellenbinderform, Holz-Leichtmetall-Kompositbau, 4 × 1500-PS-

Isotta-Fraschini-ASM-185-Otto-Motoren für ca. 46 kn, 6 – 20-mm-MK und 2 – 53,3-cm-TR) wurde später storniert (33). Ein Spantenriß befindet sich im Bundes-/Militärarchiv.

Als die Firma Daimler-Benz dann jedoch 1943 den aufgeladenen 2500-PS-Diesel fertigstellte, dessen Lader so eingerichtet waren, daß sie auch bei den schon in Dienst befindlichen Booten nachträglich eingebaut werden konnten, war die Lage geklärt: Mit einer Gesamtleistung von 7500 PS kamen die Boote des Typs »S 38«/»S 100« auf 43,5 kn Kurzhöchstfahrt.

Nach einer zeitgenössischen Handakte (33) lauteten die technischen Daten eines deutschen Schnellboots Typ »S 38«/»S100« Anfang 1943:

– L × B × H	34,94 × 5,1 × 2,9 m	
– Tg	1,45 – 1,55 m	
– Konstruktions- verdrängung	ohne Aufladung	98,91 t
	mit Aufladung	99,81 t
	mit 4-cm-Flak-28	101,00 t
– Einsatz- verdrängung	ohne Aufladung	108,65 t
	mit Aufladung	109,55 t
	mit 4-cm-Flak-28	110,74 t
– Motorenleistung	ohne Aufladung	6000 PS
	mit Aufladung	7500 PS
– Geschwindigkeit bei 75 % Zuladung	ohne Aufladung	39,00 kn
	mit Aufladung	43,50 kn
– Fahrbereich	ohne Aufladung	750 sm bei 35 kn
	mit Aufladung	700 sm bei 35 kn
– Artillerie- bewaffnung	1-20-mm-Flak-38 in Drehkranz 41, versenkbar, zwei- und dreiachsig. 2 MG 34 oder – statt 2-cm-in Sockellafette – 1 – 40-mm-Bofors-Flak-28	
– Torpedo- bewaffnung	2 – 53,3-cm-TR mit 2 Torpedos und 2 Reservetorpedos.	

Die erwähnte Forderung des F.d.T. nach regelrechten Artillerieschnellbooten führte ebenfalls zu einigen Vorentwürfen:

– Ein als »Entwurf I« bezeichnetes, in Abmessungen, Antrieb und Formgebung dem Typ »S 38«/»S 100« sehr ähnliches Boot, das vorn eine vollautomatische 3,7-cm-Doppelflak-L/42, auf der Brücke eine teilweise gepanzerte, dreiachsige 2-cm-Flak-38 in Drehkranzlafette 42 mit Plexiglaskuppel und achtern einen zweiachsigen 2-cm-Vierling-38 tragen sollte (SK 33, Tafel 2),

– ein stählernes, mit Seitenpanzer versehenes Boot von 120 t, das mit drei 2500-PS-MB-511-Dieseln 40 kn laufen und mit zwei vollautomatischen, 3,7-cm-Doppelflak-L/42, 1 – 2-cm-Flak-38 in Drehkranzlafette 42 mit Plexiglaskuppel und zwei MG 34 auf der Brücke bewaffnet werden sollte (33).

Tatsächlich wurden diese auf Forderung des F.d.T. entstandenen Entwürfe dann aber doch nicht realisiert, da sowohl die Flotte als auch der ab dem 20.4.42 ernannte Führer der Schnellboote (F.d.S.) sich klar gegen ein reines Artillerieboot aussprachen.

Ziel des F.d.S. war es
– alle Boote vom Typ »S 38« mit einem etwa 8–12 mm starken Panzerschutz für Brücke und Waffen zu versehen,
– einige Boote mit Panzerschutz und verstärkter Artillerie auszurüsten. Für diese Fahrzeuge sollten als Gewichtsausgleich die beiden Reservetorpedos mit 3 t Kraftstoff (zusammen rd. 6 t) abgegeben werden, zumal ein Fahrbereich von 500 sm im Kanalgebiet, dem Haupteinsatzraum dieser Boote, als ausreichend erachtet wurde.

Der F.d.S. wies darauf hin, daß
– die Hauptforderung in Richtung einer höheren Kadenz der Waffen ginge: »Es kommt darauf an, in kürzester Zeit möglichst viel Eisen auf den Feind zu schleudern«.
– S-Boote – wie Flugzeuge – äußerst leichte, mit wenig Personal bedienbare Waffen benötigten. Die 4-cm-MK wurde als wenig geeignet bezeichnet und ihre baldiger Ersatz durch die 3,7-cm-Flak-36 gefordert.

Schließlich wies der F.d.S. darauf hin, daß die Luftwaffe die 3-cm-MK-103 entwickelt hätte, die nur wenig schwerer als die 2-cm-MK war, jedoch hinsichtlich Geschoßgewicht und Gurtführung Vorteile bot. Es wurde vorgeschlagen, eine Drehkranzlafette für diese Waffe zu entwickeln und sie als Standardwaffe für Schnellboote einzuführen (33). Das K-Amt griff diese Forderung umgehend auf:

»Hauptamt Kriegsschiffbau
K I Ks Nr. 23.511/42 geh. Berlin, den 6.1.1943
Btr. R- und S-Boote-Bewaffnung
An A Wa

Aufgrund der Lage im Kanal hat es sich als notwendig erwiesen, die kleinen Fahrzeuge, im besonderen die S- und R-Boote, gegen Angriffe feindlicher Streitkräfte widerstandsfähiger zu machen. Zu diesem Zweck wird augenblicklich mit größter Beschleunigung Panzerung für die genannten Boote beschafft.

SK 33 Projekt eines Artillerie-Schnellboots 1943 – Entwurf I (nach BA/MA 1662)

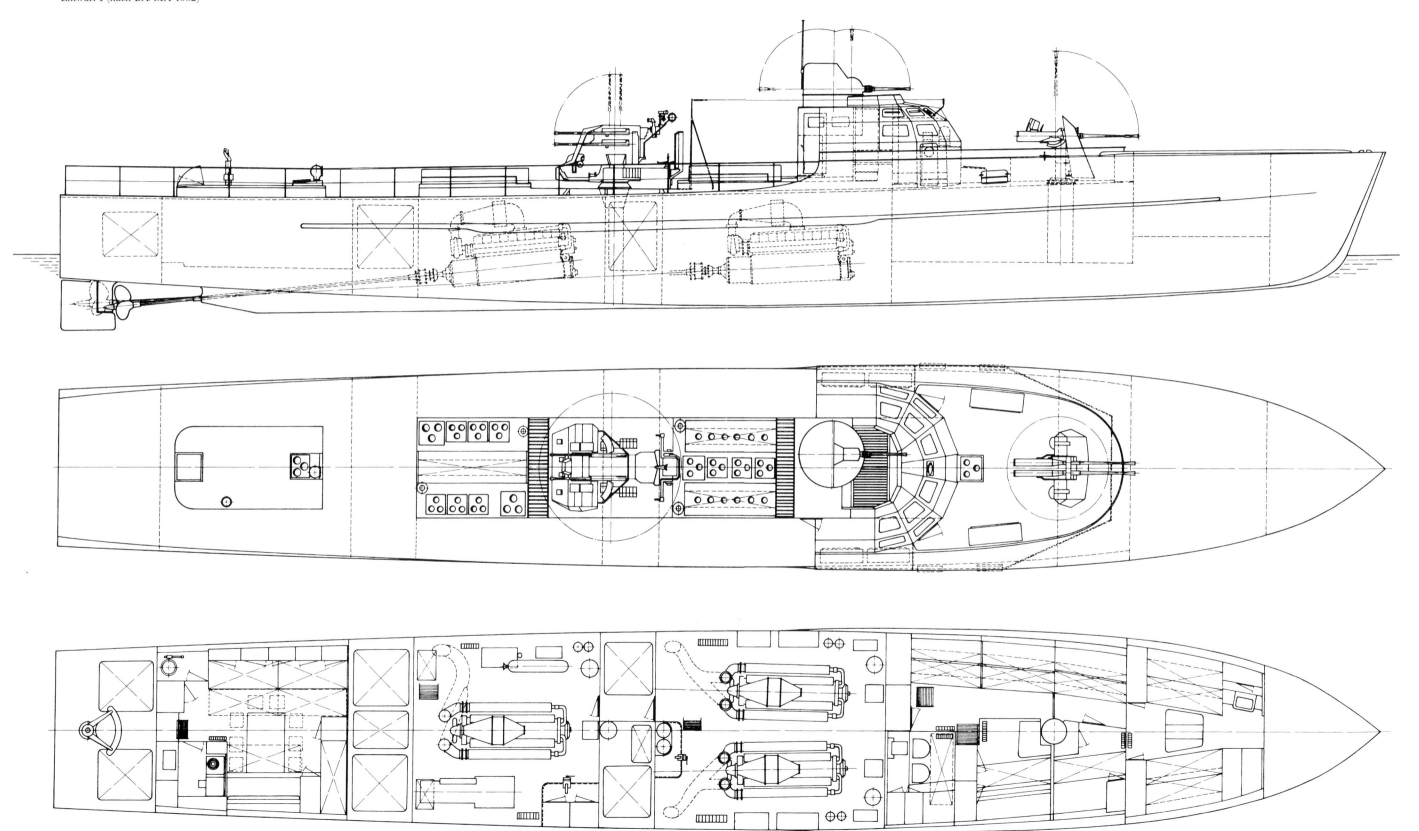

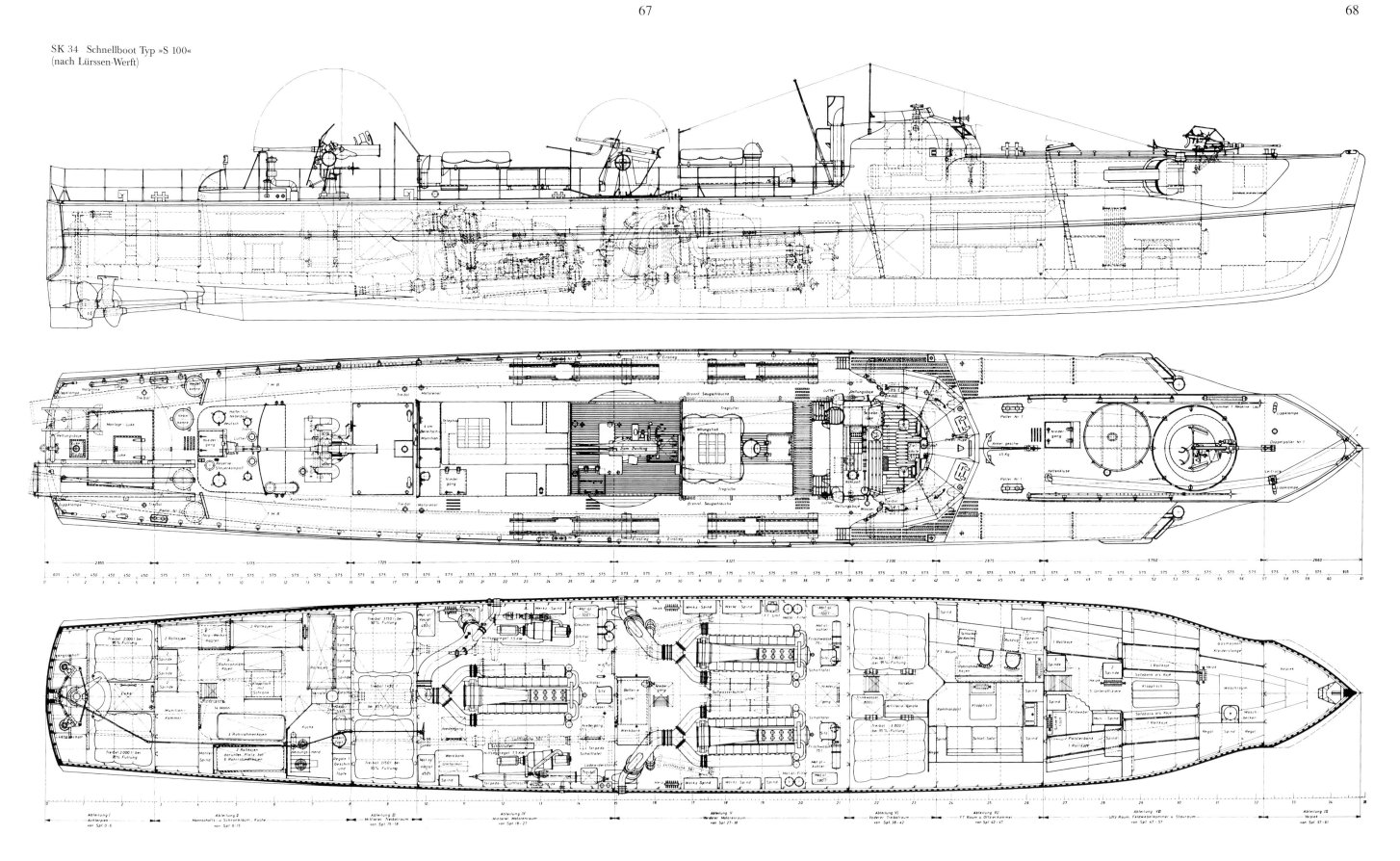

SK 34 Schnellboot Typ »S 100«
(nach Lürssen-Werft)

SK 39 Schnellboot Typ »S 700«
(nach BA/MA 1662)

SK 116

Deutscher Schnellboot-Typ „S 700" 1945

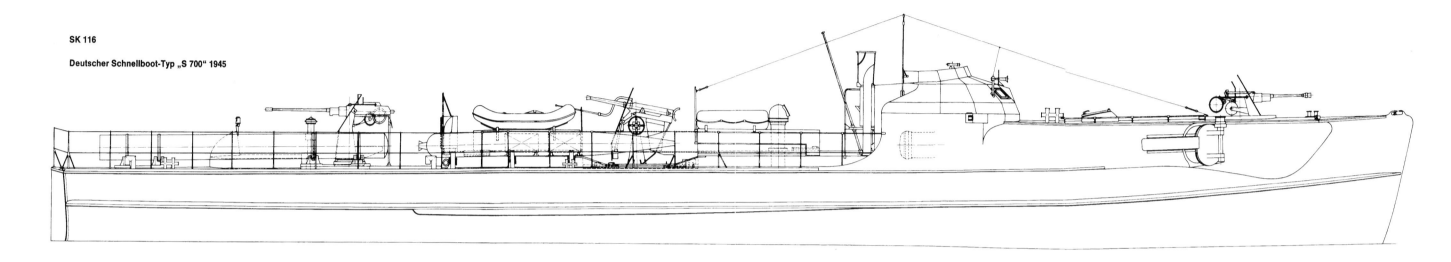
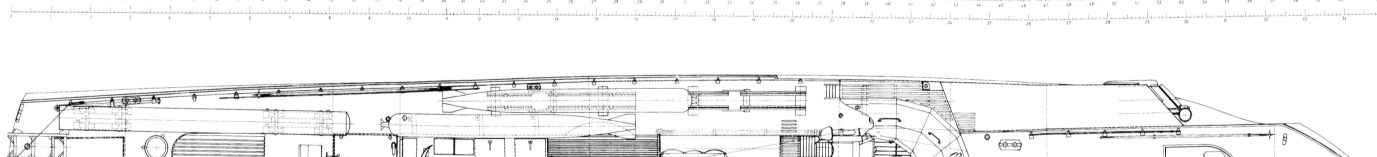
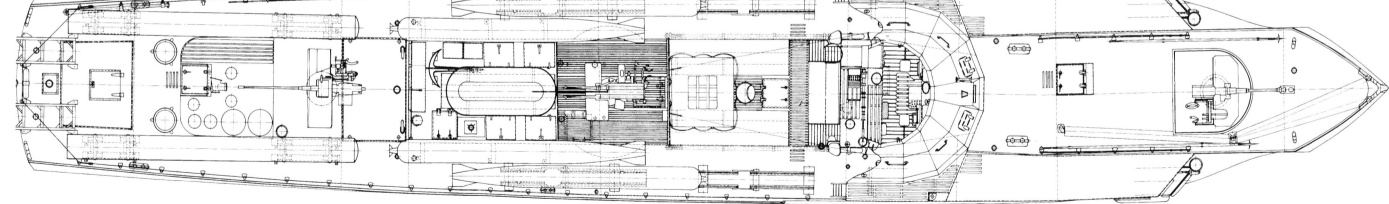

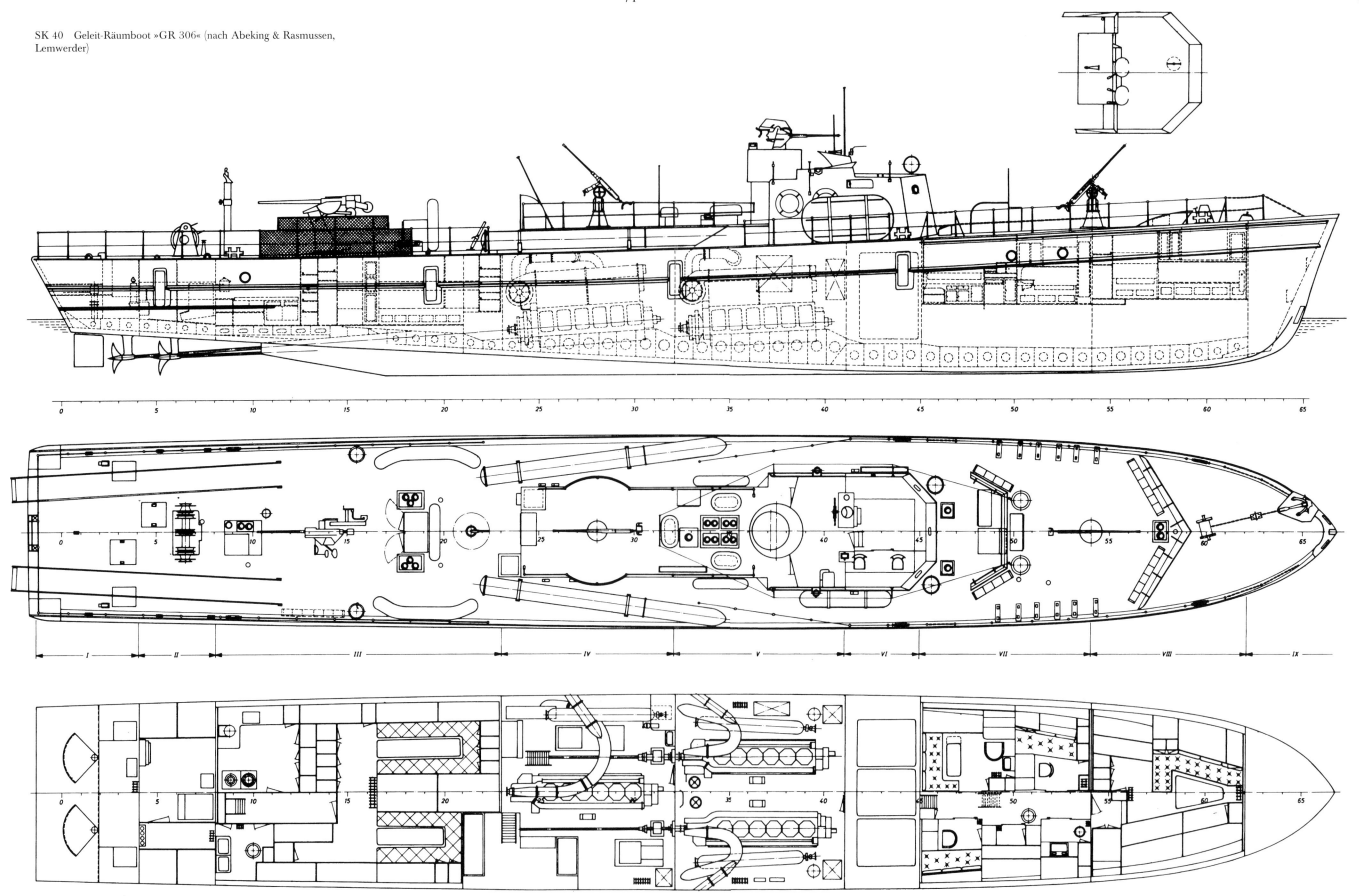

SK 40 Geleit-Räumboot »GR 306« (nach Abeking & Rasmussen, Lemwerder)

Die englischen Motor Gun Boats sind mit 4-cm-, z. T. sogar mit 5-cm-Geschützen, ausgerüstet. Gegen diese Kaliber ganze Räume, wie beispielsweise Brückenhäuser, Motorenräume oder auch Brennstofftanks wirkungsvoll zu panzern, ist gewichtlich unmöglich. Schon jetzt steht man daher vor der Frage, entweder bei der Verwendung von sehr hartem Material die Panzerung darauf abzustellen, daß sie mit Sicherheit wenigstens SK-Geschosse abweist – dann besteht die Gefahr, daß schon beim Auftreten von 2-cm-Vollgeschossen Stücke aus der Panzerung herausspringen – oder aber durch Verwendung eines zäheren Materials zwar diese Gefahr zu vermeiden, dafür aber in Kauf zu nehmen, daß bei ungünstigem Auftreffwinkel schon SK-Geschosse, und erst recht natürlich 2-cm-Geschosse, den Panzer durchschlagen. Man ist also schon beim Schutz gegen 2 cm, worauf die jetzigen Versuche abgestellt sind, an der Grenze der gewichtlich möglichen. Jedem schwereren Kaliber gegenüber versagt dieser Panzer und bedeutet unter Umständen sogar eine Erhöhung der Gefahr.

Nach Ansicht von K ist es richtiger, das ganze Gewicht, das für die Verstärkung der Abwehr zur Verfügung gestellt werden kann, in Abwehrwaffen anzulegen und die Panzerung auf ganz kleine, aber wirksame, formgünstige, drehbare Panzerstände für jeweils eine einzelne Person zu beschränken.

Parallel zu dem Bemühen, den Booten durch Panzerung einen gewissen Schutz zu geben, geht auch schon jetzt das Bestreben, die Abwehrwaffen zu vermehren und zu verbessern. Hierbei besteht über die Wahl der Waffen offensichtlich noch Unklarheit. Auf der einen Seite werden Waffen verlangt, die lediglich eine hohe Schußfolge ermöglichen, ohne dabei große Wirkung am Ziel zu gewährleisten, wie beispielsweise der 2-cm-Vierling, auf der anderen Seite geht das Bestreben dahin, das Kaliber immer mehr zu erhöhen. So sind jetzt bereits auf S-Booten 4-cm-Bofors eingebaut und es war sogar erwogen, zu einem 5-cm-Kaliber überzugehen.

Ausschlaggebend bei der Wahl der Waffe ist es, daß sie sowohl zur Bekämpfung von Luft- als auch von Seezielen geeignet sein muß.

Die bisherige Bewaffnung der S-Boote mit einem 2-cm-MG-C/30 bzw. MG-C/38 hat sich als unzureichend erwiesen. Sie ist daher durch ein zusätzliches 2-cm-MG auf der Back verstärkt worden. Offenbar hat aber auch diese Waffe eine zu geringe Wirkung gegen Seeziele. Dabei ist der Personalbedarf unverhältnismäßig hoch, beispielsweise für das MG-C/30 allein 5 Mann. Noch ungünstiger werden die Verhältnisse, wenn man dazu übergeht, die 2-cm- in Doppel- oder Vierlingslafetten zu verwenden. So erfordert ein dreiachsiger 2-cm-Vierling 10 Mann Bedienungspersonal. Für die Bedienung einer 3,7-cm sind 3 Mann, einer 4-cm-Bofors 7 Mann erforderlich. Zu den Mehrfach-Lafetten ist man übergegangen, um eine höhere Schußfolge zu erzielen. Dieser Weg ist bei den vorhandenen stärkeren Kalibern nicht möglich. Mit der 3,7-cm ist bei gut eingespieltem Bedienungspersonal eine Schußfolge von etwa 125–150 Schuß in der Minute und bei der 4-cm-Bofors eine von 120 Schuß in der Minute zu erreichen. Daher scheiden diese Waffen als Abwehrwaffen gegen Luftziele, vor allem gegen Jäger, von vornherein aus. Mit den genannten Kalibern ist die Grenze dessen erreicht, was Fahrzeuge in der Größe von S- und R-Booten gewichts- und stabilitätsmäßig zur Not noch tragen können.

Nach dem Gesagten ergibt sich als wünschenswert eine Waffe, die einmal bezüglich ihrer ballistischen Eigenschaften befriedigt, die dabei gewichts- und raummäßig günstig liegt und die eine genügend schnelle Schußfolge bei geringem Bedienungspersonal benötigt. Bei der Luftwaffe ist das 3-cm-MG-138 entwickelt worden, welches bezüglich der ballistischen Eigenschaften und bezüglich des Gewichtes den gestellten Forderungen entspricht. Die Durchschlagkraft genügt gegenüber der Panzerung solcher Fahrzeuge, gegen die ein Kampf für S- und R-Boote überhaupt in Frage kommt. Diese 3-cm-Waffe könnte gegebenenfalls geeignet sein, alle anderen in Frage kommenden Kaliber, also sowohl die 2-cm als auch die stärkeren, 4- und 5-cm, zu ersetzen, vorausgesetzt, daß sie so lafettiert wird, daß sie bezüglich des Raum- und des Personalbedarfs den Anforderungen entspricht, wie sie bei den kleinen Fahrzeugen vorliegen. Das MG 138 ist bei Flugzeugen, woher sie übernommen ist, im Motorblock gelagert. Soweit bekannt, ist bei A Wa beabsichtigt, für diese 3-cm eine Lafette für den Gebrauch der Waffe in der Kriegsmarine zu entwickeln.

Vor Einführung dieser Waffe muß diesseitigen Erachtens geklärt werden, ob die neue Waffe tatsächlich geeignet ist, für die Zukunft als die Standardwaffe der kleinen Fahrzeuge zu gelten. Hierüber müßte nach Anhören der Front eine eindeutige Entscheidung herbeigeführt werden, damit nicht lediglich zu den vielen bisher schon bestehenden Waffen noch eine weiter hinzukommt.

Sollte dann die Einführung des 3-cm-MG-138 entschieden werden, so wird vorgeschlagen, hierfür eine Lafettierung zu entwickeln, die wirklich ein Optimum bezüglich Gewicht, Platzbedarf, Schußfolge, sicherer und schneller Bedienbarkeit und geringen Personalbedarfs darstellt.

Die von der Luftwaffe übernommene hydraulische Drehringlafette 151 mit dem MG 151 kann hierbei als Vorbild dienen. Eine HD 151 ist auf einem KM-Boot eingebaut worden, eine weitere ist zur Erprobung an das AVK (Artillerieversuchskommando) Land in Misdroy gegeben worden (das Ergebnis der Untersuchung steht noch aus und wird für Mitte Januar erwartet), eine weitere HD 151 wird z.Zt. auf einem Boot der S-Boots-Schulflottille in Swinemünde in den vorhandenen Kessel der Back-Flak provisorisch eingebaut.

Die Vorzüge der Aufstellung in hydraulischer Drehringlafette sieht K in folgendem:

1. Sehr geringes Gewicht. Die komplette Waffe mit Lafette und 500 Schuß wiegt 360 kg.

2. Der Platzbedarf ist denkbar gering; es genügt ein Kesseldurchmesser von 1080 mm. Das geringe Gewicht und der geringe Raumbedarf ermöglichen es, die Waffe überhöht an Stellen einzubauen, wo der Einbau bei anderer Lafettierung nicht in Frage kommen würde.

3. Die Schußfolge ist 650 Schuß in der Minute.

4. Für die Bedienung ist nur ein Mann erforderlich.

5. Der Schütze sitzt in bequemer, fester Stellung, so daß ein sicheres Abkommen möglich ist. Er wird durch die Erschütterung beim Abschuß nicht gestört. Er braucht nicht durch das Feuer zu sehen, er ist durch die Plexiglaskuppel gegen Wind und Spritzwasser geschützt.

6. Der Schütze ist bei der serienmäßigen Ausführung der Lafette an ein Fernsprechnetz angeschlossen, so daß eine gewisse Feuerleitung möglich ist.

Aufgrund des vorstehend Gesagten wird vorgeschlagen, für das 3-cm-MG-138 eine hydraulische Drehringlafette zu entwickeln. Da beim MG 138 die Munitionszuführung durch Zerfallgurt erfolgt, ist dieses grundsätzlich möglich.

Gelegentlich einer Besprechung über andere Dinge wurde im RLM (Reichsluftfahrtministerium) festgestellt, daß Vorarbeiten für die Entwicklung einer 3-cm-HD-Lafette von der Luftwaffe bereits eingeleitet sind, jedoch wird die Entwicklung, sofern sie von der Luftwaffe allein betrieben wird, verhältnismäßig lange dauern, da für die Verwendung im Flugzeug seitens des RLM nicht das große Interesse an dem stärkeren Kaliber besteht wie bei der Marine. Das Tempo der Entwicklung läßt sich nach Angabe des RLM jedoch wesentlich beschleunigen, wenn sich das OKM der Entwicklung anschließen würde und in der Lage wäre, eine gewisse Konstruktionskapazität zur Verfügung zu stellen. Die Konstruktion erfolgt bei der Firma Borsig in Tegel und ist bereits soweit fortgeschritten, daß ein Holzmodell noch in dieser Woche vorgeführt werden kann. Nach Angabe der Firma Borsig ist mit äußerst günstigen Gewichts- und Raumverhältnissen zu rechnen.

Falls sich das OKM an der Entwicklung der Waffe beteiligen sollte, wird vorgeschlagen, für die besonderen Zwecke der Kriegsmarine folgende zusätzliche Forderungen zu stellen:

1. einen gegenüber der HD 151 verbesserten Schutz der Elektrik,

2. Kühlung des Laufs durch Luft oder Wasser, um eine längere Feuerdauer beim Einsatz gegen Seeziele zu ermöglichen,

3. eine formgünstige Panzerung, nur in der Schußrichtung, für den Körper des Schützen,

4. eine RW-Geber-Anlage, die, wie festgestellt wurde, mit wenig Aufwand an Kapazität bei ganz geringem Gewicht von den Askania-Werken geliefert werden kann.

A Wa wird um möglichst baldige grundsätzliche Stellungnahme zu der vorstehenden Anregung gebeten, damit, falls beabsichtigt sein sollte, die Entwicklung durchzuführen, von K schon vorsorglich Untersuchungen angestellt werden können, welche neuen Möglichkeiten durch das Vorhandensein einer derartigen Waffe für die konstruktive Ausgestaltung der kleinen Fahrzeuge, insbesondere der Schnellboote, sich ergeben.

Gez. Fuchs«

Die im Laufe des Jahres 1943 immer härter werdenden Begegnungen mit feindlichen leichten Seestreitkräften, vor allem im Kanalgebiet, zwangen jedoch noch vor dem Frontreifwerden des erwünschten 3-cm-MG für den Bordeinsatz zur weiteren Verstärkung der Bewaffnung der Einsatzboote. Durch die zusätzlichen Anbordgabe eines 2-cm-Zwillings-MG in Sockellafette im Mittschiffsbereich und einer Variation der auf dem Achterdeck aufgestellten Waffe nach Maßgabe des jeweils Verfügbaren entstanden für den Standard-Typ »S 38«/»S 100« folgende Bewaffnungsalternativen (von achtern nach vorn):

a) 1–4-cm/1–2-cm-Zwilling/1–2-cm (SK 34, Tafel 2)
b) 1–3,7-cm/1–2-cm-Zwilling/1–2-cm, und später, im Jahre 1944, auch
c) 1–2-cm-Vierling/1–2-cm-Zwilling/1–3-cm (SK 35)

Die Anordnung der beiden fest eingebauten 53,3-cm-TR in der Back und die Möglichkeit der Lagerung von 2 Reservetorpedos blieben unverändert. Eine Übersicht über den noch unbefriedigenden Bewaffnungsstand am 24.9.1943 gibt Tabelle 5.

Doch nun zeigte sich, daß die permanent an Bord gegebenen Zusatzgewichte (aufgeladene Motoren, Panzerung für Brücke und Waffen, stärkere Bewaffnung usw.) die Gesamtfestigkeit des Bootskörperverbandes trotz laufender baulicher Verbesserungen immer mehr beanspruchten und die Bootskörper nicht mehr allen im harten Fronteinsatz auftretenden Beanspruchungen gewachsen waren. Besonders im Achterschiffbereich traten Seeschäden durch Ver-

beulen der Diagonalbänder auf, denen man zunächst durch eine allgemeine Verbesserung der Längsfestigkeit (Vermehrung der Diagonalbänder, örtliche Verstärkungen usw.) zu begegnen suchte.

Darüber hinaus aber veranlaßte das OKM die Lürssen-Werft, Versuche auszuführen, wie die aufgetretenen Scherkräfte wirksamer durch die Außenhaut abgefangen und die Diagonalbänder entlastet werden könnten. Aufgrund dieser Versuche entschloß man sich im Herbst 1943, die bisherige Doppel-Kraweel-Beplankung von $21 + 12 = 33$ mm Dicke durch eine Doppel-Diagonal-Kraweel-Außenhaut von 37 mm Dicke (20 mm außen, 10 mm innen, 7 mm innere Diagonalhaut mit dazwischenliegenden, farbgetränkten Krepp-Papier-Lagen) zu ersetzen. Die daraus resultierende Gewichtsvermehrung von 818 kg (d.h. 292 m² Außenhaut bei 2,8 kg/m²) wurde weitgehend durch die Mehrverdrängung der dickeren Außenhaut (0,68 cbm) kompensiert. Der durch die Mehrverdrängung zu erwartende Geschwindigkeitsverlust von etwa 0,2 kn konnte im Interesse einer größeren Festigkeit und einer längeren Lebensdauer der Boote durchaus in Kauf genommen werden.

Tabelle 5 Bewaffnungsstand deutschen Schnellboote am 24.9.43.

VS 1	LS 11–30	LS 6–10	LS 4–5	S 167–170	S 151–158	S 118–150	S 117	S 100–116	S 98–99	S 84–97	S 81–83	S 47–80	S 44–46	S 43	S 42	S 40–41	S 39	S 30–38	S 29	S 26–28	S 7–17	
							1		1		1		1		1		1		1			4 cm Flak 28 Bofors, vollaut.
																						3,7 cm Doppelflak L 42 dreiachs., vollaut.
																						2 cm Flak Vierling 38, zweiachsig
																						2 cm Flak Vierling 38, dreiachsig
				1	1	1		1	1	1		1		1		1		1		1	1	2 cm Flak 38 in Sockellafette, dreiachsig
				1		1	1	1	1	1	1	1	1	1	1	1		1				2 cm Flak 38 in Drehkranz 41 versenkbar 2- und 3achsig
																						2 cm Flak 38 in Drehkranz 42 mit Plexiglas-Kuppel, teilweise gepanzert
																						2 cm Flak 38 in Drehkranz mit Panzerung
			1																			2 cm Flak St 11 in Flzg-Drehring 14 mit Plexiglas-Kuppel, zweiachsig
8	1																					2 cm Hydraul. Drehringlafette HD 151
		1																				MG 131 in Drehkranz mit Plexiglas-Kuppel dreiachsig
																						15 mm Fla MG 39, zweiachsig in Bordlafette
																						15 mm Fla MG 39 in Drehkranz mit Plexiglas-Kuppel
																						15 mm MG 151 in Säulenlafette, dreiachsig
				2	2	2	2	2	2	2	2	2	2	2	2	2	2	2	2	2	1	MG 34

SK 35   Schnellboot Typ »S 38/S 100« mit Kalottenbrücke, 1–30-mm und 6–20-mm-MK (nach BA/MA 696)

SK 36   Planung eines Knickspant-Stahl-Panzerschnellboots 1943 (nach BA/MA 1662)

Die grossen Boote

In einer beschreibenden Studie zum Typ »S 38« stellte Docter (33) am 3.9.1943, fast genau vier Jahre nach dem Kriegsausbruch, sowohl befriedigt wie auch sachlich richtig fest: »Die Boote vom Typ »S 38« erfüllen bis auf die verstärkte Artilleriebewaffnung und den Panzerschutz die Forderungen der Front«.

Aber gerade diese Fragen begannen zunehmend an Bedeutung zu gewinnen. Im Jahre 1943 im K-Amt durchgeführte Studien für Wachboote, d. h. eine Art Kopie der englischen Motor Launches vom Fairmile-A-Typ, jedoch mit Knickspant-Stahlbootskörper, sahen alternativ
– 30 t, 2×400-PS-Saurer-Diesel mit Aufladung, 17 kn, 1–2-cm-MK, 6 Wabos
– 53 t, 2×440 PS, 19 kn, 2–2-cm-MK, 2 Heck-TR,
vor, konnten aber bei den Frontverbänden kein Interesse finden.

Die Forderungen des Führers der Schnellboote waren im Laufe des Jahrs 1943 noch einmal eindeutig präzisiert worden:
1. Geschwindigkeit möglichst 45 kn.
2. Bewaffnung 2–3-cm-MK in gepanzerten Brunnen bzw. Kesseln auf dem Vor- und Achterdeck, 1–2-cm- bzw. besser 3-cm-MK im gepanzertem Kessel über dem Motorenraum, ferner mehrere MG 34 bzw. MG 151 im engeren Brückenbereich und 2–53,3-cm-TR in der Back.
3. Panzerschutz für Motorenräume, Funkraum und Teile der Kraftstofftanks.

Das Ziel war, auf einen kurzen Nenner gebracht, die immer stärker werdende und nicht zu beseitigende zahlenmäßige Überlegenheit des Gegners durch die Überlegenheit des einzelnen Bootes an Schlag- und Standkraft auszugleichen.

Die aus den erhöhten Forderungen resultierende Mehrbelastung der Boote und der Wunsch, weitere Teile des Bootskörpers mit Panzerschutz zu versehen, ließ es den Konstrukteuren des K-Amts zweckmäßig erscheinen, die Frage der Vor- und Nachteile von Rundspant- und Knickspantformen sowie hölzerner und geschweißter Stahlbootskörper wieder einmal neu zu überdenken.

Beim Rundspantboot ist die Anordnung eines Seitenpanzers zwangsläufig aufwendig, ergeben sich doch
– relativ viele arbeitsaufwendige Platten mit doppelt gekrümmten Flächen,
– die Gefahr der Korrosion des Panzermaterials bzw. der Verrottung des Holzes beim dichten Aufliegen des Panzers auf der Außenhaut,
– ein relativ großer Gewichtsaufwand, da der Panzer beim Holzboot nicht organisch in den Bootskörperverband einbezogen und zur Erhöhung der Festigkeit herangezogen werden kann, sondern praktisch als totes Gewicht mitgeführt wird.

Beim V-Boden-Holzboot ergaben sich zwar etwas günstigere Verhältnisse im Hinblick auf die Verformung der Panzerplatten, doch auch hier kann ein partieller Panzer nicht für die Längsfestigkeit herangezogen werden. Am entscheidensten sprach jedoch gegen eine hölzerne V-Boden- oder Wellenbinderform die Erkenntnis, daß die Knicklinie bei einem durch hohe Geschwindigkeit stark beanspruchten Bootskörper immer eine schwache Stelle ist. Beim Stahlbootskörper ist die Formgebung dagegen unwesentlich. In jedem Falle kann auch ein partieller Panzer voll für die Festigkeit des Gesamtbootskörpers herangezogen werden.

Die Lürssen-Werft, die auf Wunsch des K-Amts alternative Konstruktionsunterlagen erstellt hatte, kam zu der Erkenntnis, daß das gepanzerte Stahlboot leichter werden mußte als das gepanzerte Holzboot. Darüber hinaus war man sich klar, daß
– sich die Festigkeitsverhältnisse eines hölzernen Bootskörpers immer nur ungenau, die eines stählernen Bootskörpers dagegen exakt erfassen lassen,
– ein Stahlbau – speziell nach dem Anlaufen des Serienbaus – einen geringeren Aufwand verursacht (21, 33).

Man entschloß sich, zur Erhärtung der Überlegungen zwei alternative Prototypen zu entwickeln und zu erproben:
a) ein 97/117-t-Knickspantboot von 34,84 m Länge, 5,4 m Breite, 3,00 m Seitenhöhe und 2,16 m Tiefgang, dessen Form nach neuen, außerordentlich umfangreichen Modellschleppversuchen bei der Hamburger Schiffbau-Versuchs-Anstalt (HSVA) entstanden war. Ausgedehnte Seegangsversuche im Modelltank hatten eine stark hochgezogene Knicklinie im Vorschiff und sehr scharfe Vorschiffsspanten ergeben (SK 36). Mit 3×2500-PS-MB-511-Dieseln waren 43,5–44 kn, mit den von Daimler-Benz für später in Aussicht gestellten aufgeladenen 3000-PS-Dieseln 47 kn zu erwarten. Bei 16,75 m^3 Kraftstoff und 35 kn sollte ein Fahrbereich von 690 sm erreicht werden. Als Bewaffnung waren 2–3-cm-MK in gepanzerten Brunnen bzw. Kesseln auf dem Vor- und Achterschiff, 1–3-cm-MK in gepanzertem Kessel über dem Motorenraum und 2 MG 34 auf der Brücke vorgesehen, ferner 2–53,3-cm-Bug- und 2–53,3-cm-Heck-Torpedorohre. Der Einbau einer Mineneigenschutzanlage (MES) war vorgesehen (34, 35, 36).
b) Ein 92,5/124,3-t-Rundspant-Verdrängungsboot mit $L \times B \times T = 34{,}95 \times 5{,}28 \times 1{,}7$ m, ein Panzer-

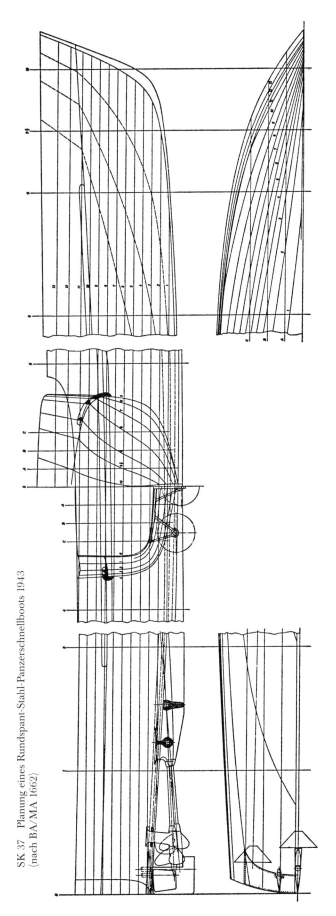

SK 37 Planung eines Rundspant-Stahl-Panzerschnellboots 1943 (nach BA/MA 1662)

schnellboot in Schweißkonstruktion (SK 37), das mit 3×2500-PS-MB-511-Dieseln 37 kn, mit 3×3000 PS-Dieseln 44 kn laufen sollte. Bewaffnung und Fahrbereich entsprachen dem Knickspantboot (34).

Docter (21) schreibt zu diesen Planungen:

»Mitbestimmend für diese vorsorgliche Planungsmaßnahmen war die Gewißheit, daß Ende 1943 die für den Bau der Schnellboote verwendeten ausländischen Hölzer zur Neige gingen und dann die Fertigung auf inländische Hölzer umgestellt werden mußte. Dies war mit einer weiteren Vergrößerung des Rumpfgewichts verbunden, da die geringere Festigkeit und schlechtere Qualität dieser Hölzer größere Materialstärken erforderlich machten. Nachdem die Firma Lürssen die vollständigen Pläne für diesen neuen Bootstyp ausgearbeitet hatte, sollten zunächst zwei Boote dieses Typs gebaut werden. Als jedoch der Leiter des Hauptausschusses Kriegsschiffbau im Rüstungsministerium, Generaldirektor Maerker, entschieden hatte, daß die Schnellboote grundsätzlich aus Holz zu bauen seien, mußte der erfolgversprechende Bau dieser Boote unterbleiben (S. 417).«

Die Aufträge für »S 151–S 158« (später bis »S 166« vorgesehen?) gingen am 6.8.1940 an die holländische Werft Gusto N. V. in Schiedam, die aus dort vorgefundenem Material für die Fertigung der holländischen Boote »TM 54–TM 61« eine entsprechende Anzahl von deutschen Vorstellungen entsprechenden Booten bauen sollte (s. Abschnitt 5.2.)

Erst Anfang 1943 wurden weitere mit MB-501- bzw. MB-511-Dieseln ausgerüstete Boote des Typs »S 100« in Bau gegeben:

– »S 167–S 186«: Bauwerft Lürssen. In Dienst zwischen Dezember 1943 und Juni 1944.

– »S 187–S 194«: Bauwerft Schlichting. In Dienst zwischen Februar und Juli 1944.

– »S 195–S 218«: Bauwerft Lürssen. Indienststellung bzw. Abnahme zwischen Juni 1944 und Januar 1945.

Die in Form und Aussehen gegenüber den Vorläufern kaum veränderten Boote trugen ab Anfang 1944 z. T. stark variierende Bewaffnungen, so u. a. 1–4-cm-Bofors und 3–2-cm-MK oder 1–3,7-cm und 3–2-cm-MK usf. Ab »S 170« sollten 2–3-cm-MK mit 6000 Schuß Munition und 2–2-cm-MK eingebaut werden. Zwei Boote (Lürssen-Bau-Nr. 12924) und »S 208« erhielten erstmals drei hochaufgeladene 3000-PS-Daimler-Benz-MB 518-Diesel, die den erneut schwerer gewordenen Booten bis zu 43,6 kn Kurzhöchst- und 36 kn Dauerhöchstfahrt ermöglichten, aber zunächst noch

DIE GROSSEN BOOTE

erhebliche Kinderkrankheiten aufwiesen. »S 170« erreichte bei den Probefahrten mit 2–2-cm-MK und 4 Torpedos 45 kn. Bemerkenswert ist, daß diese beträchtliche Leistungssteigerung der Daimler-Benz-Diesel mit einer nur relativ geringen Gewichtserhöhung der Motoren verbunden war. So wog der 2000-PS-MB-501 4220 kg, der 2500-PS-MB 4720 kg und der 3000-PS-MB 518 4810 kg (s. Tabelle 4).

Aufgrund der zunehmenden MK-Bewaffnung stieg auch die Besatzung nach und nach von 24 auf bis zu 30 Mann an.

Bis zum Jahre 1943 hatte das OKM hinsichtlich der Marinerüstung eine sehr weitgehende Freiheit, da Schiffbau und Werften als ausgesprochene Sonderfertigungsstätten fast nur von der Marine und der ihr zugeordneten Handelsmarine beansprucht wurden. Der im September 1939 vom K-Amt aufgestellte »Kriegsbauplan« lastete auch die vorhandene industrielle und materielle Kapazität sehr weitgehend und ohne größeren Leerlauf aus und wurde, mit Ausnahme einiger Ergänzungen durch neue Forderungen der Front (z. B. Marinefährprähme (MFP), Kriegsfischkutter (KFK), bis zur Übernahme des Kriegsschiffbaus durch das Rüstungsministerium unter Speer im Jahre 1943 unverändert durchgehalten.

Tabelle 4   Technische Daten der MB-Dieselmotoren deutscher Schnellboote

Motoren-Baumuster	4-Takt Bauform	Aufladung	Verdichtungs-Verhältnis	Zylinder Zahl	Bohrg. mm	Hub mm	Hubraum l	Gesamt-Hubraum l	Drehmoment b. Dauerlstg. bezog. auf Kurbelwelle mkg	Kraftstoffverbrauch b. Dauerleistung g/PSh
MB 500	V-Motor 2x6	ohne	1:16	12	175	230	5,53	66,38	343,4	180
MB 501	V-Motor 2x10	ohne	1:16	20	185	250	6,7	134,4	725,9	180
MB 511	V-Motor 2x10	MB 501 mit mech. angetr. Lader	1:14	20	185	250	6,7	134,4	907,3	180
MB 502	V-Motor 2x8	ohne	1:16	16	175	230	5,53	88,5	429,7	180
MB 512	V-Motor 2x8	MB 502 mit mech. angetr. Lader	1:14	16	175	230	5,53	88,5	549,1	180
MB 507	V-Motor 2x6	ohne	1:17	12	162	180	3,7	44,5	275,5	180
MB 518	V-Motor 2x10	mit mechan. angetr. Lader	1:14	20	185	250	6,7	134,4	954,9	175–180

Mittl. effek. Druck bez. auf Nennleistung	Netto-Gewicht kompl. kg	Gewicht pro PS bez. auf Nennleistg. kg	Dauerleistung PSe	Dauerleistung U/min	Volleistung PSe	Volleistung U/min	Volleistung Dauer min	Höchstleistung (Nennleistung) PSe	Höchstleistung U/min	Höchstleistung Dauer min	Einbaumasse L mm	Einbaumasse B mm	Einbaumasse H mm
7,9	2170	2,28	700	1460	800	1540	180	950	1630	30	2933	975	1725
8,25	4220	2,15	1500	1480	1800	1570	180	2000	1630	30	3875	1580	1710
10,27	4720	1,92	1875	1480	2250	1570	180	2500	1630	30	3995	1580	2330
8,15	2700	2,04	900	1500	1200	1600	180	1320	1650	30	3015	1220	1900
10,17	3100	1,87	1150	1500	1500	1600	180	1650	1650	30	3045	1280	1915
8,43	790	0,79	750	1950	850	2200	180	1000	2400	30	1830	790	1060
11,68	4810	1,6	2000	1500	2500	1620	180	3000	1720	30	4050	1580	2330

Das im Herbst 1943 vom Rüstungsministerium, Hauptausschuß Kriegsschiffbau unter Generaldirektor Maerker, aufgestellte Schnellboot-Programm sah dann eine Steigerung der monatlichen Ausstoßquote von bisher maximal 3–4 auf 25 Boote monatlich im Jahre 1944 vor. Das Programm umfaßte
– »S 219–S 300«: Bauwerft Schlichting, Travemünde (SK 38)
– »S 301–S 500«: Bauwerft F. Lürssen, Vegesack
– »S 700–S 850«: Bauwerft Danziger Waggonfabrik, Danzig.

Die fehlenden Bau-Nummern »S 501–S 699« wurden Beutebooten – und evtl. im Ausland (Italien) zu fertigenden Booten – vorbehalten.

Konstruktiv und hinsichtlich der Hauptabmessungen 34,94/34,05 × 5,28/5,10 × 1,67/1,43 m entsprachen die vorgesehenen Neubauten den bewährten

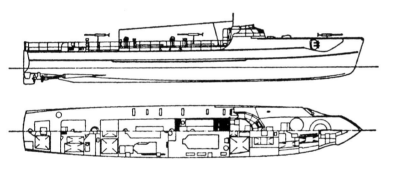

SK 38 Schnellboot Typ »S 219« (nach Lürssen-Werft)

Verlauftypen »S 38«/»S 100«. Sie sollten zunächst 3×2500-PS-MB-511-Diesel für 42 kn, später 3×3000-PS-MB-518-Diesel für 43,6 kn erhalten. Tatsächlich eingebaut wurden die leistungsstarken MB-518-Diesel jedoch nur auf »S 301–S 305«.

Als Endbewaffnung waren vorgesehen:
– für »S 219–S 500« 2–53,3-cm-TR in der Back mit insgesamt 4 Torpedos und 6–3-cm-MK in drei Zwillingslafetten mit 18000 Schuß
– für »S 701–S 850« zusätzlich 2–53,3-cm-TR auf dem Achterschiff, um alle vier Torpedos im Rohr und damit sofort einsatzbereit fahren zu können (SK 39, Tafel 3).

Als erstes Boot wurde »S 226« mit zwei zusätzlichen Heck-Torpedorohren für »Zaunkönig«-Torpedos ausgerüstet, um die für den Serienbau vorgesehene Anlage zu erproben. Da die 3-cm-Zwillingslafetten noch nicht vorlagen, wurden 2–3-cm- und 2–2-cm-MK eingebaut.

Die Erhöhung des Kraftstoffvorrats von 16,7 auf 17,0 m^3 vergrößerte den Fahrbereich von 700 auf 750 sm bei 35 kn. Gleichzeitig stieg aber auch die Konstruktionsverdrängung auf 121–124 t.

Zum Schnellbootbau der Kriegsmarine, insbesondere zur Planung des Rüstungsministeriums 1943, machte der Chef des K-Amts im OKM, Admiral Fuchs, im Jahre 1959 in einer Arbeit »Der deutsche Kriegsschiffbau von 1939–1945« interessante Ausführungen:

»Von dem Bau der Seestreitkräfte für das Küstenvorfeld hatte der Bau von Schnellbooten für die Seekriegsführung die größte Bedeutung. Die Zahl der erstellbaren Schnellboote hing ausschließlich von der Bereitstellung der erforderlichen Motoren ab. Entsprechend der Motorenlieferung sind im Kriege an Schnellbooten gebaut worden: 1939 vier Boote, 1940 20 Boote, 1941 31 Boote, 1941 41 Boote, 1943 41 Boote, 1944 62 Boote, 1945 11 Boote, d. h. insgesamt 210 Boote.

Die Entwicklung der Schnellboote war bei Kriegsbeginn soweit gekommen, daß mit dem Daimler-Benz-Dieselmotor von 2000 und später 2500 PS die notwendigen Leistungen der Boote erzielt wurden. Da alle anderen erprobten Motoren nicht den Anforderungen genügt hatten, ergab sich die Lage, daß die Motoren für alle Schnellboote von einer Firma geliefert werden mußten. Daher hatte die Marine vorsorglich den Ausbau des Werkes Untertürkheim der Firma Daimler-Benz für eine Fertigung von 12 Motoren monatlich und die Errichtung eines Zweigwerks in Marienfelde für monatlich 10 Motoren in Angriff genommen. Die geplante Höchstleistung von 22 Motoren monatlich war bedingt durch den Engpaß der Kurbelwellenfertigung. Zum Schlagen dieser Wellen wurden Dampfhämmer mit einer Schlagkraft von 40000 mkg gebraucht, von denen zunächst nur einer bei der Firma Alfingen in Württemberg vorhanden war. Ein zweiter war bei der Firma Krupp in Bau und von einem geplanten dritten war bei Kriegsbeginn gerade das Fundament fertig. Mit den beiden Dampfhämmern, mit denen zunächst nur gerechnet werden konnte, war es nur möglich, 22 Motoren monatlich herzustellen. Als 1943 die Lieferung des Stammwerks Untertürkheim auf 10 und die Lieferung des Zweigwerks Marienfelde auf 5 gestiegen war, wurde im April das Zweigwerk vom Rüstungsministerium aus der Marinefertigung herausgenommen und auf die Fertigung von Panzermotoren umgestellt. Die Schnellboot-Motorenfertigung mußte in Untertürkheim konzentriert werden. Abgesehen von dem dadurch bedingten Fertigungsausfall im Jahre 1943 war die Folge, daß im März 1944 die Fertigung infolge eines schweren Luftangriffs auf Untertürkheim zunächst völlig zusammenbrach, allerdings in der erstaunlich kurzen Zeit von einem Monat wiederhergestellt wurde. Von dem Rüstungsministerium war dem ObdM, ohne Rücksicht auf die technischen Möglichkeiten, im Jahre 1944 eine Steigerung der Motorenfertigung auf 80 bis 100 Motoren monatlich versprochen worden. Schließlich führte das Rüstungsministerium gegen den Rat des Hauptamts Kriegsschiffbau im Jahre 1945 einen neuen, stärkeren, aber noch nicht an der Front erprobten Motor ein und stellte die ganze Fertigung auf diesen Motor um. Da der Motor an der Front versagte, brach die ganze Schnellboot-Motorenfertigung endgültig zusammen. Auf die Kriegführung hat das keinen Einfluß mehr gehabt (31, S. 69)«.

Tatsächlich kamen aus dem vom Rüstungsministerium aufgestellten Bauplan im Zeitraum von Juli 1944 bis Kriegsschluß noch in Dienst:
– »S 219–S 228« von Schlichting zwischen August 1944 und April 1945,
– »S 301–S 305« von Lürssen zwischen Januar und März 1945,
– »S 701–S 709« von der Danziger Waggonfabrik zwischen Juli 1944 und Februar 1945.

Alle übrigen an die Werften verteilten Aufträge waren zum Zeitpunkt der Kapitulation am 8.5.1945 teils unfertig, teils noch gar nicht in Angriff genommen. Einige der in fortgeschrittenem Bauzustand befindlichen Boote wurden im alliierten Auftrag noch zu Wasser gebracht, der Rest wurde storniert.

Hinsichtlich der konstruktiven Details des großen Schnellboottyps mit der gepanzerten Kalottenbrücke (SK 34) bringt Docter (21) eine exakte Beschreibung an Hand eines 1951 in »Ship and Boat Builder« veröffentlichten Berichts:

»Die Boote werden durch sieben wasserdichte Schotte in acht wasserdichte Räume unterteilt:
– Raum 1, Spant 0–6, Achterpiek und hintere Brennstofftanks,
– Raum 2, Spant 6–15, Mannschaftsraum, WC und Kombüse,
– Raum 3, Spant 15–18, Mittlerer Tankraum,
– Raum 4, Spant 18–27, Hinterer Motorenraum, ein Hauptmotor,
– Raum 5, Spant 27–38, Vorderer Motorenraum, zwei Hauptmotoren,
– Raum 6, Spant 38–47, Vorderer Tankraum, FT-Raum und Kommandantenkajüte,
– Raum 7, Spant 47–57, Unteroffiziersraum, Stauraum,
– Raum 8, Spant 57-vorn, Vorpiek.

Die doppelte kraweel beplankte Außenhaut besteht aus einer inneren Lage aus weißer Zeder von 12 mm Dicke, während die äußere Lage aus Mahagoni von 21 mm Dicke besteht. Eine Zwischenlage von Nessel ist zwischen beiden Plankenlagen angeordnet. Der Schergang und die scharfe Kante im Vorschiff sind aus Eichenholz mit Falzen für die Außenhaut von 60 mm Breite versehen. Die Kielgänge bestehen aus einer Lage Mahagoni mit den gleichen Falzen.

Die inneren Leichtmetallspanten stehen im Abstand von ca. 485 mm und bestehen aus Winkelprofilen $50 \times 50 \times 5$ mm. Sie sind durch Längsspanten aus Oregon mit verschiedenen Querschnitten miteinander verbunden. Auf diese Längsspanten sind eingebogene Eichenholzspanten genagelt, die im Abstand von 145 mm angeordnet sind. Außerdem sind an verschiedenen Stellen Rahmenspanten angeordnet.

Die wasserdichten Querschotte reichen bis zum Oberdeck und bei Spant 47 und 57 bis zum Backdeck. Die unteren Teile der wasserdichten Schotte bei Spant 18, 27 und 38 bestehen aus Stahl von 3 mm Dicke und reichen bis 300 mm über die CWL. Darüber bestehen sie aus 4 mm Leichtmetall. Die Schotte Spant 6, 15 und 47 bestehen ganz aus 4 mm Leichtmetall. Das Kollisionsschott Spant 57 besteht aus 3 mm verzinktem Stahl. Die Schottversteifungen bestehen aus Leichtmetallwinkeln. Haupt- und Backdeck bestehen aus Oregon- oder Weißtannenplanken von 90 mm Breite und 23 mm Dicke. Das Deck ist mit Segeltuch überzogen, das auf dem Holzbelag mit Spezialkleber aufgeklebt ist. Poller und Laufrollen sowie andere Decksbeschläge sind auf hölzernen Verstärkungen befestigt. Die Decksbalken bestehen aus Eiche 40×35 mm in 200 mm Abstand. Diese Balken sind mit U-förmigen Längsträgern $110 \times 40 \times 3$ mm, die von Spant zu Spant laufen, verbolzt. Im Abstand von 130 mm aus der Mittschiffsebene sind zwei Leichtmetallunterzüge angeordnet von 200×4 mm mit Leichtmetallwinkeln

40×40×4 mm. Diese Unterzüge sind in die Maschinenraumaufbauten hineingeführt und bilden den oberen Hauptlängsverband. Zwischen den seitlichen Decksstringern von 100×4 mm Leichtmetall und den Seitenstringern neben dem Motorenraumaufbau sind Leichtmetall-Diagonalbänder 125×4 mm angeordnet.

Die aus Leichtmetall bestehenden Aufbauten sind so niedrig wie möglich gehalten. Über den Maschinenräumen sind Montageluken vorhanden. Das in Kalottenform hergestellte Ruderhaus und die Brücke sind mit Panzerschutz versehen. Die Seitenwände sind 12 mm und die Frontwände vorn und achtern 10 mm dick. Außerdem sind die hochgelegten Lader der Hauptmotoren mit 12 mm Panzerschutz versehen. Die erhöhte Brücke ist hinter dem Ruderhaus angeordnet. Auf gleicher Höhe mit dem Hauptdeck liegt das von der Brücke aus zugängliche Kartenhaus.

Die Munition ist in den verschiedenen Wohnräumen untergebracht und wird in kleinen Behältern zu den Geschützen gemannt. Die zwei Reservetorpedos können von ihren Lagerungen direkt in die Rohre gezogen werden. Das Deck hinter Spant 8 ist ausreichend stark, um auf beiden Seiten die Lagerungen für die Wasserbomben zu tragen. Weiter sind die Boote für besondere Zwecke auch zum Minenlegen eingerichtet.

Für Feuerlöschzwecke ist eine Leitung mit vier Schlauchanschlüssen eingebaut. Zwei dieser Anschlüsse befinden sich in den Motorenräumen, während die beiden anderen vorn und hinten an Deck angeordnet sind. Die Feuerlöschleitung kann durch jede der beiden Lenzpumpen oder von beiden zugleich gespeist werden. Neun Ardexin-Gas-Handfeuerlöscher sind über das ganze Boot verteilt.

Trink- und Waschwasser sind in einem Tank bei Spant 30 untergebracht. Die Rohrleitungen hierfür bestehen aus Kunststoffmaterial mit Gummimuffen. Das Wasser für die Zapfstellen in Kombüse und Waschgelegenheiten wird durch Handpumpen gefördert.

Die Unterwasseranhänge sind aus Stahl hergestellt, desgleichen die geschweißten Motorenfundamente. Die Fußböden, Wände, Türen und Möbel bestehen aus wasserfest verleimten Sperrplatten.

Die Ruderanlage besteht aus einem Halbbalance-Hauptruder und zwei kleineren Seitenrudern (sogenannte Stauruder), die untereinander über Ruderpinnen und Stangen verbunden sind (S. 418/419)«.

Ende 1944/Anfang 1945 wurde aufgrund des rapiden Abbaus der Edelholzvorräte und der zunehmenden Bedrohung der Boote aus der Luft bei Lürssen erneut der Gedanke eines Panzerschnellboots aufgegriffen. Nach »Groener« (2) lag Ende 1944 ein Entwurf vor, der bei weitgehendem Beibehalten der Gesamtkonzeption des Typs »S 100« einen Stahlbootskörper und – mit dem Zurverfügungstehen – drei 1500/3000-PS-Daimler-Benz-20-Zylinder-V-Viertakt-Diesel MB 518 vorsah. Gleichzeitig war der Bau eines Prototyps geplant. Dieser wurde jedoch durch den Leiter des Hauptausschusses Schiffbau im Rüstungsministerium, Generaldirektor Maerker, zugunsten einer forcierten Schnellbootfertigung aus einheimischen Hölzern gestoppt. Anscheinend hat man bei Lürssen einen Mittelweg gesucht, denn eine noch vorliegende Bauvorschrift (Schiffbauteil) des Schnellboots Typ »P« (36) weist einen Holzbootskörper der bekannten Bauausführung und Abmessungen mit 3×2500-PS-Dieseln aus, dessen Hauptdeck im mittleren Teil, im Bereich der Antriebsräume (Spt. 15–38), aus Panzerstahl, vom Spiegel bis Spant 15 und von Spant 38–43 aus Stahlblech und von Spant 43–61 aus Leichtmetall gefertigt werden sollte. Der Panzer erstreckte sich also nur auf den baulich einfachen und festigkeitsmäßig interessanten Decksbereich und bot somit nur Schutz gegen Bordwaffenangriffe von Flugzeugen. Auf den wesentlich aufwendigeren Seitenpanzer wurde verzichtet. Wände und Rückwand von Ruderhaus und Brücke sollten 12 mm, die Frontwand 8 mm Panzer erhalten.

Für die Artilleriebewaffnung wurden – je nach Maßgabe der tatsächlich zur Verfügung stehenden Waffen – drei Varianten vorgesehen:
– Typ A: 1 – 3,7-cm-Flak-LM-42 bzw. 43 auf Spant 14, 1 – 2-cm-Doppelflak-M-44 auf Spant 38 und 1 – 3-cm-Flak-M-44 auf Spant 54
– Typ B: 1 – 3-cm-Flak-M-44 auf Spant 14, 1 – 2-cm-Doppelflak-38 in Doppellafette 44 auf Spant 38, 1 – 3-cm-Flak-44 auf Spant 54
– Typ C: 1 – 2-cm-Flakvierling-38 auf Spant 14, 1 – 2-cm-Doppelflak-38 in Doppellafette 44 auf Spant 38, 1 – 3-cm-Flak-44 auf Spant 54.

Alle drei Typen sollten einheitlich 2 MG 34 beidseits der Brücke am Brückenschanzkleid, zwei 100-Liter-Nebelsäurebehälter auf Spant 8 und 2 – 53,3-cm-TR auf Spant 40–54 (fest eingebaut in der Back) erhalten.

Tatsächlich blieb es dann infolge der allgemeinen Kriegslage – soweit und solange es noch möglich war – bei der Fortführung des bekannten Programms.

Der Typ GR (Geleiträumboot)

Außer dem mit bemerkenswerter Kontinuität und gleichzeitiger Anpassung an die Kriegserfahrungen gebauten großen Schnellboot des Typs »S« entwickelte die deutsche Kriegsmarine im Verlaufe des Krieges zwei weitere Fahrzeugtypen, die Produkte spezieller Kriegserfahrungen waren und aufgrund ihrer besonderen Eigenschaften, vor allem auch als Torpedoträger, hier mit behandelt werden sollen:

Das in den Jahren 1927/30 in Zusammenarbeit von Lürssen (die sich dann aber bald nur noch im S-Bootbau engagierten), Abeking & Rasmussen, Lemwerder/Weser und dem K-Amt entwickelte, zunächst 60/63 t große und 17 kn laufende, ab 1933 auf 115/120 t Verdrängung und 21 kn gebrachte deutsche Räum-(R)Boot erwies sich während des Krieges als außergewöhnlich glückliche Konstruktion mit sehr guten See-Eigenschaften, die nicht nur für Minensuch- und -räumzwecke, sondern auch für Sicherungs- und Geleitaufgaben, als Minenleger (12 Minen), ja mit verstärkter MK-Bewaffnung auch als eine Art MGB verwandt werden konnte. Durch eine Vergrößerung der Hauptabmessungen und der Verdrängung (rd. 155 t) konnten die stetig wachsenden militärischen Forderungen aufgefangen und einzelne Serien auf mehr als 23,5 kn Geschwindigkeit und bis zu 6 – 2-cm-MK gebracht werden.

Um die Jahreswende 1941/42 wurde seitens der Seekriegsleitung die Forderung erhoben, für die Sicherung der von englischen Über- und Unterwasserstreitkräften bedrohten Norwegen-Geleite auf der Basis des vorhandenen R-Boots ein spezielles »Geleit-Räumboot« zu entwickeln, das neben einer verstärkten Flak-Bewaffnung 2 – 53,3-cm-Torpedorohre tragen und mindestens 23 laufen sollte.

Das K-Amt lehnte diese Forderung unter Hinweis auf technische Probleme ab. Als jedoch der im K-Amt tätige Ober-Ingenieur Docter an Hand eines aus eigener Initiative in Zusammenarbeit mit der Werft Abeking & Rasmussen angefertigten Vorentwurfs nachwies, daß die gewünschten Eigenschaften mit einem 170/180-t-Boot und bei Verwendung von drei (statt bisher zwei) der auf R-Booten üblichen 1275-PS-MWM-8-Zylinder-Viertakt-Diesel-RS-143-SU sehr weitgehend realisierbar waren, wurde der Bauauftrag für zwanzig Boote (»GR 30–GR 320«), oft auch nur »R 301–R 310« genannt, an Abeking & Rasmussen vergeben. Die Bauunterlagen entstanden dann als Amtsentwurf.

Die gemäß Vorbild R- und S-Boot als Quer- und Längsspant-Stahl-Leichtmetall-Mahagoni-Doppel-Diagonal-Kraweel-Kompositbau ausgeführten Boote (Abb. 27 und SK 40 auf Tafel 3) waren 41,04/38,60 m lang, 6,00/5,85 m breit und gingen 1,8 m tief. Die Konstruktionsverdrängung betrug 160,9 t, die Einsatzverdrängung zunächst 177 t, später um 184 t. Drei auf drei Propeller von 0,95 m Durchmesser arbeitende, wie bei den S-Booten in zwei Abteilungen aufgestellte MWM-Diesel mit 3825 PS Gesamtleistung ermöglichten 24 kn. Bei 16,5 m³ Kraftstoff und 20 kn Geschwindigkeit konnten 716 sm abgelaufen werden. Zur Energieversorgung diente ein 15-KW-110-V-Dieselgenerator. Die Bewaffnung umfaßte zunächst 1 – 3,7-cm-MK mit 2000 und 3 bis 6 – 2-cm-MK als Einzel- bzw. Doppellafetten mit 4500 Schuß. Später kamen dann noch 2 – 53,3-cm-TR und Wabos, ferner auch Einrichtungen, statt der Torpedorohre 16 Minen fahren können, hinzu. Die Besatzung bestand aus 38 Mann.

Bei den Erprobungen zeigten die Boote erheblich bessere See-Eigenschaften als die etwas kleineren R-Boote, doch drehten sie mit dem ursprünglichen

Abb. 27   Geleit-Räumbootstyp »GR 301« (WAGZ MSM)

Doppelruder schlecht. Erst nach dem Einbau von drei direkt im Schraubenstrom liegenden Rudern wurden die Steuer- und Dreheigenschaften gut.

»R 301–R 312« wurden zwischen Juni 1943 und August 1944 in Dienst gestellt. Der Bau der restlichen Boote (»R 313–R 320«), sowie weiterer geplanter Boote (bis »R 400«...?) wurde nicht mehr begonnen.

Betrachtet man die Entwicklung der Geleit-Räumboote nüchtern, so ist das Bestreben erkennbar, durch den Bau eines »Super-Räumboots« eine aus Produktions- und operativen Gründen interessante Kombination von MTB, MGB und Küsten-Motor-Minensuchboot zu erhalten und – entsprechend der jeweiligen taktischen Situation – im Einsatz jeweils die eine oder die andere Eigenschaft hervorzukehren.

Gleichzeitig zeichnet sich aber auch der Nachteil einer derartigen Mehrzweck-Konstruktion ab: Für Küsten-Minensuchzwecke ist das Fahrzeug zu aufwendig, als MTB zu langsam, als MGB für seine Größe mit einer 3,7-cm-MK als schwerster Waffe zu schwach armiert und als reines Geleitfahrzeug für die üblichen 10–12-kn Handelsschiffs-Geleite zu schnell.

Der Typ »MZ« (Mehrzweckboot)

Im Laufe des Jahres 1942 spitzte sich die Bedrohung der im Kanal, in der Deutschen Bucht und vor der norwegischen Küste laufenden deutschen Nachschubgeleite weiterhin zu. Daher wandten sich die Überlegungen der Seekriegsleitung (SKL), die zunächst zur Forderung eines speziellen »Geleit-Räumboots« geführt hatten, einem Fahrzeugtyp zu, der bei wesentlich geringerem Aufwand in großer Stückzahl herstellbar wäre und möglichst universell alle – auch die im erweiterten Küstenvorfeld anfallenden – Aufgaben wie Minenräumen, Geleitsicherung, U-Jagd usw. erfüllen könnte, dabei jedoch erheblich unterhalb der Größe und des Gesamtaufwands der – nicht zuletzt auch im Kanal – sehr bewährten M-Boote 35 und 40 lag.

Das mit dem Entwurf eines solchen Boots beauftragte K-Amt ging bei den konstruktiven Überlegungen von der Feststellung aus, daß die Fertigungslage im Jahre 1943 bei einem vorzunehmenden Groß-Serienbau generell eine außerordentlich einfache Bauweise erforderte. Hinzu kam, daß man – im Hinblick auf den U-Bootbau – zur Entlastung der Werften beim Übergang zum Serienbau weitgehend schiffbaufremde Betriebe in die Herstellung von Sektionen einbeziehen und die Tätigkeit der Werften auf den Zusammenbau und die Ausrüstung der Fahrzeuge beschränken wollte. Praktisch also ein ähnlicher Sektionsbau, wie er später dann auch mit den M-Booten 43 und den U-Booten der Typen XXI und XXII praktiziert wurde. Das bedeutete

1. Stahlbau,
2. Knickspantbauweise mit weitgehend geraden bzw. nur einfach gekrümmten Außenhautplatten, um ein aufwendiges Preßverformen zu vermeiden,
3. die Wahl des bei Marinebauten an sich unüblichen Einwellen-Antriebs,
4. daß die Bewaffnung den englischen MGB und kleineren Flugzeugpulks überlegen sein mußte. Gleichzeitig mußten – speziell im Hinblick auf die Sicherung des Be- und Entladens geleiteter Schiffe in den Zielhäfen – auch hochfliegende Bomberverbände erreichbar sein.

Die gute Bewährung der M-Boote 35 und 40 sowie einiger größerer Beutefahrzeuge, die mit 8,8- und 10,5-cm-Geschützen ausgestattet waren, beim Geleit- und Sicherungsdienst im Kanal und vor der holländisch-deutschen Küste, legten den Einbau je einer 8,8-cm-SK vorn und achtern nahe. Die beiden schnellfeuernden großkalibrigen Geschütze sowie eine 3,7-cm-MK, ein 2-cm-Vierling und zwei 2-cm-Doppellafetten würden gegenüber den beim Geleit- und Sicherungsdienst auftretenden gegnerischen leichten Seestreitkräften u.U. eine gewisse Feuerüberlegenheit gewährleisten.

Letztlich wurde das unter der Bezeichnung »Mehrzweck-Boote« laufende Projekt dann aber doch noch »Opfer« der Mehrzweck-Idee: Sie erhielten noch im Laufe der Planungsphase zusätzlich zwei durch Klappen verschließbare, nach Art der großen Schnellboote starr im Rumpf eingebaute 53,3-cm-TR für den Recht-Voraus-Schuß. Man nahm also eine nicht unbeträchtliche Aufwands- und Gewichtsvermehrung in Kauf für die Anbordgabe einer Einrichtung, die für ein Fahrzeug dieser Größe und Geschwindigkeit, bei der vorgesehenen Primär-Aufgabe und in den vorgesehenen Einsatzgebieten nur beim Zusammentreffen außerordentlich glücklicher Umstände zum Einsatz kommen konnte.

Die aus den Gesamtforderungen resultierenden Abmessungen und Gewichte ergaben eine Konstruktionsverdrängung um 275 t, d.h. rd. 100 t mehr als die Geleiträumboote, aber nur 50 % der Verdrängung der

Die grossen Boote

85

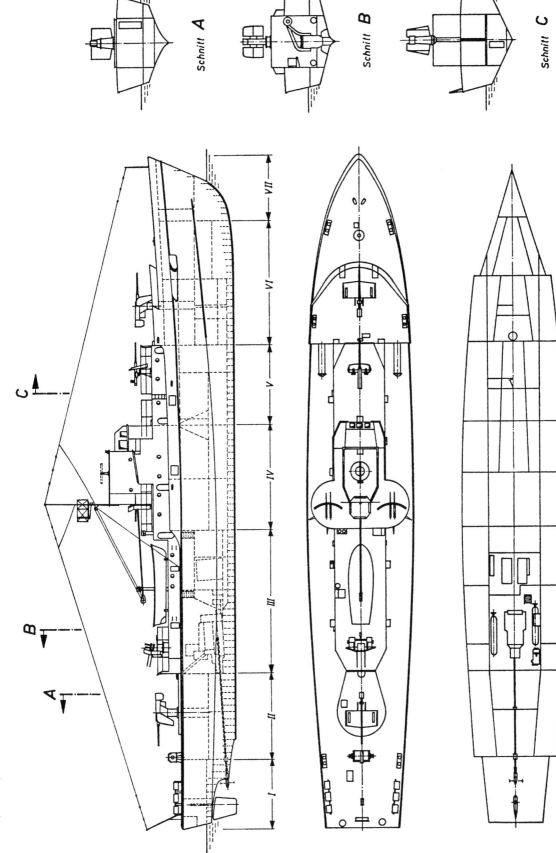

SK 41 Mehrzweckboote Typ »Mz 1–12«
(nach 32)

M-Boote 40. Eine beschränkte Wabo- und Minensuchausrüstung sollte sicherstellen, daß die Boote im Rahmen ihrer Hauptaufgabe, dem Geleit- und Sicherungsdienst, auch beschränkte Räum- und U-Jagdaufgaben wahrnehmen konnten. Zwei Dieselgeneratoren von je 15 KW für 110 V Spannung waren zur Erzeugung der elektrischen Energie erforderlich.

Der Prototyp (SK 41) wurde im Mai 1943 als Bau-Nummer 816 an die Hamburger Stülcken-Werft vergeben. Das Boot lief am 16.4.1944 als »MZ 1« vom Stapel und stand der Marine ab dem 29.8.1943 zu Erprobungen zur Verfügung. Es kam bei 52,0/50,0 × 8,3 × 2,0/2,0 m Hauptabmessungen auf 285/315 t Verdrängung und erreichte mit einem neuen, noch nicht abschließend erprobten 1100/1200-PS-Klöckner-Humboldt-Deutz-Zweitakt-Diesel zwischen 13,5 und 14 kn. Die Endbewaffnung bestand aus 2 – 8,8-cm-L/45-SK, 1 – 3,7-cm-MK, 1 × 4- + 2 × 2-2-cm-MK, 3 – 8,6-cm-RAG und den genannten beiden Torpedorohren. Der Fahrbereich betrug bei 17,5 m^3 Kraftstoff und 14 kn 1000 sm. Brücke, Steuerstand und Wallgang im Bereich der Antriebs- und Munitionsräume waren leicht gepanzert. Die Besatzung umfaßte 52 Mann. Aus konstruktiver Sicht ist die Konzentration aller genutzten Räume in dem rund 37 m langen und eben 4 m breiten, kastenförmigen Mittelteil zwischen den beiden Wallgängen, der von Abteilung II bis Abteilung VI reichte, zu bemerken. Die Wallgänge selbst waren – bis auf zwei Frischwasserzellen in Abteilung III – leer und boten einen guten Schutz gegen mit Aufschlagzündern versehene Geschosse leichter MK.

Im Rahmen der Erprobungen und daraus resultierender Forderungen ergab sich dann – trotz erheblicher Gewichtskompensationen – ein Anwachsen der Verdrängung auf 327 t und man landete schließlich bei der Fixierung der Endausführung bei der Vorstellung eines um 5 m verlängerten, auf 465 t Einsatzverdrängung kommenden Bootes, das als Antrieb für die unverändert beibehaltenen 14 kn eine Lenz-Einheits-Expansionsmaschine erhalten sollte.

»MZ 2–MZ 12« wurden im Juni 1943 zunächst an die Rheinwerft Walsum vergeben. Später wurde dieser Auftrag auf »MZ 5–MZ 12« reduziert und »MZ 2–MZ 4« gingen an Stülcken. Im Dezember 1943 landete dann der Auftrag für »MZ 2–MZ 12« als Bau-Nr. 371–381 bei der Lübecker Flenderwerft. Aufgrund von Personal- und Materialmangel wurden jedoch nur noch »MZ 2–MZ 4« begonnen. Sie wurden nach dem Kriege auf dem Helgen abgebrochen (2, 37).

Übernommene und Beuteboote

Mit Kriegsbeginn übernahm die Kriegsmarine – wie erwähnt – zunächst acht für ausländische Rechnung in Bau befindliche Lürssen-Boote, die sehr weitgehend früheren deutschen Konstruktionen entsprachen und daher auch gut in den vorhandenen Bestand eingereiht werden konnten:

– Als »S 1« das letzte von fünf für Bulgarien gebauten Booten. Es entsprach bootsbaulich etwa dem 1936/37 für Jugoslawien gebauten Typ Orjen, besaß jedoch anstelle der Otto-Motoren drei 700/900-PS-Daimler-Benz-MB-500-Diesel. Das bereits zur Überführung verladene Boot wurde am 29.9.39 als »Ausleihe« übernommen, später aber via Donau nach Bulgarien überführt und kam dort als »F 3« in Dienst.

– Als »S 30–S 36« sieben für China in Bau befindliche Boote, die hinsichtlich Bootsform und Antrieb dem deutschen Typ »S 10–S 13« entsprachen. Sie kamen zwischen November 1939 und Juni 1940 in Dienst.

Bei der relativ geringen Anzahl der bei Kriegsbeginn vorhandenen deutschen Schnellboote stellten diese acht, kurzfristig an die Front kommenden Boote einen durchaus wertvollen Zuwachs dar.

Im Jahre 1940 fielen der deutschen Wehrmacht dann in die Hand

1. mehrere in verschiedenen Baustadien befindliche Nachbauten eines von der British Power Boat entwickelten, bei der Gusto N.V., Schiedam, für die holländische Marine als Lizenzbauten georderten relativ kleinen Torpedo-Schnellboot-Typs einschließlich einigem bereits vor Ort befindlichem Baumaterial. Insgesamt sollte Gusto N.V. neun derartige Boote als »TM 52–TM 53«, »TM 63–TM 69« bauen, die bei 21,4/19,68 × 6,05/5,95 × 1,14 m Hauptabmessungen 30,8/38,3 t verdrängen und mit 3 × 1000/1100-PS-Rolls-Royce-Otto-Motoren 38/40 kn erreichen sollten. Zwei der im Gegensatz zum englischen Prototyp in Stahl ausgeführten, im Bauzustand fortgeschrittenen V-Spant-Wellenbinder-Einstufen-Gleitboote, »TM 52–TM 53«, wurden nach Konsolidierung der Lage unter deutscher Regie fertiggestellt und im August und September 1940 als »S 201–S 202« zu den ersten Abnahmefahrten in Dienst gestellt. Die nach deutschen Vorstellungen abgeänderte Bewaffnung bestand aus 1 – 3,7-cm- und 2 – 2-cm-MK mit 2000 bzw. 4000 Schuß, 2 – 53,3-cm-Decks-TR und 6 Wabos.

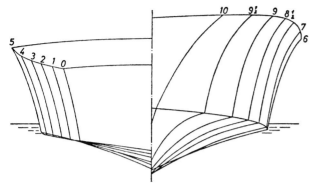

SK 42 Spantenriß der Beuteboote »S 201–202« – British Power Boats (Typ PV-Boat) (nach 21)

Bei den mit beiden Booten in den Jahren 1940/41 durchgeführten Versuchen wurden dann aber keine so recht befriedigenden Ergebnisse erzielt. Durch die Stahlbauweise und die stärkere deutsche Bewaffnung offensichtlich schwerer geworden als der englische Prototyp, erreichten sie nur knappe 35 kn. Darüber hinaus wurde diese Geschwindigkeit auch nur bei glatter See ausgefahren, da die relativ flachbodigen Boote (SK 42) bei Seegang so hart einsetzten, daß die Fahrt herabgesetzt werden mußte. »S 201–S 202« wurden dann im Jahre 1942 an Bulgarien abgegeben.

Planungen, die vorgesehenen Folgebauten »TM 63–TM 69« als »S 203–S 209« fertigzustellen, wurden im Dezember 1940 wegen fehlender Wendegetriebe usw. abgebrochen und Fertigbauteile und Material – nach Lenton (34) auch Motoren über Europa abgeschossener Bomber – von Mitte 1941 bis Ende 1942 an Rumänien und Bulgarien verkauft (2).

2. Acht von der holländischen Marine als Lizenzbauten der Lürssen-Werft bei Gusto N. V., Schiedam, bestellte, kurz vor dem Fertigungsbeginn stehende Boote (»TM 54–TM 61«), die sich mit 28,3/27,7 × 4,46/4,30 × 1,59/1,32 m Hautabmessungen und 54/66 t Verdrängung konstruktiv an das bulgarische Boot »S 1« und an die jugoslawischen Boote des Typs ORJEN anlehnten, jedoch aus Standardisierungsgründen wie die des englischen Power-Boats-Typs 3 × 1000/1100-PS-Rolls-Royce-Merlin-Motoren erhalten sollten. Da Daimler-Benz seiner Zeit eine ausreichende Anzahl von 700/950-PS-12-Zylinder-V-Viertakt-MB-500-Dieseln für ausländische Rechnung in der Fertigung hatte, die von der Kriegsmarine übernommen worden waren, und bereits ausreichend Baumaterial auf der Werft vorhanden war, wurden die Boote umkonstruiert und als »S 151–S 158« in Auftrag gegeben. Sie erhielten die ab 1939 bei den deutschen Booten übliche geschlossene Back und kamen mit den genannten Dieseln auf 32,5/34,5 kn. Außer den beiden 53,3-cm-TR und ein bis zwei 2-cm-MK erhielten diese Boote später auch ein 15-mm-Luftwaffen-MK mit 3000 Schuß Munition. Der Kraftstoffvorrat betrug 9,2 m^2, der Fahrbereich bei 30 kn 350 sm. Die an der Front als »Mäxchen«-Boote bezeichneten Fahrzeuge bewährten sich gut und wurden später aufgrund ihrer geringen Abmessungen über Rhein, Rhein-Rhone-Kanal und Rhone in das Mittelmeer verlegt (2).

3. Neun in Frankreich vorgefundene, 1937 von der spanisch-republikanischen Regierung bei den französischen Werften Jouett & Cie. in Sartrouville, Chantiers Romano in Antibes, Chantiers Navales de Meulan und Chantiers de la Loire in Nantes bestellte und nach dem Franco-Sieg zunächst liegengebliebene V-Spant-Boote des Typs »40 K« von 20,2 × 5,00 × 0,9 m Hauptabmessungen und 23/30 t Verdrängung, die mit vier 600-PS-Lorraine-Petrel-Otto-Motoren (zzgl. zwei 100-PS-Marschmotoren) 40 kn laufen sollten. Sie wurden im Auftrag der Kriegsmarine als »SA 1–SA 9« fertiggestellt und sollten 1–3,7-cm-MK, 1 MG und 2–45-cm-TR erhalten. Sie kamen zwischen Mai 1941 und Juli 1942 in Dienst, wurden aber – nicht zuletzt wegen der störanfälligen Motorenkupplungen – praktisch nicht im Rahmen von Schnellboot-Kampfverbänden eingesetzt (2).

4. Zwei im April 1941 in Griechenland erbeutete, aus dem Jahre 1929 stammende Boote des Thornycroft-55-CMB-Typs (»T 1–T 2«, 16,76 × 3,3 × 0,99 m, 12/15 t, 2 × 375-PS-Thornycroft-12-Zylinder-Otto-Motoren, 37/40,4 kn, die als »SG 1–SG 2« in Dienst kamen. Die beiden 45,7-cm-Heck-TR wurden durch 1 MG und 10 Wabos ersetzt (2).

5. In den Jahren 1940/45 fielen der deutschen Marine auch einige mehr oder minder beschädigte englische und russische Schnellboote in die Hand, die technisch ausgewertet, jedoch nur teilweise wiederhergestellt und in den Dienst der deutschen Kriegsmarine genommen wurden:

– das am 26. 9. 1940 bei Beachy Head leckgesprungene, aufgegebene und Anfang Oktober bei St. Marcouf angetriebene »MTB 5«.

– das am 21. 10. 40 vor Ostende von deutschen Küstenbatterien schwer beschädigte und am 22. 10. eingebrachte »MTB 17«.

– das am 26./27. 6. 41 von der 2. S-Flottille in der Ostsee vor Libau aufgebrachte russische »TKA–47«.

– das am 5./6. 1. 42 bei Eupatoria/Schwarzes Meer gestrandete russische TKA 11, das als Patrouillen- und Flugsicherungsboot PINGUIN in Fahrt kam.

– am 28.3.1942 bei St. Nazaire die zum Fairmile-B-Typ gehörende Motorlaunch »ML 306 (34,14 × 5,56 × 1,5 m, 67 t, 2 × 500/660-PS-Hall-Scott-Otto-Motoren, 20 kn Kurzhöchst- und 17 kn Dauerhöchstgeschwindigkeit, 1 – 3-pdr., 2 – 7,62-mm-MG, 12 Wabos), die unter deutscher Flagge mit 1 – 3-cm- und 3 – 2-cm-MK bewaffnet wurde und unter der Bezeichnung »RA 9« lief.

– das am 10./11.9.42 von deutschen S-Booten in der Nordsee in Brand geschossene und nach Den Helder eingebrachte »MGB 335«.

– das am 14.9.1942 bei Tobruk beschädigte »MTB 314«, ein in den USA gebautes und im Rahmen des Lend-/Lease-Gesetzes an England abgegebenes Elco-77-Boot, das als »RA 10« in Dienst kam.

– das am 14.3.1943 vor Flöro/Norwegen gestrandete, vom Minensuchboot M 1 geborgene und eingebrachte »MTB 631«, das als »S 631« in Dienst kam.

– das am 27.7.1943 bei Aspoj/Bufjord gestrandete, vom Vorpostenboot V 5301 eroberte und vom R-Boot »RA 202« eingeschleppte »MTB 345«, das als »SA 7« in Dienst kam.

– das am 2.11.1943 vor Lysekil durch das Vorpostenboot »V 1606« aufgebrachte »MGB 508/MASTER STANDFAST«, ein England-Schweden-Schnelltransporter, der als »RA 11« in Dienst kam.

– am 5.7.1944 das von deutschen VP-Booten vor Ijmuiden erbeutete »MGB 666«, das als S 666 in Fahrt kam.

– am 7.5.45 ein von der 5. S-Flottille in der Ostsee im Gefecht beschädigtes und aufgebrachtes russisches TKA.

Am 20.5.1943 erwarb die deutsche Kriegsmarine die bis dahin im Schwarzen Meer stationierten und unter eigener Flagge operierenden italienischen Schnellboote »MAS 566–570, 574–575«, die die Bezeichnung »S 501–507« erhielten.

Im Zusammenhang mit der Kapitulation Italiens am 9.9.1943 geriet dann eine größere Anzahl italienischer Boote in sehr unterschiedlichem Zustand (intakt, beschädigt, versenkt) in deutsche Hand. Sie wurden teils mit deutschen Bezeichnungen unter deutscher Flagge und Besatzung, teils – unter der alten italienischen Bezeichnung – im Rahmen der auf deutscher Seite verbliebenen und kämpfenden legendären X.MAS-Flottille unter der Flagge der Marine der Repubblica Sociale Italiana (R.S.I.) mit der alten italienischen Bezeichnung eingesetzt.

In deutsche Hand gerieten

– neunzehn moderne Boote des Typs »500«: »MAS 566–570, 574–575, 525, 549, 551, 522, 553–554, die die Bezeichnungen »S 501–S 513« erhielten.

– fünf Boote des jugoslawischen Typs ORJEN (VELEBIT, DINARA, TRIGLAV, RUDNIK, ORJEN), die im Jahre 1941 als italienische Kriegsbeute zunächst als »MAS 4D, MAS 5D, MAS 8D, MAS 3D«, später als »MS 42, MS 43, MS 44, MS 46, MS 41« gefahren hatten. Sie erhielten die Bezeichnungen »S 601–S 604« und »S 6…«

– vier ältere Boote: »MAS 423, 424, 430, 431, 437«,

– sieben Boote der während des Krieges von der italienischen Marine als »C.R.D.A.-60-t-Typ« nachgebauten ORJEN-Klasse, »MS 32, MS 36, MS 51, MS 63, MS 71«.

– zehn Boote des C.R.D.A.-60-t-Typs der 2. und 3. Serie als »S 621–S 630«.

Die bei Kriegsausbruch beschlagnahmten Boote »S 1« und »S 30–S 36« und die auf deutschen Plänen beruhenden, nach der Inbesitznahme umkonstruierten ex-holländischen Boote entsprachen technisch und logistisch dem deutschen Standard und bewährten sich im Kriege als vollwertige Fahrzeuge. Die 1943 als »S 601–S 604, S 6…« übernommenen ex-jugoslawischen Boote entsprachen zwar konstruktiv den älteren deutschen Booten, doch fielen sie – ähnlich den italienischen Booten – logistisch mit den nicht mehr in der Fertigung befindlichen Daimler-Benz-Bfz-Otto-Motoren völlig aus dem Rahmen. Schon die Jugoslawen und die Italiener hatten erheblich mit Ersatzteilschwierigkeiten für die aufgrund ihres Alters bereits ziemlich maroden Motoren zu kämpfen gehabt.

Die englischen und russischen Boote blieben ebenfalls Fremdkörper und wurden – sofern sie in Dienst kamen – praktisch nur aufgebraucht.

Die im Mai 1943 im Schwarzmeer als »S 501–507« erworbenen modernen italienischen Boote des »Typs 500« wurden bereits am 20.8.43 an die rumänische Marine weitergegeben.

Die in Zusammenhang mit der Kapitulation Italiens in deutsche Hand geratenen Boote kamen, je nach Zustand bei der Übernahme und der Ersatzteillage, teils in gutem Zustand, teils mit stark eingeschränktem Kampfwert, teils gar nicht mehr in Fahrt. Viele der am 9.9.1943 von den italienischen Besatzungen versenkten und beschädigten Boote wurden auch zum Gewinnen von Ersatzteilen kannibalisiert. Allein aus logistischer Sicht war der Wert der italienischen Beute in den Jahren 1944/45 nur noch gering (2).

Die Klein-Schnellboote

Die LS-Boote

Anfang 1940 wurde das Interesse an den mit Kriegsausbruch stillgelegten Klein-Schnellbooten »LS 1« und »LS 2« wieder wach. Der Kompositbau »LS 1« wurde, da der Bootskörper zu schwer geworden war, für anderweitige Verwendung freigegeben. Das bei der Dornier-Werft in Bau befindliche Ganz-Leichtmetallboot »LS 2« sollte dagegen beschleunigt fertiggestellt und als METEORIT an Bord des in Ausrüstung befindlichen Hilfskreuzers H.S.K.7 KOMET gegeben werden.

Da die für die Torpedo- und Torpedorohrfertigung verantwortlichen Instanzen sich jedoch außerstande erklärten, die konstruktiv vorgesehene, vom Standard-Kaliber 53,3-cm abweichende 45-cm-Torpedoarmierung termingerecht fertigzustellen, wurde angeordnet, das Boot zur Aufnahme von drei Magnet-TMB-Minen, und damit als schneller Minenleger zum Sperren von Hafeneinfahrten herzurichten. Nach Vorerprobungen mit einem 1:1-Holzmodell wurden drei nebeneinander liegende, nach achtern durch Klappen verschließbare Rohre im Heckraum eingebaut (SK 43, Abb. 29), deren Gefälle die auf Rollen gelagerten Minen nach dem Slippen der Halterungen achteraus fallen ließ. Zwei 2-cm-MK in Luftwaffendrehkränzen und Plexiglaskuppeln dienten dem Eigenschutz. Am 14. 6. 1940 wurde das Boot abgenommen, doch zeigte sich bereits bei den Probefahrten, daß die schmalen, hohen Junkers-Flugzeugmotoren Schwierigkeiten bereiteten. Obwohl die von Junkers geforderte elastische Aufhängung der Motoren und ihre Verbindung untereinander sich an Bord als nicht realisierbar erwiesen hatte und die Motoren starr mit den Fundamenten verbunden werden mußten, gelang es dann scheinbar, die Antriebsprobleme zu beheben. Sie traten jedoch später an Bord des Hilfskreuzers erneut auf, konnten mit Bordmitteln nicht behoben werden und führten damit zum Totalausfall des Bootes (38).

Im Frühjahr 1940 wurden vier weitere Boote, »LS 3–6«, als Minenleger bei der Dornier-Werft in Auftrag gegeben. Für zwei Boote, »LS 3« und »LS 4«, standen bereits die ursprünglich für »LS 1–LS 2« vorgesehenen, für diesen Bootstyp neu entwickelten Daimler-Benz-Leicht-Dieselmotoren des Typs MB 507

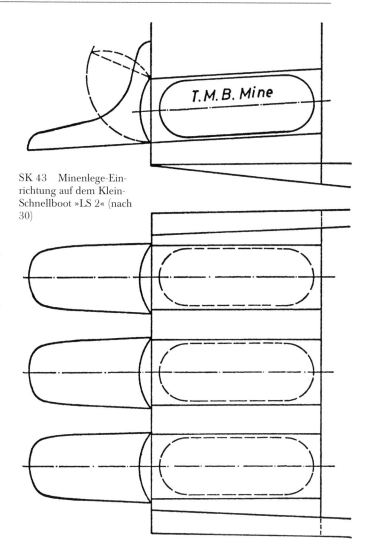

SK 43 Minenlege-Einrichtung auf dem Klein-Schnellboot »LS 2« (nach 30)

Abb. 29 Klein-Schnellboot »LS 2« (WGAZ MSM)

zur Verfügung, 12-Zylinder-V-Viertakt-Motoren von 850 PS bei 2000 Upm, die, einschließlich des Stöckicht-Wende- und Übersetzungsgetriebes nur 1100 kg, d. h. 1,3 kg/PS wogen. Neben dem geringen Gewicht waren geringe Baulänge, tiefe Schwerpunktlage und ein relativ geräuscharmer Lauf besonders vorteilhaft. Zur weiteren Gewichtsersparnis wurden die Motoren durch Pulverladung angeschossen. Schließlich war bei jedem Boot nur ein Getriebe mit einer Umkehrvorrichtung vorgesehen. Die Über-

SK 44 Minenlege-Einrichtung auf dem Klein-Schnellboot »LS 3« (nach 30)

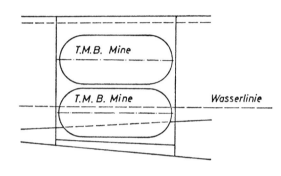

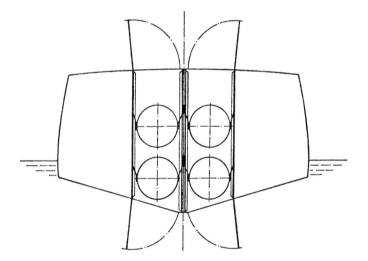

setzung der 2200-Motor- auf 3000 Propellerumdrehungen wählte der auf diesem Gebiet sehr erfahrene Konstrukteur, Oberingenieur Docter, gegen die Bedenken Außenstehender hinsichtlich des Propellergütegrades, da

– im Rennbootsbau selbst bei noch höheren Propellerumdrehungen befriedigende Gütegrade erreicht werden und

– hohe Propellerdrehzahlen kleinere und damit leichtere Propeller, dünnere Wellen sowie kleinere Wellenböcke und Lager ermöglichen, die sowohl widerstands- wie auch gewichtsmäßig vorteilhaft sind.

»LS 3« erhielt eine in Zusammenarbeit mit Baurat Nebesky vom Sperrwaffenversuchskommando entwickelte neue Mineneinrichtung, um vier (statt drei bei »LS 2«) Minen unterzubringen: Je zwei Minen wurden in zwei nebeneinander liegenden, weiter vorn im Boot angeordneten Schächten horizontal übereinander in Gurten gelagert (SK 44). Das Beladen erfolgte über zwei Decksklappen, das Werfen der Minen nach dem Öffnen der Bodenklappen durch Slippen der Gurte vom Antriebsraum aus. Der Zeitpunkt zum Slippen wurde von der Brücke durch Lichtsignal angegeben. Um ein Arbeiten der im Schacht liegenden Minen durch Seegang zu vermeiden, wurden diese bis kurz vor dem Wurf durch Spindeln vom Antriebsraum aus festgesetzt. Obgleich die geöffneten Bodenklappen festigkeitsmäßig für 20 kn Fahrt ausgelegt waren, mußte das Minenlegen selbst auf 14 kn beschränkt werden, um Ruder und Propeller nicht durch fallende Minen zu beschädigen.

»LS 3« wurde am 14. 10. 1940 abgeliefert. Es erhielt, wie alle Folgeboote, nur eine 2-cm-MK in Luftwaffendrehkranz und Plexiglaskuppel über der Brücke. Während die Erprobung der Mineneinrichtung in allen Teilen voll befriedigte, lief das Boot aufgrund ungeeigneter Propeller statt der erwarteten 42 nur 38 kn. Da die Steigung der Propeller zu gering ausgefallen war, sprachen die Schnellschlußregler der Motoren zu früh an. Da geeignetere Propeller nicht mehr rechtzeitig beschafft und die erzielte Geschwindigkeit für einen Mineneinsatz durchaus ausreichend erschien, wurde »LS 3« planmäßig an Bord des Hilfskreuzers HSK 8 KORMORAN gegeben (39).

Abb. 30   Klein-Schnellboot »LS 4« (WGAZ MSM)

DIE KLEIN-SCHNELLBOOTE 91

SK 45   Klein-Schnellboot Typ
»LS« (nach 30)

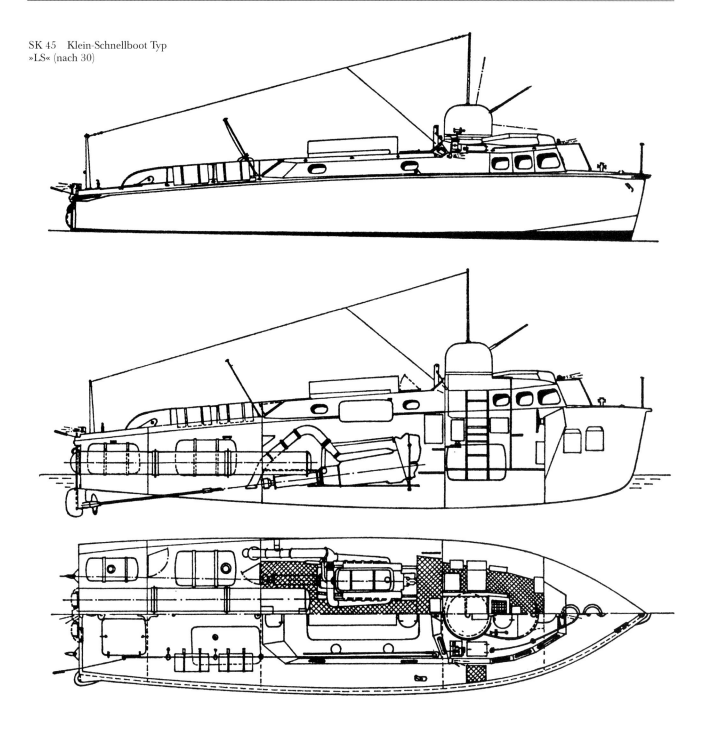

Das am 5.7.1941 abgelieferte »LS 4« erhielt erstmals die beiden 45-cm-Heck-Torpedorohre (Abb. 30) und damit die in der militärischen Konzeption und im Entwurf eigentlich vorgesehene Form (SK 45). Nach längeren Erprobungen und mit unterschiedlichen Propellern von 0,48 m Durchmesser erreichte »LS 4« im Januar 1942 auf der Neukruger Meile vor Pillau 42,5 kn und damit die Konstruktionsgeschwindigkeit. Das mit Funkanlage, Funkpeiler und – für den Notfall – mit zusammenlegbarer Hilfsbesegelung ausgerüstete Boot soll noch bei Wind 4 Höchstfahrt gelaufen haben. Es wurde an Bord des Hilfskreuzers HKS 9 MICHEL gegeben (40).

Da über die vier bestellten Testmotoren hinaus Daimler-Benz-Motoren zunächst nicht mehr zur Verfügung standen, mußten die folgenden Boote, »LS 5–LS 6«, wieder mit den Junkers-Flugzeugmotoren ausgerüstet werden, an denen jedoch aufgrund der vorliegenden Erfahrungen einige Verbesserungen vorgenommen worden waren. Auf Weisung des OKM mußten beide Fahrzeuge – da ohne größeren Aufwand zum Bahntransport geeignet – erneut umkonstruiert werden, um als U-Bootjäger im Ägäis/Mittelmeerraum eingesetzt zu werden. Da aufgrund der geringen Bootsgröße der Einbau eines U-Boot-Ortungsgeräts nicht möglich war, wurden die beiden LS-Boote als reine Wasserbombenträger vorgesehen. Als Ortungsträger wurde das mittelgroße

schließbare Ablaufbahn für drei durch Drahtstopper gehaltene, von Deck aus slipbare Wabos (SK 46). In zwei davorliegenden Schächten wurden acht Reservewasserbomben auf Querbalken liegend gestaut. Sie konnten mittels eines Hebezeugs herausgeholt und in die durch eine Decksklappe zugängliche Ablaufbahn nachgeladen werden. Erprobungen ergaben eine Mindest-Wabo-Wurffahrt von 23 kn. Da jedoch das für die U-Jagd entscheidende Ortungsfahrzeug »MR 7« statt zum Mittel- zum Schwarzen Meer verlegt wurde, entfiel der geplante U-Jagdeinsatz völlig und die am 15. 10. 1941 gelieferten beiden Boote wurden als schnelle Verkehrs- und Kurierboote zwischen den griechischen Festland, Kreta und der Inselwelt der Ägäis verwandt. Als dann die für den Borddienst

Abb. 31   Klein-Schnellboot »LS 5–6« (WGAZ MSM)

Räumboot »MR 7« (23 t, 12 kn) bestimmt. Alle drei Fahrzeuge mußten also für die U-Jagd gemeinsam operieren – ein etwas ungleiches »Gespann« ...

Die beiden LS-Boote (Abb. 31) erhielten im Heckraum eine durch eine Klappe im Spiegel ver-

unverändert wenig geeigneten Junkers-Motoren nach etwa halbjähriger Laufzeit erneut Schwierigkeiten bereiteten, wurden die Boote zur Grundüberholung zur Bauwerft zurückverlegt. Bei dieser Gelegenheit wurde auch die hinfällig gewordene Wabo-

SK 46 Einrichtung für Wasserbombenabwurf auf den Klein-Schnellbooten »LS 5–LS 6« (nach 30)

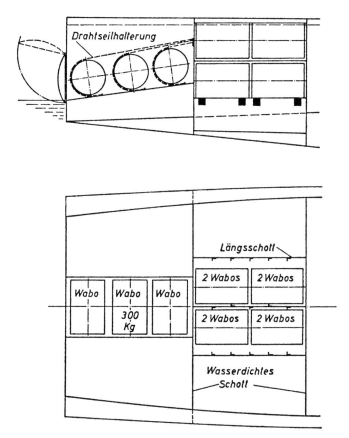

einrichtung ausgebaut und durch Torpedorohre ersetzt. Der Plan, beide Boote als Schulboote für die Besatzungen geplanter LS-Boote in Deutschland zu behalten, scheiterte am Einspruch des Kommandierenden Admirals Ägäis, der die Boote wegen seines tatsächlich völlig unzureichenden, nur aus Beutefahrzeugen bestehenden Schiffsbestandes dringend benötigte.

Im Frühjahr 1942 wurden »LS 7–LS 14« bei der Dornier-Werft in Auftrag gegeben. Sie erhielten die bewährten Daimler-Benz-MB-507-Motoren und Heck-Torpedorohre. Gegenüber den Vorläufern wurde verändert:

– Ersatz des hinter der Brücke befindlichen Klappmastes durch einen auf der MG-Kuppel angebrachten Antennenhalter (s. SK 45), um auch während eines Gefechts bzw. bei Gefechtsbereitschaft funken zu können.

– Belassen der beiden an Steuerbordseite vom Achterdeck abwerfbaren Nebelbojen, aber Ersatz der beiden Backbord-Bojen durch eine festeingebaute Nebelkanne mit Sprührohr am Heck.

– Ersatz der 2-cm-MK durch das neue 15-mm-Fla-MG der Luftwaffe mit elektrischem Schwenkwerk für die Kuppel und elektrischem Höhenrichten des Rohres. Die höhere Anfangsgeschwindigkeit (Vo), die größere Kadenz, die gegurtete Munition und die aufgrund des geringen Geschoßgewichts größere Geschoßzahl mochten den Nachteil des kleineren Kalibers durchaus wettmachen.

Aufgrund zahlreicher Bauverzögerungen wurde das erste Boot der Serie, »LS 7«, erst am 8.10.1943, das zuletzt fertiggewordene »LS 12« erst am 12.7.1944 abgeliefert. »LS 7–LS 11« wurden noch zur Ägäis überführt. Der Transport von »LS 12« konnte noch in Jugoslawien abgestoppt werden. Das Boot kehrte nach Deutschland zurück und wurde der Torpedo-Versuchsanstalt (TVA) als Versuchsboot für Torpedoschießen zugeteilt. Nach dem Kriege geriet es als Kriegsbeute in russischen Besitz.

Ein im Frühjahr 1943 erteilter Auftrag über weitere zwanzig Boote, »LS 13–LS 34« und ein Auftrag über insgesamt 100 Motoren an Daimler-Benz kam nicht mehr zum Zuge. Die 1945 als Kriegsbeute in französische Hand gefallenen, bereits weitgehend fertigen Rümpfe von »LS 13–LS 18« wurden für Frankreich fertiggebaut, der Auftrag für die restlichen Boote annulliert.

Insgesamt erscheinen die LS-(Leicht-)Schnellboote als technisch durchaus bemerkenswerte und interessante Lösung. Nicht minder ist die ursprüngliche Einsatzidee, der Rückgriff auf die nicht-autonomen Torpedoboote vor der Jahrhundertwende, die allerdings durch den Einsatz von einem bis zum Schluß getarnt operierenden Hilfskreuzer einen neuartigen Aspekt erhielt. Als jedoch die Masse der Boote für den ursprünglich vorgesehenen Einsatz nicht rechtzeitig bzw. zweckmäßig fertig wurde, wies man ihnen Aufgaben zu, die ihrer Eigenart nur wenig entsprachen.

Der Typ HYDRA

Im Jahre 1944 regte die zu erwartende Invasion die Entwicklung von Klein-Schnellbooten an, die klein, von einfacher Bauart und daher schnell und in großer Stückzahl herstellbar, besonders in engeren Küstenräumen eine vorzügliche Abwehrwaffe von offensiven Charakter darstellen mußten. Dem Nachteil eines jeden Überwasserfahrzeugs, insbesondere der kleineren

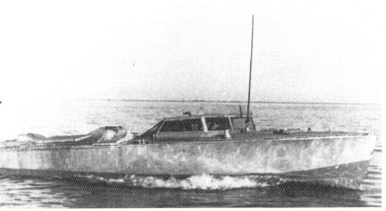

Abb. 32 Klein-Schnellboot des italienischen Typs M.T.S.M.A
(Archiv Wendel)

Abb. 33 Klein-Schnellboot Typ HYDRA (Krögerwerft)

Abb. 34 Klein-Schnellboot Typ HYDRA bei Seegangserprobungen
(Krögerwerft)

mit relativ geringer Artillerie-Rohrzahl, die Luftbedrohung, die in Anbetracht der absoluten Luftüberlegenheit der Alliierten generell, ganz besonders aber über entsprechend geschützten Landungsräumen vorlag, konnte gerade bei diesen Fahrzeugen durch extrem hohe Geschwindigkeit, große Wendigkeit, große Stückzahl und Kleinheit des Ziels begegnet werden. Darüber hinaus ließen Geschwindigkeit und Beweglichkeit das Klein-Schnellboot als eine ideale Ergänzung der langsamen Unterwasser-Torpedoträger (bemannte Torpedos und Klein-U-Boote) erscheinen.

Wie bei allen Kleinkampfmitteln wurden auch für diese Fahrzeuge die uneingeschränkte Eignung zum gefechtsklaren Überlandtransport und zum Zuwasserbringen an freier Küste gefordert. Im Hinblick auf den Lufttransport wünschte das Kommando der Kleinkampfmittel, der K-Verband, daß eine Bootslänge von 10 m möglichst nicht überschritten werden sollte. Der bereits vorliegende LS-Typ genügte dieser Forderung nicht, da er unter völlig anderen Voraussetzungen entstanden war. Schließlich hatte er sich aber auch als recht aufwendig, und, von der Antriebsseite her, als störanfällig erwiesen. Aus dem Zwange, möglichst schnell und in großer Stückzahl an geeignete Fahrzeuge heranzukommen, wurde in Deutschland auf vier Wegen parallel gearbeitet.

a) Ab Mai 1944 wurde der italienische Typ M.T.S.M.A. (8,8×2,32×0,7 m, 3,71 t, 2×95-PS-Alfa-Romeo-A.R.-6-c-2500-Otto-Motoren, 29 kn, 1-45,7-cm-Heck-Torpedorohr, 2–70-kg-Verfolger-Abwehrwabos) aus Italien herangebracht und dort auch nach deutschen Wünschen in größeren Stückzahlen nachgebaut. Vom Typ M.T.S.M.A. wurden von Mai 1944 bis Januar 1945 rund 120 Boote fertig. Die Form der Aufbauten usw. wich bei der 1. und 2. Serie teilweise voneinander ab (Abb. 32).

b) Entwürfe des Konstruktionsamts im OKM.

c) Ausschreibung eines Klein-Schnellboots bei hierfür in Frage kommenden Boots- und Yacht-Konstrukteuren des zivilen Bereichs.

d) Eigenentwicklungen des K-Verbandes.

Über eventuelle Vorprojekte des K-Amts liegen keine Unterlagen mehr vor. Bekannt ist nur das Endprodukt, der nach einer am 13.6.1944 erfolgten Vorbesprechung aus dem zurückgestellten Entwurf eines für die Luftwaffe vorgesehenen, zum Transport durch Lastensegler des Typs GO 242 geeigneten Klein-Schnellboots hervorgegangene Typ HYDRA (SK 47, Abb. 33, 34, 35), der in Zusammenarbeit mit der Krögerwerft

Abb. 35 Klein-Schnellboot Typ HYDRA bei Seegangserprobungen
(Krögerwerft)

SK 47   Klein-Schnellboot Typ HYDRA (nach 41)

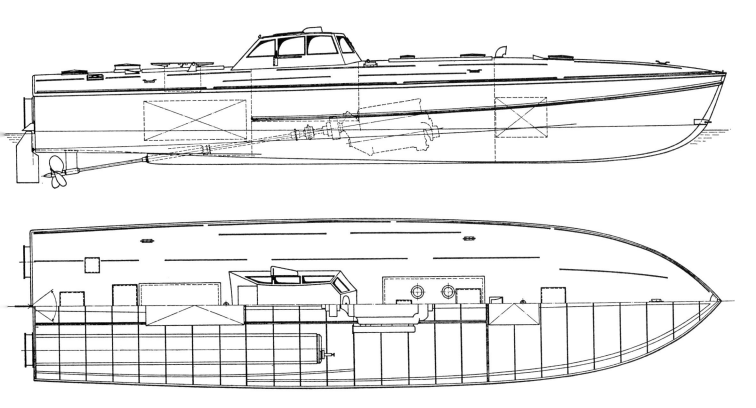

in Warnemünde entstanden war. Am 19.9.1944 wurden 1 Mio. Reichsmark für den Serienbau eines kleinen Torpedoträgers bewilligt. Zwei am 25.8.1944 in Auftrag gegebene Prototypboote verdrängten bei 13,17/12,37 m Länge, 3,1 m Breite, 1,88 m Seitenhöhe und 1,05 m Tiefgang am Propeller 7,45 t. Die in der Form etwas völlig gehaltenen, in lamellierter Leimbauweise hergestellten V-Spantboote liefen mit einem Avia-Hispano-Suiza-Otto-Motor des Typs 12-y-31, der auf 650 PS gedrosselt worden war, mit einem Propeller von 0,69 m Durchmesser rund 36 kn. Bei 1100 Litern Tankinhalt erreichten die Erprobungsboote »H 1–H 2« 290 sm bei 25 kn resp. 152 sm bei 36 kn.

Die Bewaffnung bestand aus 2 – 45-cm-Heck-Torpedorohren für den Flugzeugtorpedo F5b. Der Motor besaß kein Wendegetriebe, sondern nur eine Kupplung für Leerlauf und Vorwärtsfahrt. Bei einem Boot (»H 53«) ausgeführte Versuche mit einem Jumo-Otto-Motor geringerer Leistung ergaben nur 34 kn und wurden daher aufgegeben. Drei später, während des Serienbaus, eintreffende Waggons mit 1000-PS-Rolls-Royce-Merlin-Motoren – wahrscheinlich aus abgeschossenen englischen Bombern geborgen – kamen zum Einbau zu spät.

Zum Beginn des Winters 1944/45, durchgeführte Vergleichserprobungen der Typen HYDRA, KOBRA, SCHLITTEN und WAL (s. Abschnitte 5.33, 5.41, 5.42) sollen dann erwiesen haben, daß der OKM-Typ HYDRA hinsichtlich Seeverhalten (Abb. 34, 35) und Schalldämpfung am vorteilhaftesten war. Er wurde daher als einziger Klein-Schnellboot-Typ zur Serienfertigung bestimmt und rangierte bei Kriegsende in der Priorität noch vor dem Jäger-Programm. Rückblickend mag die Richtigkeit der Entscheidung für die HYDRA jedoch etwas zweifelhaft erscheinen, da der OKM-Typ als einziger die sachlich berechtigte K-Verbands-Forderung einer maximalen Länge von 10 m um rund 30 % überschritt und damit

a) seinen Konkurrenten im Seeverhalten zwangsläufig überlegen sein mußte,

b) die so dringend benötigte Transportfähigkeit nur noch sehr bedingt erfüllte.

Bei der am 4.12.1944 in Auftrag gegebenen 2. Serie von 50 Booten wurde der Kraftstoff-Vorrat auf 1400 Liter und damit der Fahrbereich auf 180 sm bei 36 kn resp. 370 sm bei 25 kn erhöht. Außerdem erhielten die Boote von dieser Serie an ein Fla-MG als Eigenschutz. Am 8.2.1945 wurde eine dritte Serie von 115 Booten in Auftrag gegeben. Als Bauwerften fungierten die Krögerwerften in Warnemünde und Stralsund, die Schlichting-Werft, die Lürssen-Werft, die Danziger Waggonfabrik, die Hamburger Werft und die Bootswerften Gebrüder Engelbrecht, Karl Mathan, Robert Franz, Karl Vertens, H. Heidtmann, Hinrich von Cölln. Bis zum Kriegsschluß wurden jedoch nur 39 Boote fertiggestellt (2, 6).

Eine auf dem Typ HYDRA aufbauende Idee des Ingenieurs Driessen, das Klein-Schnellboot Typ SEEDRACHE, blieb in der Planung liegen. Es waren durch zwei Streben miteinander verbundene HYDRA-Rümpfe (Gesamtbreite ca. 9 m) mit 4 – 45-cm-Heck-Torpedorohren vorgesehen, die durch das Strahltriebwerk eines Turbinenjägers auf 60 kn gebracht werden sollten. Praktische Fahrversuche hätten jedoch mutmaßlich unbefriedigende Fahreigenschaften eines derart schnellen Katamarans ergeben, wie sich schon bei den Fahrversuchen eines ähnlichen Geräts, des aus zwei Ju-52-Schwimmern hergestellten Sprengboots vom Typ TORNADO gezeigt hatte (2, 6, 41).

Der Typ KOBRA

Von den im Rahmen der Ausschreibung eingereichten Klein-Schnellboot-Entwürfen liegen noch Unterlagen von zwei Booten vor:

1. Der im Sommer 1944 unter widrigen Umständen von Oberingenieur H. Docter, dem alten Schnellboot-Fachmann, entwickelte Typ KOBRA (SK 48, Abb. 36) war sowohl als autonom operierendes Klein-Schnellboot wie auch als einsetzbares Fahrzeug gedacht, das von größeren Fahrzeugen in die Nähe des Operationsgebiets gebracht werden konnte. Die technischen Daten: Länge 9,00/8,72 m, Decksbreite 2,5 m, WL-Breite 2,25 m, Tiefgang mit Propeller 0,56 m, Verdrängung 3,46 m^3. Zwei 90-PS-Ford-8-Zylinder-Otto-Motoren auf zwei vierflügige Propeller von 0,33 m Durchmesser ergaben rund 29 kn. Die Bewaffnung bestand aus einem zwischen den Motoren liegenden 45-cm-Heck-Torpedorohr für den Flugzeugtorpedo F5b. Zwei der auf einfachste Bauweise abgestellten Knickspantboote wurden als Erprobungsboote auf der Vertens-Werft gebaut. Nach Abschluß von Vergleichserprobungen wurde der Typ KOBRA dann nicht weiter verfolgt (2, 42, 43, 44).

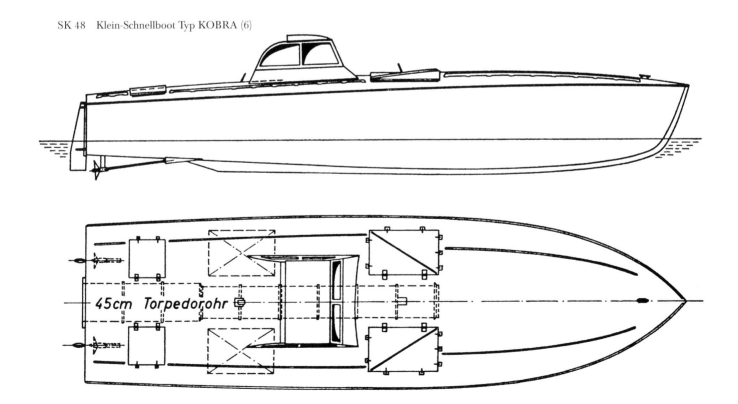

SK 48   Klein-Schnellboot Typ KOBRA (6)

– Ein von der Entwicklungsabteilung des K-Verbandes nicht abschließend durchgearbeiteter Entwurf eines Klein-Schnellboots (SK 49) von 10,6 m Länge, 3,2 m Breite im Deck, 1,3 m Seitenhöhe, 0,55 m Konstruktionstiefgang, 7,65 t Wasserverdrängung, das mit zwei auf je 650 PS gedrosselten Hispano-Suiza-Otto-Motoren des Typs 12-y-31 rund 37 kn er-

Abb. 36   Klein-Schnellboot Typ KOBRA (Archiv Docter)

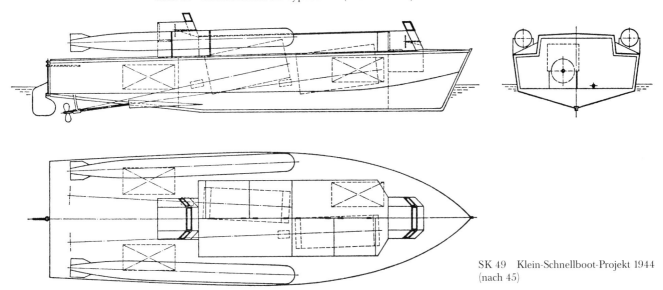

SK 49   Klein-Schnellboot-Projekt 1944
(nach 45)

reichen sollte. Als Bewaffnung waren zwei in seitlichen Abwurfrahmen an Deck liegende, nach dem Prinzip der italienischen MAS-Boote angeordnete 45-cm-Flugzeug-Torpedos des Typs F5b vorgesehen.

Vom K-Verband entwickelte Klein-Schnellboote

Die mit weitem Abstand bemerkenswertesten Arbeiten auf dem Gebiet konventioneller und neuartiger Klein-Schnellboote entstanden jedoch im Rahmen des K-Verbandes, der sich in den Jahren 1944/45 unter der klaren und kompromißlosen Führung Admiral Heyes zu einer weitgehend autarken Organisation innerhalb der Kriegsmarine entwickelt hatte, und in der Industrie.

Da mit den gewünschten kleinen Fahrzeugen – von Sportrennbooten abgesehen – zu jener Zeit im Bootsbau noch relativ wenig konkretes Erfahrungsmaterial vorlag, bemühte sich der außerordentlich wendige und ideenreiche Leiter der Konstruktions- und Erprobungsabteilung des K-Verbandes, der Schiffbau-Ingenieur und Oberleutnant zur See der Reserve F. H. Wendel, in einer behelfsmäßigen Modellver-

Abb. 37   Modell eines stufenlosen Klein-Schnellboots mit korrespondierenden 42 kn in glatter See (Archiv Wendel)

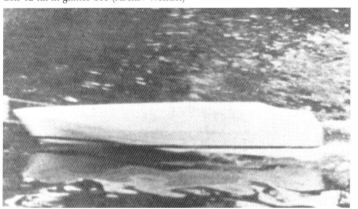

Abb. 38   Modell eines Stufen-Klein-Schnellboots mit korrespondierenden 42 kn in glatter See (Archiv Wendel)

Abb. 39   Modell eines Katamaran-Gleitboots beim Schleppversuch (Archiv Wendel)

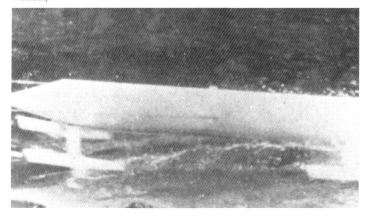

Abb. 40   Schleppfahrt eines Gleitflächen-Klein-Schnellboots (Archiv Wendel)

suchsanlage bei Boizenburg/Elbe, zunächst das grundsätzliche Verhalten in Frage kommender konventioneller und völlig neuartiger Bootsformen am Modell zu untersuchen. Wegen der aus Zeit- und Kostengründen bedingten Primitivität der Anlage konnten sich diese Versuche zwangsläufig nur auf eine vergleichende Wertung der unterschiedlichen Testmodelle beschränken. Exakte Widerstandsmessungen, wie sie in großen, voll ausgestatteten Schiffbauversuchs-Anstalten üblich sind, waren hier nicht möglich. Abb. 37 und 38 zeigen das Modell eines stufenlosen Klein-Schnellboots beim Schleppversuch mit korrespondierenden 42 kn in glatter See, Abb. 39 den Schleppversuch eines Katamaran-Gleitboots und Abb. 40 den eines Gleitflächen-Klein-Schnellboots. Eine einfache Seegangsanlage erlaubte auch gewisse Seeverhaltenserprobungen und -vergleiche.

Ausgeführte Boote

Der Typ SCHLITTEN

Noch vor der Invasion der Alliierten an der nordfranzösischen Küste entstand bei den Bremer Borgward-Werken, einem Automobilwerk, der spantenlose, in verschweißter Stahlblech-Schalenbauweise konstruierte Typ SCHLITTEN I (SK 50), ein extrem kleines, mit Hilfe von Kfz-Karosserie-Pressen schnell und in großer Stückzahl herstellbares Ein-Mann-Gerät von 7,5 m Länge, das mit einem 80-PS-BMW-Otto-Motor ausgestattet war und als Bewaffnung zwei übliche 53,3-cm-Torpedos G7a resp. e und ein 13-mm-MG trug. Die Torpedos wurden, ähnlich wie beim Klein-U-Boot-Typ BIBER, in entsprechenden Ausnehmungen beidseits des Bootskörpers außenbords gefahren. Sie waren so ausgelegt, daß deren Antrieb, falls erforderlich, in der letzten Phase der Angriffsfahrt mitlaufen und damit die Bootsgeschwindigkeit erhöhen konnte. In einem entsprechenden Abstand vom Ziel wurden die bereits laufenden Torpedos in dem Moment geslipt, wenn der Gegner – ggf. mit geschätztem Vorhaltswinkel – genau in Schußrichtung stand. Die Rückfahrt erfolgte dann mit dem Otto-Motor.

Mit dem fertiggestellten Prototyp wurden bei den Erprobungen folgende Geschwindigkeiten erzielt:

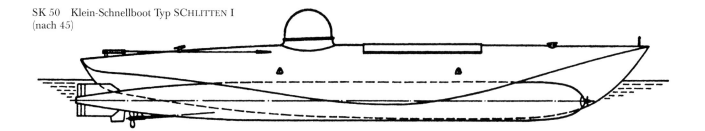

SK 50   Klein-Schnellboot Typ SCHLITTEN I
(nach 45)

– Boot mit Torpedos, aber ohne diese als Zusatzantrieb zu benutzen, 12 kn;
– Boot mit Torpedos und mitlaufendem Torpedoantrieb, d. h. Angriffsfahrt in der letzten Phase: 25 kn;
– Boot ohne Torpedos auf dem Rückmarsch: 18 kn.

Der Fahrbereich betrug bei Marschfahrt

Abb. 41   Modell des Klein-Schnellboots Typ SCHLITTEN I in voller Fahrt (Archiv Wendel)

Abb. 42   Klein-Schnellboot Typ SCHLITTEN I (Archiv Wendel)

Abb. 43   Klein-Schnellboot Typ SCHLITTEN I (Archiv Wendel)

300 sm. Die Abb. 41–44 zeigen das Boot während der Erprobungen.

Die generelle Bewährung des Typs SCHLITTEN I legte es nahe, die aufgrund der sehr geringen Ab-

messungen und Antriebsleistung nur zu verständliche unzureichende Seefähigkeit und Geschwindigkeit durch die Vergrößerung von Hauptabmessungen und Leistung zu verbessern, gleichzeitig aber auch die für

SK 51 Klein-Schnellboot Typ SCHLITTEN II
(nach 45)

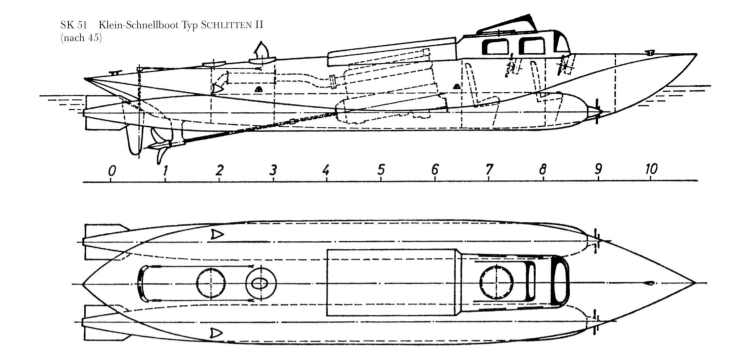

die Großserien-Fertigung sehr vorteilhafte spantenlose Stahlblech-Schalenbauweise beizubehalten.

Der 8,5 m lange, 1,7 m breite und 0,9 m tiefgehende SCHLITTEN II (SK 51) erhielt einen 600-PS-BMW-Otto-Flugzeugmotor (Abb. 45) und erreichte mit zwei normalen, ebenfalls unter dem Rumpf aufgehängten 53,3-cm-Torpedos Typ G 7a resp. e 20 kn Dauer- resp. 30 kn Höchstgeschwindigkeit. Nach dem Schuß, d. h. ohne die Torpedos, konnte mit 48 kn vom Gegner abgelaufen werden. Ein MG 34 resp. 44 sowie zwei Raketenwerfer dienten dem Eigenschutz. Der Fahrbereich betrug 300 sm, die Besatzung bestand aus zwei Mann, einem Bootssteurer und einem Motorenwärter. SK 52 und Abb. 46 zeigen die einfachen, nur aus geraden Flächen und Kreisradien bestehenden, und damit für die Großserie idealen Seiten- und Bodenflächen des Bootskörpers. Abb. 47 zeigt

Abb. 44 Klein-Schnellboot Typ SCHLITTEN I in voller Fahrt (Archiv Wendel)

SK 52 Spantenriß des Klein-Schnellboots Typ SCHLITTEN II (nach 45)

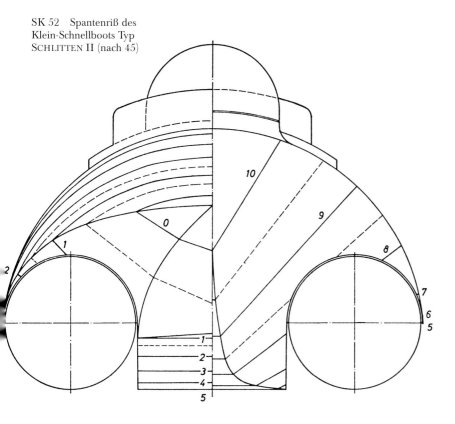

Abb. 45 Motoranordnung im Klein-Schnellboot Typ SCHLITTEN II (Archiv Wendel)

Abb. 46 Klein-Schnellboot Typ SCHLITTEN II in Bau (Archiv Wendel)

Abb. 47 Rückkühleinrichtung im Klein-Schnellboot Typ SCHLITTEN II (Archiv Wendel)

Abb. 48   Kupplung, Schwungrad und Kühlpumpen im Klein-Schnellboot Typ SCHLITTEN II (Archiv Wendel)

Abb. 49   Klein-Schnellboot Typ SCHLITTEN II auf dem Transportwagen (Archiv Wendel)

die Rückkühleinrichtung des Leichtmetall-Flugzeugmotors, für den aus Korrosionsgründen eine Seewasserkühlung nicht in Frage kam, Abb. 48 Kupplung, Schwungrad und Kühlpumpen. Erwähnenswert scheint

Abb. 50   Hinterschiff mit Propeller und Ruder und den beidseitigen Ausnehmungen für die Torpedos beim Klein-Schnellboot SCHLITTEN II (Archiv Wendel)

auch, daß die Marine nur den Bootssteurer stellte. Die Motoren mußten von Luftwaffenpersonal gefahren werden, da das auf derartige Anlagen nicht geschulte Marinepersonal mit diesen Otto-Hochleistungsmotoren nicht so recht fertig wurde. Schließlich stellte sich bei den Probefahrten noch heraus, daß der sehr hochtourige Propeller das kleine, schmale Boot durch seine Drallwirkung merklich krängte. Erst nach höheren Fahrstufen wurde diese Krängung durch die strömungsstabilisierende Wirkung der Bodenflächen aufgehoben. Abb. 49 zeigt das Boot auf dem Transportwagen, Abb. 50 das Hinterschiff mit Propeller und Ruder und den beidseitigen Ausnehmungen für die Torpedos.

Tatsächlich wurde vor der Invasion von jedem der beiden Bootstypen nur ein Erprobungsboot gebaut.

Der Typ Wal

Kurz nach der Invasion, Anfang August 1944, entwickelte Wendel auf der Basis vorangegangener Modellversuche ein 9-m-Stufenboot, den WAL I (SK 53, 54), ein vollgeschweißtes Stahlboot, das bei 9,0 m Länge, 2,3 m Breite, 1,3 m Seitenhöhe und 0,4 m mittlerem Tiefgang (ohne Propeller) eine Konstruktionsverdrängung von 4,2 t besaß. Als Bewaffnung waren zwei 45-cm-Flugzeugtorpedos des Typs F5b in Heck-Torpedorohren vorgesehen, die beidseits des Motors angeordnet waren. Da das 45-cm-Standard-Topedorohr für dieses Fahrzeug viel zu schwer war, wurde eine nur 320 kg wiegende Eigenkonstruktion mit Pulverkartusche und mechanisch vom Steuerstand auslösbarem Schlagbolzen entwickelt (Abb. 51), die bei 150 Probeschüssen nur einen Versager aufwies.

Vom K-Verband entwickelte Klein-Schnellboote

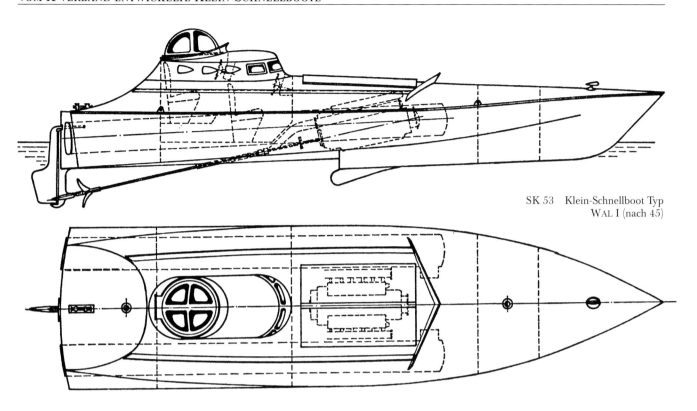

SK 53   Klein-Schnellboot Typ Wal I (nach 45)

SK 54   Spantenriß des Klein-Schnellboots Wal I (nach 45)

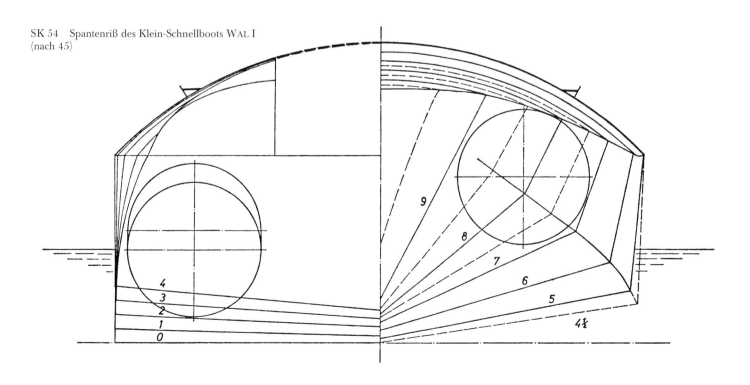

Abb. 51 Anordnung des Torpedorohrs mit mechanisch vom Steuerstand auslösbarer Pulverkartusche im Motorenraum des Klein-Schnellboots Typ WAL I (Archiv Wendel)

Als Eigenschutz wurden zwei 86-mm-Raketenwerfer vorgesehen, für die Spreng-, Splitter-, Fallschirm- und Nebelmunition bereits vorlag. Es scheint bemerkenswert, daß die Schießerprobungen mit den Raketenwerfern (Abb. 52) höchst befriedigende Ergebnisse gezeigt haben. Als Antrieb diente ein 700-PS-Otto-Flugzeugmotor, der dem Boot 39 kn mit und 42 kn ohne Torpedos vermittelte. Die Besatzung bestand aus zwei Mann, der Fahrbereich betrug 300 sm bei Marschfahrt. Abb. 53–55 zeigen den Pro-

Abb. 52 Klein-Schnellboot Typ WAL I beim Raketenschießen (Archiv Wendel)

Abb. 53   Klein-Schnellboot Typ WAL I in Bau (Archiv Wendel)

Abb. 54   Klein-Schnellboot Typ WAL I in Bau (Archiv Wendel)

Abb. 55 Klein-Schnellboot Typ WAL I in Bau (Archiv Wendel)

Abb. 56 Steuerstand des Klein-Schnellboots Typ WAL I (Archiv Wendel)

Abb. 57 Klein-Schnellboot Typ WAL I (Archiv Wendel)

Abb. 58 Klein-Schnellboot Typ WAL I (Archiv Wendel)

totyp in Bau, Abb. 56 den Steuerstand, Abb. 57–59 das fertige Boot, Abb. 60 das Boot mit dem zugehörigen Transportwagen, Abb. 61 den Übergang von langsamer Fahrt auf AK bei flachem Wasser als »Sprintstart« gefahren, Abb. 62 die AK-Probefahrt und Abb. 63–64 das Boot bei Torpedoerprobungen.

Es ist erwähnenswert, daß bei den ersten AK-Läufen mit 2400-Propeller-Umdrehungen zunächst mehrfach Lagerfresser an den Wellenlagern auftraten. Erst als die Lager auf 3 mm Luft aufgebohrt waren, hörte diese Störung auf. Ein bei dieser Lose auftretendes Klappern der Welle bei niedrigen Fahrtstu-

Abb. 59   Hinterschiff des Klein-Schnellboots Typ WAL I mit Propeller, Ruder und Torpedorohr (Archiv Wendel)

Abb. 60   Klein-Schnellboot Typ WAL I auf dem Transportwagen (Archiv Wendel)

fen verschwand bei hohen Drehzahlen. Dieser bei schnellen Motorbooten häufig auftretende Effekt läßt sich auch durch eine flexible Gummilagerung abfangen.

Da der WAL I vom OKM wegen seiner Konstruktion als Stufenboot abgelehnt wurde (begrenzte Seefähigkeit von Stufenbooten, Sorgen um mögliche Festigkeits- und Dichtigkeitsprobleme im Stufenbereich), entstand der stufenlose, 10 m lange

Abb. 61 Klein-Schnellboot Typ WAL I beim Sprintstart Langsame Fahrt – Äußerste Kraft auf flachem Wasser (Archiv Wendel)

Abb. 62 Klein-Schnellboot Typ WAL I bei AK-Fahrt (Archiv Wendel)

Abb. 63 Klein-Schnellboot Typ WAL I bei Torpedoerprobungen (Archiv Wendel)

Abb. 64 »Springender« Torpedo beim Heckschuß (Archiv Wendel)

SK 55   Klein-Schnellboot Typ WAL II
(nach 45)

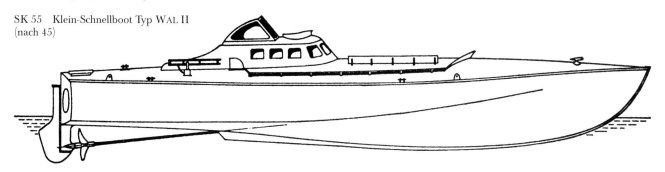

WAL II (SK 55). Das zeitlich mit dem Typ HYDRA etwa parallel laufende Fahrzeug wurde wiederum auf der Boizenburger Werft gebaut. Ein 700-PS-Otto-Flugzeugmotor verlieh dem Boot 38 kn mit und 42 kn ohne Torpedos. Bewaffnung (zwei 45-cm-Heck-TR für den Flugzeugtorpedo F5b, ein 13-mm-MG, zwei 86-mm-Raketenwerfer), Besatzung und Fahrbereich entsprachen ebenso dem Vorlauftyp WAL I, wie die Ausführung des Bootskörpers als geschweißte Stahlblechkonstruktion.

Die See-Erprobungen zeigten, daß das Boot bis Seegang 3 voll ausgefahren werden konnte. Abb. 65–68 zeigen das Boot bei den Probefahrten, Abb. 69 den zugehörigen Spezialtransportwagen mit einer Vorrichtung, das Boot innerhalb weniger Minuten zu Wasser und wieder heraus zu bringen: Der Wagen mit dem Boot wurde rückwärts ins Wasser gefahren, bis das

Abb. 65 Klein-Schnellboot Typ WAL II bei AK-Fahrt (Archiv Wendel)

Abb. 66 Klein-Schnellboot Typ WAL II in voller Fahrt (Archiv Wendel)

Boot aufschwamm. Beim Wiederaufnehmen mußte das Vorschiff nur in den aus dem Wasser ragenden Bügelrahmen hineinmanövriert werden, um richtig auf dem Wagen aufzuliegen.

Mit Rücksicht auf den für den Bau des Bootskörpers benötigten Stahl dessen Beschaffung bei der äußerst strengen Materialbewirtschaftung des 5.–6. Kriegsjahres immer größere Schwierigkeiten bereitete, mußte sich Wendel dann entschließen, den Typ WAL erneut umzukonstruieren. Es entstand der in konventioneller Holzbauweise (Abb. 70, 71) gebaute WAL III (SK 56), der gleichzeitig die mit dem Vorlauftyp gemachten Erfahrungen berücksichtigte. Die Besatzung wurde auf 3–4 Mann verstärkt, um beim An- und Rückmarsch eine Ablösung zu ermöglichen, ferner wurde achtern ein spritzwasserfreier, den Bootssteuerer nicht behindernder Waffenstand eingebaut. Als Antrieb wurde alternativ ein 600- resp. 800-PS-Otto-Flugzeugmotor vorgesehen. Der 600-PS-Motor vermittelte dem Boot 35 kn mit und 38 kn ohne Torpedos, der 800-PS-Motor steigerte die Geschwindigkeit auf 39 bis 42 kn.

Von jedem der drei Typen wurde ein Erprobungsboot gebaut. Ein Auftrag für zwei Folgebauten bei der Evers-Werft in Niendorf wurde nicht mehr realisiert.

Der K-Verband erprobte seine eigenen Entwicklungen vom Luftwaffendepot Travemünde aus im freien Seeraum der Travemünder Bucht, ein Seegebiet, das den zu erwartenden Einsatzgebieten für derartige Fahrzeuge gut entsprach. Sowohl die Stufen- als auch die stufenlosen Boote zeigten selbst bei See 3 durchaus befriedigende See-Eigenschaften: Da die Boote der WAL-Reihe aufgrund ihrer Formgebung die See schnitten, blieben das für kleine, schnelle Boote typische »Springen« im Seegang und die harten Stöße beim Einsetzen erträglich und die Kursstabilität gut. Die geschickte

Abb. 67 Klein-Schnellboot Typ WAL II in voller Fahrt (Archiv Wendel)

Abb. 68 Klein-Schnellboot Typ WAL II beim Durchbrechen der Hecksee eines anderen Schnellboots (Archiv Wendel)

Abb. 69   Klein-Schnellboot Typ WAL II auf dem Transportwagen (Archiv Wendel)

Abb. 70   Klein-Schnellboot Typ WAL III im Bau (Archiv Wendel)

Abb. 71   Klein-Schnellboot Typ WAL III im Bau (Archiv Wendel)

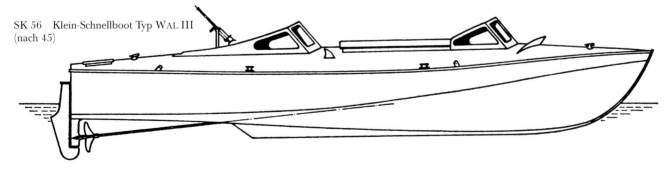

SK 56   Klein-Schnellboot Typ WAL III (nach 45)

Führung der Knicklinie im Vorschiff verlegte die Schleierwelle weit nach hinten.

Ein besonderes Problem stellte der für den Einsatz im engeren Küstenbereich zu fordernde Torpedoausstoß in flachem Wasser dar. Grundsätzlich pflegen Torpedos nach dem Ausstoß aus dem Rohr zunächst auf Tiefe (bis zu 9 m) zu gehen, ehe sie mit der Eigenfahrt-Aufnahme die eingestellte Tiefe ansteuern.

Die praktischen Torpedoschießen der WAL-Reihe ergaben bald, daß

a) der in Deutschland bis dato wenig praktizierte Heckausstoß sehr schnell beherrscht wurde,

b) ein aus dem Heckrohr ausgestoßener Torpedo bei einer Bootsgeschwindigkeit von mehr als 35 kn aufgrund von Gleit- und dynamischen Auftriebskräften regelrecht aus dem Wasser »springen« kann (Abb. 64). Längere Versuchsreihen zeigten dann aber, daß es möglich war, durch eine entsprechende Bootsgeschwindigkeit die Tiefensteuerung des Torpedos nach dem Ausstoß genau zu regulieren, ja es gelangen sogar erfolgreiche Torpedoschüsse auf 1 m Wassertiefe!

Im Laufe der Erprobungen erhielt Wendel Kenntnis von der Existenz einer von Professor Walter für den Start schwerer Bombenflugzeuge auf kleinen Plätzen entwickelten Starthilfsrakete, die, 300 kg schwer, elektrisch gezündet und nach der Zündung nicht wieder abstellbar, kurzfristig 1000 kp Schub entwickelte. Aufgrund der bekannten Kriegserfahrungen lag der Gedanke nahe, eine derartige Rakete auf dem Heck eines Klein-Schnellboots zu montieren, um bei Ablaufen vom Gegner so schnell wie möglich aus der Artillerie-Reichweite zu gelangen. Da diese Startraketen darüber hinaus beim Abbrennen große Mengen rotbraunen Qualms entwickelten, wurde das Boot gleichzeitig der optischen Sicht, und damit vor allem den – meist noch nicht radargesteuerten – leichten Maschinenwaffen, entzogen. Es gelang, bei der Luftwaffe zwei derartige Geräte zu beschaffen, um die Idee praktisch zu erproben. Vor dem Zünden der Rakete wurde der Motor gedrosselt, um diesen beim Einsetzen des Raketen-Zusatz-Antriebs nicht zu überdrehen. Der unter umfangreichen Sicherungsvorkehrungen für das Boot selbst fahrenden Oberleutnant Wendel ausgeführte Versuch zeigte, daß das Boot durch die Rakete bis auf 58 kn kam. In dem Augenblick jedoch, wo der Motor zum Sekundär- und die Rakete zum Primärantrieb wurde, ließ sich das Boot nur noch äußerst schwer auf Kurs halten. Da ein starkes Ausdem-Ruder-Laufen bei extrem hoher Fahrt letztlich Kentern und damit das Ende von Boot und Besatzung bedeutet hätte, wurden diese Versuche eingestellt.

Ein Serienbau des Typs WAL erfolgte nicht mehr, nachdem bei den bereits erwähnten Vergleichserprobungen seitens des OKM zugunsten des dort, im K-Amt, entwickelten Typs HYDRA entschieden wurde (2, 45).

Projekte des K-Verbandes

Eine größere Zahl weiterer Planungen Wendels, die sich teilweise von der 10-m-Begrenzung lösten und schließlich im Tragflügelboot gipfelten, blieb in unterschiedlichem Projektstadium liegen. Sie sollten in der nach dem Kriege von Wendel etwas überarbeiteten Form und mit den s. Zt. von ihm benutzten Typbezeichnungen kurz vorgestellt werden:

– Das Typboot Nr. 1 (SK 57) ein 3-Mann-Schnellboot von 10,9 m Länge, 2,5 m Breite, 1,3 m Seitenhöhe und 1,1 m Tiefgang am Propeller, das mit einem 800-PS-Otto-Motor 38 kn mit und 42 kn ohne Torpedos laufen sollte. Als Fahrbereich werden 350 sm bei 18 kn angegeben. Die Bewaffnung: zwei 45-cm-Heck-TR für den Flugzeugtorpedo F5b, zehn Wabos, die sowohl zur U-Jagd als auch zur Abwehr nachlaufender Gegner verwandt werden konnten, zwei 13-mm-MG und zwei 86-mm-Raketen.

– Das Typboot Nr. 2 (SK 58), ein als Gruppenführerboot vorgesehenes 5–6-Mann-Klein-Schnellboot von 13,5 m Länge, 3,0 m Breite, 1,6 m Seitenhöhe und 1,2 m Tiefgang am Propeller, das durch einen 200-PS-Marsch- und Manövriermotor einen Fahrbereich von 600 sm bei 18 kn erreichen sollte. Nach dem Zuschalten des auf die gleiche Welle arbeitenden 800-PS-Hauptmotors sollten 38 kn mit und 42 kn ohne Torpedos erreicht werden. Die Bewaffnung: zwei 45-cm-Heck-TR für den Flugzeugtorpedo F5b, 11 Wabos, eine 2-cm-MK, ein 13-mm-MG und zwei 86-mm-Raketenwerfer.

– Das Typboot Nr. 3 (SK 59), ein Vier-Mann-Klein-Schnellboot von 11,5 m Länge, 2,6 m Breite, 1,5 m Seitenhöhe und 1,1 m Tiefgang am Propeller, das mit einem 1200-PS-Otto-Motor 47 kn mit und 50 kn ohne Torpedos laufen sollte. Als Fahrbereich waren 500 sm bei 18 kn vorgesehen. Die Bewaffnung: zwei 45-cm-Heck-TR für den Flugzeugtorpedo F5b, zehn Wabos, 1 – 13-mm-MG, fünf 86-mm-Raketenwerfer.

– Das Typboot Nr. 4 (SK 60), ein als Gruppenführerboot vorgesehenes 6–8-Mann-Klein-Schnellboot von 14,2 m Länge, 3,0 m Breite, 1,8 m Seitenhöhe und 1,2 m Tiefgang am Propeller. Das Dreiwellenboot sollte einen auf die Mittelwelle arbeitenden 200-PS-Marsch- und Manövriermotor erhalten, der bei 18 kn Marschfahrt einen Fahrbereich von 500 sm bringen sollte. Zwei auf die beiden Aussenwellen arbeitende Motoren von je 800 PS sollten das Boot auf 47 kn mit und 50 kn ohne Torpedos bringen. Die Bewaffnung:

Vom K-Verband entwickelte Klein-Schnellboote

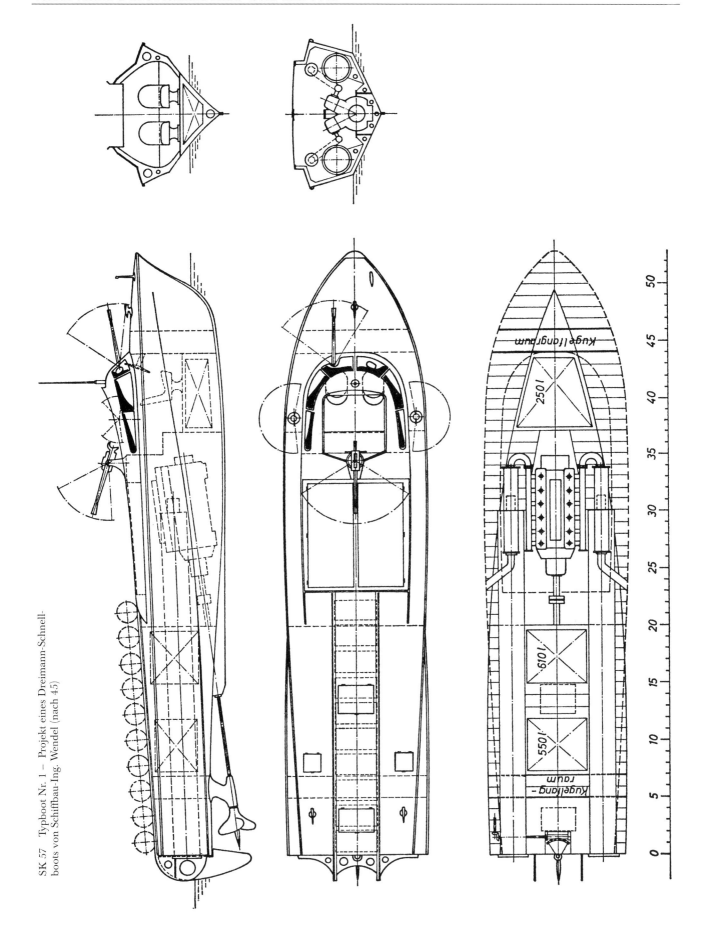

SK 57 Typboot Nr. 1 – Projekt eines Dreimann-Schnellboots von Schiffbau-Ing. Wendel (nach 45)

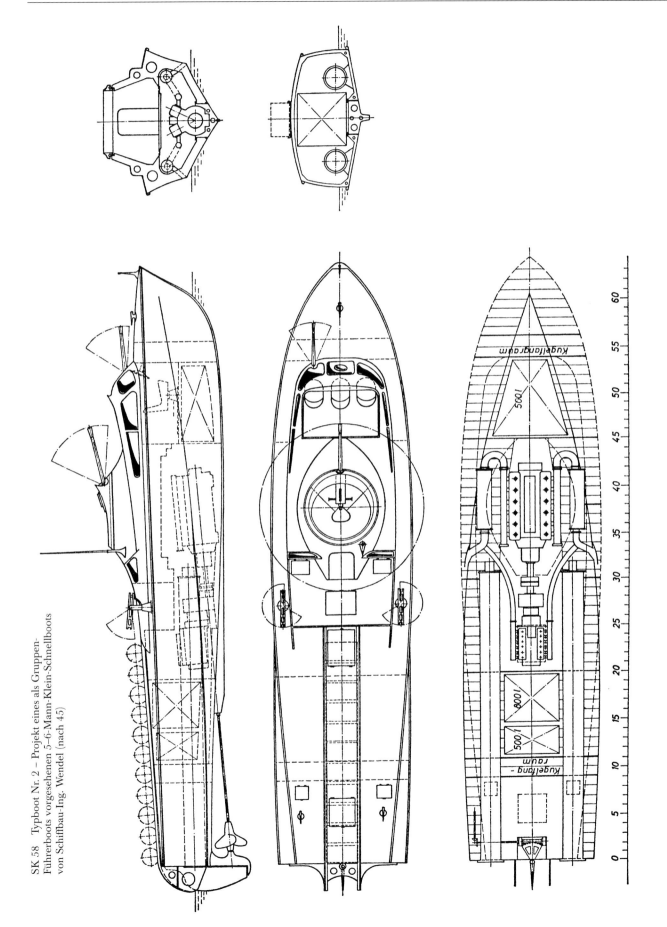

SK 58 Typboot Nr. 2 – Projekt eines als Gruppen-Führerboots vorgesehenen 5-6-Mann-Klein-Schnellboots von Schiffbau-Ing. Wendel (nach 45)

Vom K-Verband entwickelte Klein-Schnellboote

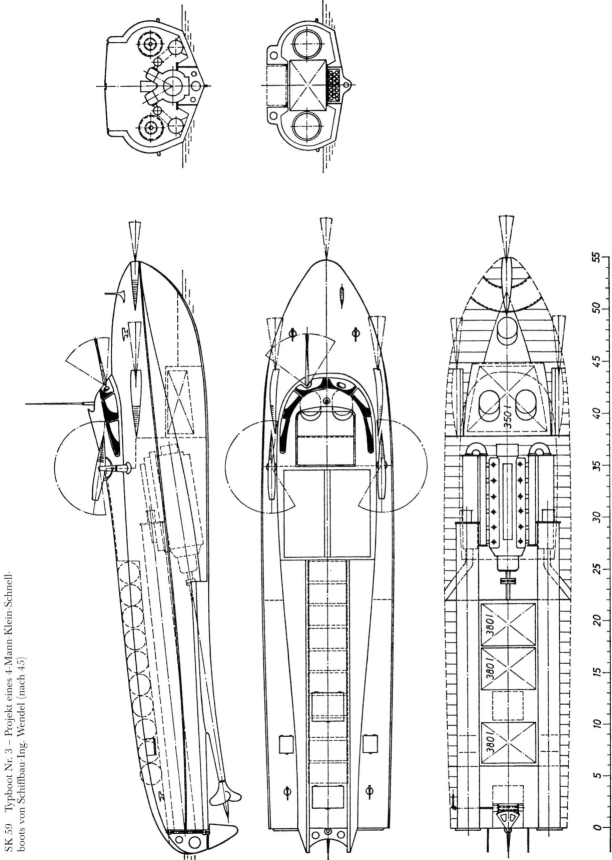

SK 59 Typboot Nr. 3 – Projekt eines 4-Mann-Klein-Schnellboots von Schiffbau-Ing. Wendel (nach 45)

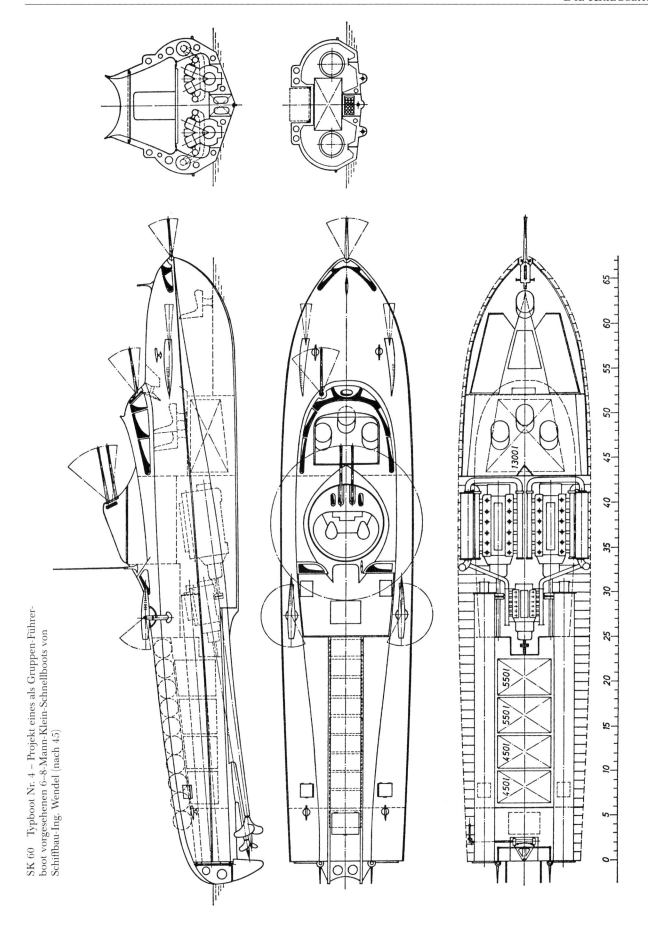

SK 60 Typboot Nr. 4 – Projekt eines als Gruppen-Führerboot vorgesehenen 6–8-Mann-Klein-Schnellboots von Schiffbau-Ing. Wendel (nach 45)

Vom K-Verband entwickelte Klein-Schnellboote

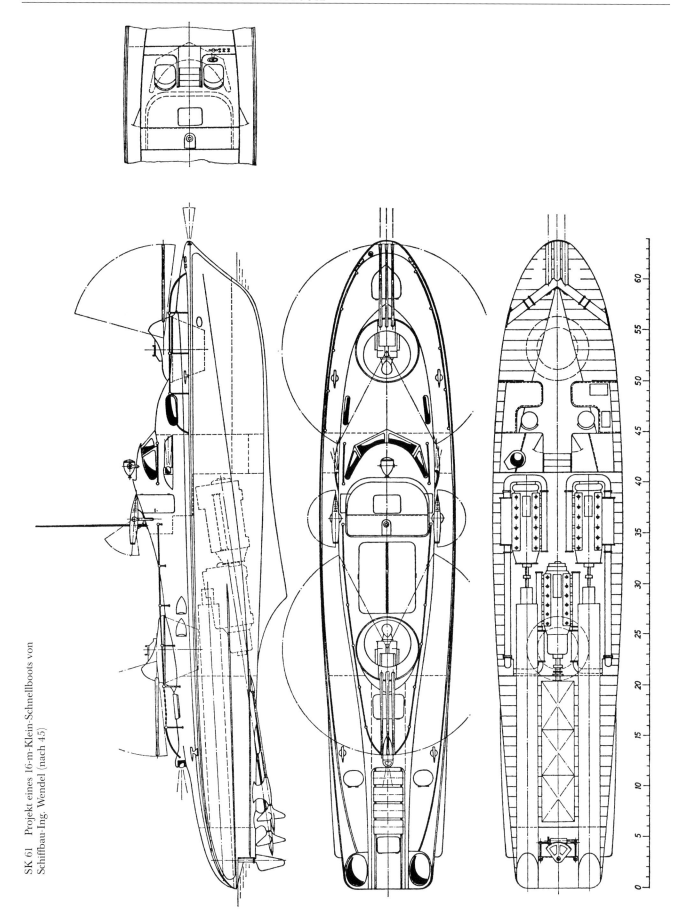

SK 61 Projekt eines 16-m-Klein-Schnellboots von Schiffbau-Ing. Wendel (nach 45)

zwei 45-cm-Heck-TR für den Flugzeugtorpedo F5b, zehn Wabos, 1 – 2-cm-Vierlings-MK, je ein 2-cm-MK und 13-mm-MG, vier 86-mm-Raketenwerfer.

– Ein nicht typisiertes 8-Mann-Gleit-Schnellboot für den normalen 53,3-cm-Torpedo G 7a resp. e (SK 61). Es sollte bei 16,0 m Länge, 3,4 m Breite, 1,8 m Seitenhöhe und 1,2 m maximalem Tiefgang einen Fahrbereich von 300 sm bei 35 kn erreichen. Für das Dreiwellen-Boot war ein auf die Mittelwelle arbeitender 750-PS-Marsch- und Manövriermotor vorgesehen. Mit zwei auf die Außenwellen arbeitenden Motoren von je 1200 PS insgesamt also 3150 PS, sollten 47 kn mit und 50 kn ohne Torpedos erreicht werden. Die Bewaffnung: zwei 53,3-cm-Heck-TR, zwölf Wasserbomben, 2 – 2-cm-Drillings-MK und fünf 86-mm- Raketenwerfer (45).

Der Küstenminenleger Typ KM

Von Kriegsbeginn bis Ende 1941 erfolgte die Verminung der Ansteuerungswege zu den englischen Häfen mit der neuartigen, von Kriegsmarine und Luftwaffe gemeinsam entwickelten Magnetmine fast ausschließlich durch Flugzeuge. Insgesamt ein nicht ganz unbefriedigendes Verfahren, da

– die Genauigkeit des Abwurfs vielfach zu wünschen übrig ließ (z. T. fielen Minen sogar in Wattengebiete),

– die Flugzeuge von gestoppt liegenden Wachbooten gehört und beobachtet wurden, die dann umgehend Sicherungs- und Abwehrmaßnahmen einleiteten.

Um diese Nachteile zu vermeiden und die Tätigkeit der Luftwaffe zu unterstützen, beabsichtigte die Marine im Sommer 1941, einen kleinen, schnellen, für den Einsatz von holländischen, belgischen und französischen Kanalstützpunkten geeigneten Offensiv-Minenleger zu entwickeln. Als militärisch erforderlich wurden angesehen:

– Kleinste Abmessungen, um auch auf die engeren Küstenwege der Engländer möglichst unentdeckt operieren zu können,

– schnell, um in den kurzen zur Verfügung stehenden Nachtstunden zu den zu verseuchenden Gebieten hin und auch zeitgerecht zurücklaufen zu können, d. h. mindestens 24 kn,

– eine für das Einsatzgebiet ausreichende Seefähigkeit,

– Anordnung der Minenlager- und -wurfeinrichtung dergestalt, daß die Aufgabe der Fahrzeuge auch bei Entdeckung durch den Gegner äußerlich nicht erkennbar war,

– Nutzung zur Verfügung stehender 800-PS-BMW-Otto-Flugzeugmotoren als Antrieb,

– Bau von insgesamt 36 Booten. Fertigstellung ab Frühjahr 1942.

In Zusammenarbeit mit der Lürssen-Werft entwickelte Ministerialrat Dyckmann einen baulich wenig aufwendigen Schnellboot-Typ, für dessen Doppel-Diagonal-Kraweel-V-Spant-Bootskörper in starken Maße Mahagoni-Holzverschnitt verwandt werden konnte, der bei Serienbau der großen Schnellboote anfiel.

Die 15,95/15,22 m langen und 3,5/3,21 m breiten Boote (Abb. 72–73) hatten 1,85 m Seitenhöhe, einen maximalen Tiefgang von 1,1 m, eine Konstruktionsverdrängung von 16 t und eine Einsatzverdrängung von 19 t. Die Bewaffnung bestand zunächst aus einem, ab Herbst 1942 aus 2 – 15-mm-Luftwaffen-MG mit je 2000 Schuß, 4 Torpedominen Typ B (TMB) in zwischen den Motoren liegenden Leichtmetallschächten sowie einer Anzahl von Schreckbomben und Sprengbojen. Zum Legen der Minen konnten zwei im Boden befindliche Klappen, die die Minenschächte in Fahrt verschlossen, aufgeklappt werden.

Zwei nicht umsteuerbare, auf 550/650 PS gedrosselte BMW-6-V-12-Zylinder-Viertakt-Otto-Flugzeugmotoren auf zwei Propeller von 0,575 m Durchmesser sollten ohne Minen 30 bis 32 kn, mit Minen 24 kn ermöglichen. Bei 3,26 m^3 Otto-Kraftstoff betrug der Fahrbereich 280 sm bei 24 kn. Die E-Anlage bestand aus zwei an die Hauptmotoren angehängten Lichtmaschinen und vier Akkus.

Beide Hauptmaschinen waren nur für Fahrt voraus und mindestens 12 kn ausgelegt. Der Backbordmotor war starr mit der Propellerwelle verkuppelt, der Steuerbordmotor war auskuppelbar, um einen separaten 36-PS-Steudel-Otto-Motor zum Manövrieren im Hafen und für geringe Fahrtstufen bei geöffneten Bodenklappen auf die Steuerbordwelle schalten zu können. Die Besatzung bestand aus 8 Mann.

Insgesamt wurden 36 Boote, »KM 1-KM 36« bestellt:

– KM 1–4, 22, 37–36 bei Nordbjerg & Wedell A/S, Kopenhagen

– KM 5–7 bei der Roland-Werft, Bremen-Hemelingen

– KM 8–15 bei der Engelbrecht-Werft, Berlin-Köpenick

– KM 16–19 bei Kriegermann, Berlin-Pichelsdorf

– KM 20–21 bei der Reinicke-Werft, Berlin-Pichelsdorf

– KM 23–26 bei Robert Franz, Niederlehne

Abb. 72   KM-Boot (Archiv Groener)

Abb. 73   KM-Boot in voller Fahrt (Archiv Groener)

Durch Probleme mit der Motorenlieferung wurde die Fertigstellung der Boote um rund ein Jahr verzögert. Während des Baus brach der Rußland-Krieg aus und schon bald ergab sich, daß die im Westen unverändert stark engagierte Kriegsmarine einen erheblichen Mangel an schlagkräftigen Seestreitkräften hatte, um auch der in allen Seeräumen weit überlegenen sowjetischen Marine entgegentreten zu können. Das schnelle Vordringen der deutschen Heeresverbände und das dadurch bedingte Einbeziehen entfernter Seegebiete wie Finnenbusen und Schwarzmeer in das Kriegsgebiet legte den Gedanken nahe, zumindest einige der kleinen, schnellen und auch landtransportfähigen KM-Boote offensiv im Ostraum zu verwenden.

Im Rahmen einer deutsch-finnischen Vereinbarung, vor dem Zerschlagen des Leningrader Kessels die bereits im Süden des Ladogasees bei Schlüsselburg an den See stoßende Front durch vorherrschend finnische Verbände an die Ostseite des Sees vorzutreiben, um den Nachschub für Leningrad abzuschneiden, hatte das Oberkommando der Wehrmacht als deutsche Waffenhilfe die Verlegung einer Flottille schneller und gut bewaffneter, für den Seekrieg auf dem Ladoga-See geeigneter Boote zugesagt. Diese sollten die zahlreichen, artilleristisch gut bewaffneten sowjetischen Wachboote niederkämpfen, die den Seeweg Novaja-Ladoga in die Morje-Bucht sicherten.

Daraufhin erhielt die nach längerer Teilnahme am Ostseekrieg vorübergehend im Westraum verwandte, vorherrschend aus Fischereifahrzeugen (Kuttern usw.) bestehende, jetzt für den Einsatz im Finnenbusen vorgesehene 31. Minensuch-Flottille unter Korvettenkapitän der Reserve von Ramm die ersten fertigwerdenden KM-Boote zugeteilt mit dem Auftrag, diese Boote nach Fertigstellung kurzfristig zu erproben und frontreif zu machen und den See- und Landtransport der Boote zum Ladoga-See organisatorisch vorzubereiten.

Eine Entscheidung, die bei nüchterner Betrachtung eine Vielzahl gravierender Pro und Contra beinhaltete:

Für die vorgesehene Verwendung der Fahrzeuge sprach
– ihre Eignung zum Bahntransport Finnenbusen-Ladoga-See ohne aufwendige Zerlegungs- und Zusammenbauarbeiten,
– keine Notwendigkeit, Fahrzeuge von anderen Kriegsschauplätzen kurzfristig abzuziehen,
– das kurzfristige und rechtzeitige Zur-Verfügung-Stehen der Boote (Leningrad sollte Ende 1942 eingenommen werden),
– daß man kaum etwas besseres hatte...

Problematisch war jedoch
– die sofortige Einsatz-Verwendung eines völlig neuen, noch unerprobten Fahrzeugtyps weitab von gut ausgestatteten Werkstätten,
– die Verwendung eines als Offensiv-Minenleger konzipierten Fahrzeugs für die im Ladoga-See anfallenden Aufgaben:

a) Das eine 15-mm-MG war völlig unzureichend, um die russischen Wachboote auszuschalten. Auch die spätere Anbordgabe eines zweiten 15-mm-MG verbesserte die artilleristische Unterlegenheit gegenüber den 4- bis 7,6-cm-Geschützen der Russen nicht.

b) Die verwandten Grundminen unterschiedlicher Reaktion erforderten eine auf dem See kaum vorhandene Mindestwassertiefe von 10 m. Da der feindliche Nachschubverkehr sich weitgehend unter der Küste, d. h. auf geringer Wassertiefe, vollzog und die von den Russen verwandten Fahrzeuge (Prähme, Kähne, Schuten usw.) vorherrschend aus Holz gebaut waren, war selbst der Mineneinsatz von Anfang an fraglich. Hinzu kam, daß jeder Mineneinsatz grundsätzlich nur dann von Wert ist, wenn er unbeobachtet ausgeführt wird und bis zur Wirkung auch unerkannt bleibt. Auch hierfür ergaben sich nur ungünstige Perspektiven:

1. In den Sommermonaten, bis Ende August, sind die Nachtstunden in diesem Raum taghell. Höchstens für eine Stunde herrscht ein gewisser Dämmerzustand.

2. Durch die starken Motorengeräusche der Flugzeugmotoren waren die Boote
– nicht zuletzt auch von Beobachtern an der Küste
– auf Meilen zu hören.

3. Der Eigenschutz gegenüber Wachbooten, stärker noch gegen verfolgende Flugzeuge, war unzureichend.

4. Die äußerst primitiven Navigationsmittel. Da die Magnetkompasse wegen der E-Minen sehr unzuverlässig arbeiteten, war das Einsatzgebiet schon bei etwas unsichtigem Wetter schwer anzusteuern.

Die erheblichen Bedenken der Finnen, die flachgehende, für den Tag- und Nachteinsatz an dem Südufer des Sees geeignete, mit 4- bis 7,6-cm-Geschützen ausgerüstete Boote erwarteten und artilleristisch kaum bewaffnete, zum Legen von Magnetminen vorgesehene Boote erhalten sollten, die von vorn herein wenig Erfolg gegen die Holzschiffe des Gegners versprachen, wurden jedoch vom OKW (Oberkommando der Wehrmacht) genauso übergangen, wie die des Chefs der 31. Minensuch-Flottille. Es wurde schlicht darauf hingewiesen, daß im Hinblick auf den Landtransport keine besser geeigneten Fahrzeuge entsprechender Abmessungen vorhanden waren und außer den KM-Booten auch Siebel-Kampffähren der Luftwaffe sowie die 12. italienische MAS-Flottille mit Torpedo-Schnellbooten auf dem Ladoga-See operieren sollte.

Während der Einsatz der Luftwaffenfähren auf dem See einen durchaus realen Wert besitzen konnte, waren die mit 1 – 2-cm-MK und 2 – 45-cm-Torpedos bewaffneten MAS-Boote letztlich genauso wenig zweckentsprechend wie die KM-Boote: Da der russische Nachschubverkehr vorherrschend dicht unter der Küste, auf 4–5 m Wassertiefe lief, konnten die MAS kaum Torpedos schießen. Kurz: MAS- und KM-Boote besaßen auf dem See von vornherein mehr »fleet-in-being«- als Kampfwert...

Die Fertigstellung des ersten KM-Boots verzögerte sich von März bis Anfang Juni 1942. Schon die ersten Probefahrten zeigten dann ernste Mängel, die Änderungen erforderten:

– Der Bootskörper erwies sich als zu leicht gebaut. Starke Biegebeanspruchungen durch den im Bereich der Minenschächte fehlenden Kielverband, von den Motoren ausgelöste Erschütterungen des Hinterschiffs beim Laufen mit Minenladung und hoher Fahrt sowie die für neu entwickelte V-Spantboote oft charakteristischen Schäden am Bootskörper beim Laufen im Seegang führten zu Lockerungen der Beplankung und Undichtigkeiten von Bootskörper und Stopfbuchsen. Erst nach fast einjährigen Versuchen und Einbau von Verstärkungen gelang es, Festigkeit und Seegängigkeit der Boote in den Griff zu bekommen. Die Einsatzgrenze lag dann bei Beaufort 4 und See 2–3. Die Bodenklappen hielten jedoch nie dicht. Immer stand erhebliches Wasser im Minenraum.

– Da beide Hauptmotoren und Propeller linksgängig waren, krängten die Boote bei höheren Fahrtstufen. Sie ließen sich dann nur mit einer bestimmten permanenten Ruderlage auf Kurs halten.

– Höchstfahrt war wegen unzureichender Kühlung der Motoren nur kurzfristig, wenn unbedingt erforderlich, möglich. Darüber hinaus ließen sich die Boote – trotz Doppelruder – bei Höchstfahrt schlecht auf Kurs halten.

– Die Motoren-Wellenkupplungen zeigten sich außerordentlich anfällig, ein Mangel, der erst nach einjähriger Fahrtzeit behoben werden konnte.

– Der Steudel-Manövriermotor war als Bootsmotor unzuverlässig und mußte durch einen leistungsstarken 90-PS-Ford-V-8-Otto-Motor ersetzt werden. Neben einwandfreier Funktion verbesserte die größere Leistung dieses Motors dann aber auch Manövriereigenschaften und Marschfahrtstufe.

– Minen- und MG-Bewaffnung waren erst nach wochenlangen Verbesserungen ausgereift.

Während der Führer der Torpedoboote, Kapitän zur See Bütow, noch im Juni 1942, nach Teilnahme an einer der ersten Probefahrten, erklärte, daß eine Verwendung der Boote im Kanal und der Themsemündung wegen mangelnder Eignung nicht in Frage komme und die Flugzeugmotoren in den Kleinbooten wohl erst nach längeren Versuchen und Erfahrungen frontreif werden würden, lehnte das Führerhauptquartier den vom OKM unterstützten Vorschlag des Chefs der 31. Minensuch-Flottille ab, die keineswegs frontreifen Boote wegen des 24-Stunden-Tageslichts auf dem Ladoga-See erst Mitte August zu verschiffen und zwischenzeitlich die Hauptmängel abzustellen, d. h.

– die Leckagen des Bootskörper,
– die Durchbiegung des Rumpfes bei Minenladung,
– das Durchbrennen der Kupplungen,
– die Schwierigkeiten bei der Schaltung des Hauptmotors.

Trotz aller Bedenken wurden am 19. 6. 1942 vier der ursprünglich vorgesehenen sechs Boote (»KM 3«, »KM 4«, »KM 8«, »KM 22«), die z. T. nicht einsatzfähig bzw. von der letzten Versuchsfahrt beschädigt zurückgekehrt waren, in Kiel auf den Dampfer SÜDERAU (1453 BRT) verladen und zum Finnenbusen transportiert. Nach dem Durchlaufen von Saima-Kanal bzw. -See auf eigenem Kiel wurden die Boote mittels spezieller Ladeschlitten über eine primitive Aufschleppe auf Eisenbahnwaggons gebracht, ca. 30 km über Land transportiert und in Lahdenpohja mit Hilfe einer Ablaufbühne wieder zu Wasser gebracht. Als die als C-Gruppe der 31. Minensuch-Flottille bezeichneten, unter Führung von Oberleutnant zur See Reymann stehenden Boote am 7. 7. 1942 auf dem See eintrafen, begann für die in Zeltlagern untergebrachten, immer wieder von russischen Flugzeugen angegriffenen Besatzungen eine Zeit ununterbrochener Reparaturen (Aus-, Ein- und Umbauten, Verbesserung und Einbau von Verstärkungen, Aufschleppen zum Abdichten, Klarmachen der Bewaffnung usw. In der kurzen, steilen See des Ladoga-Sees setzten die Boote ab Wind 3 so hart ein, daß selbst die Bodenklappen verbogen. Da auf dem See nur ein sehr kleiner Werftbetrieb in Sortavala zur Verfügung stand, war ein wochenlanger Pendelverkehr mit einer von der Luftflotte I zur Verfügung gestellten Ju 52 erforderlich, um Ersatzteile und Spezialisten zwischen Kiel und Lahdenpohja hin- und herzubringen. Immerhin gelang es dann aber auch aufgrund dieser Umstände, eine Weisung zu erreichen, daß die beiden restlichen für den Ladoga-See vorgesehenen Boote erst nach dem Nachweis völliger Frontreife verschifft werden sollten. Mitte August 1942 waren

Abb. 74 KM-Boot nach Ausrüstung mit Torpedorohren als KS-Boot (Archiv Groener)

die vier auf dem Ladoga-See befindlichen Boote dann einsatzbereit.

Wegen der geringen Eignung als Minenleger wurde dann ein erheblicher Teil der Boote als »Küsten-Schnellboot« umarmiert und erhielt 2–45-cm-Leichtmetall-Heck-TR und 1–2-cm-MK als Bewaffnung (Abb. 74).

Einige Boote wurden 1944 auf dem Peipus-See eingesetzt, andere vorübergehend an die kroatische Marine und die Organisation Todt abgegeben.

Die aus dem Ostraum zurückgeführten Boote der 31. Minensuch-Flottille (»KM 3«, »KM 4«, »KM 19«, »KM 22«, »KM 29«) wurden im November 1944 in Swinemünde außer Dienst gestellt. Eine Anfrage des Heeres, ob die Marine drei KM- und sechs KS-Boote mit Mannschaften zur Unterstützung des Heeres auf den beiden Haffs und den Masurischen Seen zur Verfügung stellen könne, wurde von der Marine im Hinblick auf den Zustand der Boote abgelehnt. Sie gerieten später – ebenso wie einige Boote auf der Donau – im Kriegsverlauf in russische Hand (2, 46, 49).

Deutsche Tragflügelboote

Vorläufer

Die Überlegung, die Widerstands- und See-Eigenschaften eines kleinen, schnellen Wasserfahrzeugs durch dynamische Auftriebskräfte zu verbessern, hatte vom Verdrängungs- zum Gleitboot geführt. Die radikalere Idee, den Bootskörper bei entsprechender Geschwindigkeit durch den an separaten Unterwassertragflügeln entstehenden dynamischen Auftrieb völlig aus dem Wasser herauszuheben, lag nahe. Da die Dichte des Wassers die der Luft um das 800fache übertrifft und der Auftrieb von Tragflügeln der Dichte des Mediums proportional ist, können die Tragflügel – im Vergleich zu Luftfahrzeugen – relativ klein gehalten werden. Der Vorteil des Tragflügelboots ist generell der gegenüber dem Verdrängungs- und Gleitboot wesentlich geringere Wasserwiderstand und – bei entsprechender Technik – eine Verbesserung der Seefähigkeit.

Die Idee als solche reicht weit zurück:
- 1891 führte Graf de Lambert, ein gebürtiger Franzose mit russischer Staatsangehörigkeit, das erste, mit vier querschiffs unter Wasser angeordneten Tragflügeln versehene Fahrzeug vor.
- 1898 stellte der Italiener Enrico Forlanini Versuche mit leiterförmig übereinander angeordneten Tragflügeln an, 1906 erreichte er mit einem 1,65-t-Boot und einem 75-PS-Motor rd. 38 kn. Ähnliche Erfolge erzielten die Italiener Crocco und Ricaldoni mit V-förmigen Tragflügeln.
- 1907 baute der Amerikaner H. C. Richardson ein mit Tragflügeln versehenes Kanu.
- 1908 versuchte der Italiener Guidoni Wasserflugzeuge zur Starthilfe mit Unterwasser-Tragflügeln zu versehen und auch die Gebrüder Wright experimentierten mit einem mit Tragflügeln versehenen Auslegerboot, ehe sie den Entschluß faßten, gleich ganz in die Luft zu gehen.
- 1909 experimentierten die Amerikaner Graham Bell – einer der Erfinder des Telephons – und Cassin Baldwin.
- 1911 baute der Amerikaner H. C. Richardson mit dem Engländer J. S. White das erste Tragflügelboot der US-Navy mit verstellbaren, vollgetauchten Tragflügeln.
- Bis zum Jahre 1919 entwickelten Bell und Baldwin nacheinander vier Tragflügelboote, die sie »Hydronome« nannten. Mit dem letzten kamen sie mit 2×350-PS-Flugzeugmotoren auf über 60 kn, doch wurde man sich auch zunehmend über die Probleme klar, wie u. a. der sehr große Tiefgang des Bootes im Ruhezustand, die Stabilitätsschwierigkeiten im Seegang, die Lufteinbruch- (Aerations-) und Kavitationsprobleme an den Tragflügeln usw. Diese führten zunächst zu einer gewissen Stagnation. Erst in den endzwanziger/anfangdreißiger Jahren nahmen die beiden Deutschen Dr. Tietjens und Freiherr von Schertel – unabhängig voneinander – die Arbeiten wieder auf.

Der 1932/35 in den USA arbeitende Dr. Tietjens brachte 1932 ein 6-m-Boot von 240 kg Gewicht auf dem Delaware River mit einem 5-PS-Motor auf 22 kn. Nach Deutschland zurückgekehrt, erreichte er 1939 mit einem 330 kg schweren 5,5-m-Boot und einem 10-PS-Motor 25 kn mit zwei Personen und 28 kn mit einer Person als Zuladung. Ein weiteres 10-m-Versuchsboot von 2 t Gewicht erreichte 1941/42 mit einem 65-PS-Motor 32 kn.

Kennzeichen der Tietjens-Boote war die etwa unter dem Gewichtsschwerpunkt des Bootes liegende bogen- oder V-förmige Haupttragfläche, während der hintere, auf der Mittschiffslinie angeordnete kleinere Tragflügel als Stützfläche und Höhenruder ausgebildet war.

Im Gegensatz dazu sah das Tragflügelsystem des Freiherrn von Schertel zwei meist V-förmig ausgebildete Tragflügel vorn und hinten vor. Der vordere Tragflügel nahm 50–75% des Bootsgewichts auf und war zur Erhöhung der Längs- und Querstabilität an den über Wasser herausragenden Enden verbreitert.

Schertels Arbeiten begannen 1927 und führten 1936 mit der Erprobung des achten in dieser Zeitspanne gebauten Versuchsboots zum Erfolg: Das 50-PS-Boot erreichte bei ausgedehnten Erprobungsfahrten auf dem Rhein mit fünf Personen an Bord rd. 29 kn. An einer dieser frühen Versuchsfahrten nahm auch der spätere Marineoberbaudirektor Prof. Burckhardt teil, womit der erste halboffizielle Kontakt zur deutschen Marine hergestellt war.

Ab 1937 entschloß sich Schertel, im Zuge der Weiterentwicklung seiner Erfindung mit der Firma Gebrüder Sachsenberg AG in Roßlau/Elbe, deren Chef im Ersten Weltkrieg erfolgreicher Seeflieger im Raum Flandern gewesen war, zusammenzuarbeiten, die dann nach und nach einen Stab qualifizierter Mitarbeiter heranzog. Die 1936/37 von Gotthard Sachsenberg für die Weiterentwicklung der Tragflügelidee des Freiherrn von Schertel gebildete, sich mit fortschreitenden Arbeiten immer mehr vergrößernde Gruppe von Wissenschaftlern und Ingenieuren stand unter Leitung von Prof. Dr. Ing. Weinblum. Ihr gehörten u. a. an Dipl. Ing. Schuster, der mit Weinblum die Theorie und die Hydrodynamik von Tragflügelbooten bearbeitete, Dipl. Ing. F. Weiß für die Statik der Tragflügel, Dipl. Ing. Schattè für Propulsions- und Propellerfragen sowie die in der Konstruktion tätigen Herren K. Büller, E. Eglin, W. Graf, H. Künzel, H. Rader, K. Wendel usw. Bereits 1938 wurde als erste Schertel-Sachsenberg-Konstruktion in Wiesbaden ein 9,5 m langes 2,8-t-Passagierboot (SK 62) vorgestellt, das mit 150 PS 40 kn erreichte und bis 1945 im Einsatz war.

Aufgrund fortschreitender Erkenntnisse auf dem Gebiet der Hydrodynamik und der schnell zunehmenden Entwicklung leichter und leistungsstarker Schnelläufer-Diesel, gefördert aber auch durch das wachsende In-

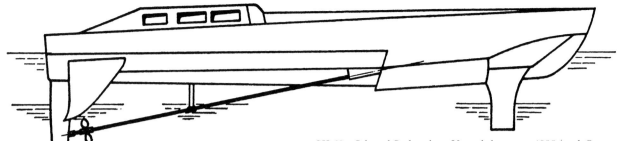

SK 62   Schertel-Sachsenberg-Versuchsboot von 1938 (nach Supramar)

teresse des Oberkommandos der deutschen Marine, kamen die wissenschaftlichen Grundlagenarbeiten schnell voran. Neben drei 1938 an die Lürssen-Werft erteilten Aufträgen für die Versuchsboote »VS 1–VS 3«, für die keine Daten mehr vorliegen, entschloß sich die Kriegsmarine, der Sachsenberg-Werft den Auftrag für ein 100-t-Leichtmetall-Tragflügelboot nach dem System Schertel-Sachsenberg zu erteilen (»VS 4«). Im Hinblick auf die lange Entwicklungszeit eines derartigen Großfahrzeugs und die durch die schnelle Aufrüstung prekäre Motorenlage wurde dieser Auftrag dann jedoch bald nach Kriegsausbruch storniert.

Ein von der Sachsenbergwerft dem OKM vorgeschlagenes, wesentlich kleineres Tragflügelboot, das als einsetzbares Torpedo-Schnellboot auf Hilfskreuzern verwandt werden könnte, wurde noch unter Hinweis auf die beschränkten Platzverhältnisse an Bord dieser Schiffe abgelehnt. Eine nicht ganz überzeugende Begründung, da fast gleichzeitig die Entwicklung der LS-Boote für eben diesen Zweck wiederaufgenommen wurde... (2, 50, 51).

Die deutschen Kriegsarbeiten

Die Arbeiten von Schertel/Sachsenberg

Realisierte Fahrzeuge

Im Sommer 1940 wurden dann der Sachsenberg-Werft 36 kleine Tragflügelboote von 3,8 t Verdrängung in Auftrag gegeben, die, paarweise operierend, zur Überwachung der gerade in den deutschen Machtbereich gekommenen norwegischen Fjorde dienen sollten. Auf Veranlassung der Seekriegsleitung wurde dieser Auftrag dann jedoch auf sechs Boote, »TS 1–TS 6«, reduziert.

Die ersten fünf, in den Jahren 1941/43 fertiggestellten Boote (SK 63, Abb. 75) wurden während des Baus etwas größer als vorgesehen und verdrängten letztlich 4,9 t leer und 6,3 t beladen. Die aus Stahl gefertigten V-Spant-Stufen-Gleitbootskörper waren 11,96 m lang und 2,7 m breit (über Tragflügel 3,83 m). Im Ruhezustand gingen die Boote 1,7 m, in der Schwebefahrt 0,85 m tief. Als Antrieb diente ein 400/450-PS-Lorrain-Dietrich-Otto-Motor, der dem Boote im Schwebezustand bei 2000 Upm 40 kn vermittelte. Als Fahrbereich werden 300 sm bei 40 kn angegeben. Die Bewaffnung bestand aus einem 15-mm-Luftwaffen-MG in Drehkranzlafette mit Plexiglashaube hinter dem Steuerstand. Die Besatzung umfaßte 4 Mann. Die bei den Probefahrten noch unzureichende Querstabilität des ersten Bootes konnte zwar durch Verändern der Tragflügelform schnell verbessert werden, doch blieben Mängel wie die auf Beaufort 3 beschränkte Seefähigkeit, Kentergefahr bei Hartruderlage und hoher Fahrtstufe usw., die sie für die vorgesehenen Aufgaben wenig geeignet erschienen ließ. Sie wurden später für Polizeizwecke verwandt (2, 44, 47, 48, 52).

Das letzte Boot, »TS 6«, konnte bis Kriegsende nicht mehr fertiggestellt werden: Um die Schwingungs- und Widerstandsprobleme der langen, schrägen Propellerwelle und der zugehörigen Stützen zu reduzieren, hatte das OKM der Sachsenberg-Werft den Auftrag erteilt, dieses Boot umzukonstruieren und ein Kegelrad-Z-Getriebe nach Art der Außenbordmotoren für die Übertragung der Antriebsleistung auf den Vortrieb zu entwickeln (SK 64). Aufgrund der für ein derartiges Getriebe seinerzeit außergewöhnlich hohen Motorleistung traten bei der praktischen Realisierung technische Schwierigkeiten auf, und der Entwicklungsauftrag konnte bis zum Kriegsende nicht mehr rechtzeitig zum Abschluß gebracht werden. Das auf der Bauwerft von den Russen erbeutete Boot wurde nach den Kriege unter russischer Aufsicht fertiggestellt und anschließend auf die Wolga verlegt.

SK 63   Tragflügel-Klein-Schnellboote
»TS 1–TS 5« (nach 48)

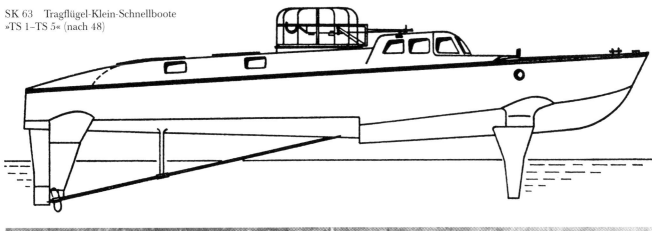

Abb. 75   Tragflügelboote »TS 1–5« (aus 47)

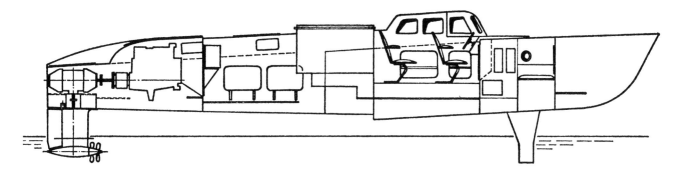

SK 64   Tragflügel-Klein-Schnellboot »TS 6«
(nach 48)

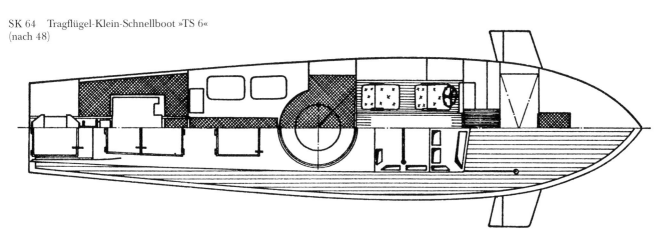

SK 65   Tragflügel-Versuchs-Schnellboot
»VS 6« (nach 48)

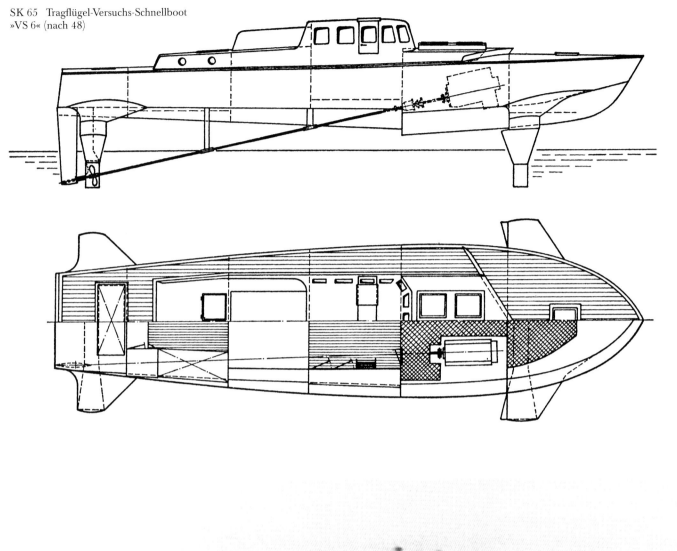

Abb. 76   Tragflügelboot »VS 6« (Verfasser)

DEUTSCHE TRAGFLÜGELBOOTE 127

Während die genannten Boote von Anfang an als »TS«, d. h. Tragflügel-Schnellboote, klassifiziert wurden, erhielten alle folgenden Boote wieder die Bezeichnung »VS«, d. h. Versuchs-Schnellboot. Nach den oben erwähnten »VS 1–VS 4« ging der Auftrag für »VS 5« an die Deschimag in Bremen (s. Abschnitt 5.624).

Ende 1940 erhielt die Sachsenberg-Werft den Auftrag zum Bau des Tragflügel-Versuchs-Schnellboots »VS 6« (SK 65, Abb. 76), ein schneller Minenleger, der primär als Vergleichsboot zu den in Bau befindlichen, als Gleitboote ausgeführten KM-Booten (s. Abschnitt 5.5.) dienen sollte. Das 15,74/15,37 m lange Boot war im Rumpf 4,06 und über die Tragflügel 5,27 m breit. Der Tiefgang betrug im Ruhezustand 2,3 m und im Schwebezustand 0,96 m, die Verdrängung 13,8 t leer und 16 t beladen. Zwei 600/720-PS-Avia-V-36-Otto-Motoren auf zwei Wellen und Propeller von 0,56 m Durchmesser ermöglichten 47/48,5 kn. Der Fahrbereich – mutmaßlich bei Vollast – wird mit 300 sm angegeben. Als Bewaffnung waren eine 2-cm-MK in Drehkranzlafette mit Plexiglaskuppel und vier TMB-Minen in Abteilung III vorgesehen, doch scheint diese niemals an Bord gewesen zu sein, da das Boot praktisch laufend der Erprobung unterschiedlicher Möglichkeiten und Konstruktionen diente. Die Besatzung umfaßte 4 Mann.

Schon bei den ersten See-Erprobungen in der Ostsee stellte sich heraus, daß man beim Bau des stählernen Knickspant-Stufengleit-Bootskörpers im Hinblick auf die gerade bei derartigen Fahrzeugen dringende Gewichtsersparnis zum Teil zu geringe Materialstärken gewählt hatte. Diese genügten zwar durchaus den rechnerischen Festigkeitsbeanspruchungen, nicht jedoch – mangels ausreichender Erfahrungen – den unter ungünstigen Wetterbedingungen auftretenden Belastungen: Beim Durchfahren einer hohen See wurde der Bootskörper im Vorschiffbereich eingedrückt. Mit einem entsprechend verstärkten und zum besseren Einsetzen schlanker ausgebildeten Vorschiff versehen diente das Fahrzeug dann bis zum Kriegsende eingehenden Versuchen mit unterschiedlichen Tragflügelformen. Seine Seeverwendbarkeit reichte bis See 4 (2, 47, 48, 52).

Im Herbst 1941 wurden der Sachsenberg-Werft unter der Bezeichnung »VS 8–VS 9« zwei Groß-Tragflügel-Versuchs-Schnellboote in Auftrag gegeben, die als Nachschubfahrzeuge für das deutsche Afrikakorps dienen sollten. Aufgrund der horrenden Verluste der deutsch-italienischen Mittelmeer-Geleitzüge und der zunehmenden Versorgungsschwierigkeiten der in der Cyrenaika kämpfenden Verbände hatte der General der Pioniere Schell die Vorstellung eines Schnelltransporters entwickelt, der als Einzelfahrer in einer Nacht von Süditalien nach Nordafrika und zurück laufen und jeweils einen Panzer von 26 t Gewicht mit ausreichendem Kraftstoffvorrat oder andere Nachschubgüter transportieren konnte. Kennzeichen eines derartigen Fahrzeugs mußten also eine entsprechende Ladekapazität, ein ausreichender Schutz gegen Luftangriffe (Jabos) und eine der Aufgabe angemessene Geschwindigkeit sein. Gefordert war ein Spezialtransporter mit Schnellboot-Charakter, wie ihn z. B. auch die Engländer für den England-Schweden-Einsatz entwickelt und im Einsatz hatten. So wurde der Auftrag auch zunächst vom Heer vergeben, dann aber am 13.8.1941 von der Marine übernommen.

Das vom Harburger Betrieb der Sachsenberg-Werft unter Leitung von Dipl.Ing. Eglin gebaute erste Boot, »VS 8 (nach seinem »geistigen Vater« auch »Schell 1« genannt), war ein Ganz-Leichtmetall-Knickspant-Stufengleitboot (SK 66, Abb. 77–78). Die technischen Daten lauteten: Länge 31,90 m, Rumpfbreite 8,0 m, Breite über Tragflügel 10,62 m, Tiefgang in Ruhe 4,25 m, Tiefgang im Schwebezustand 2,00 m, Leergewicht 70 t, Zuladung 28 t, Einsatzverdrängung 98 t, Antrieb durch 2×2500-PS-Daimler-Benz-20-Zylinder-V-Viertakt-MB-501-Diesel (vorgesehen waren MB-511-Diesel, die mit Aufladung auf 2500 PS kamen) mit Rädergetriebe 1:9 auf zwei Wellen und zwei Propeller von 0,58 m Durchmesser für 41 kn Dauer- und 45 kn Kurzhöchstgeschwindigkeit, Fahrbereich 200 sm bei 45 kn, Bewaffnung 4–15-mm-Luftwaffen-MG in Drehkranzlafetten mit Plexiglaskuppel, Besatzung 22 Mann. Das erste Boot, »VS 8«, stand erst im August 1943 zu Probefahrten bereit und kam daher, nachdem Nordafrika bereits im Mai 1943 aufgegeben worden war, für den vorgesehenen Einsatz zu spät. Bei ausgedehnten Erprobungen auf der Unterelbe und im Nord-/Ostseebereich stellte sich heraus, daß »VS 8«

– erheblich schwerer geworden war, als vorgesehen,
– bei einer Verdrängung von 70–75 t nur 41 kn lief, da statt der vorgesehenen 2×2500-PS-MB-511-Diesel nur 2×2000-PS-MB-501-Diesel zur Verfügung standen.

SK 66   Tragflügel-Versuchs-Schnellboot »VS 8« (nach 48)

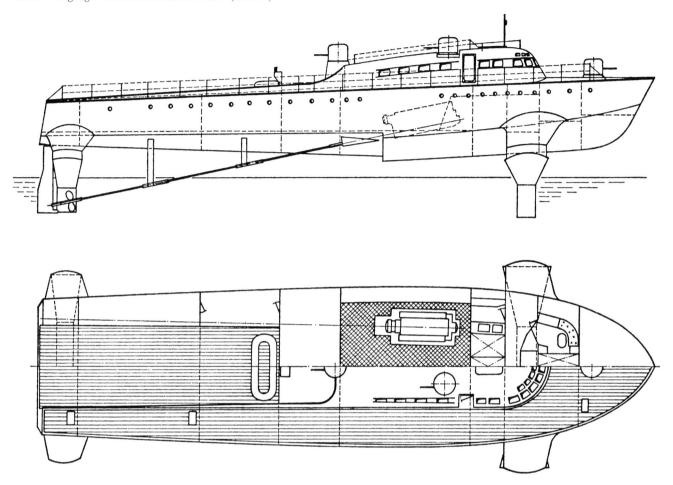

Mit den aufgeladenen Motoren wären die 45 kn sicher erreicht worden.

– Bei Seegang von 1,8 m Höhe und 40–45 m Wellenlänge noch mit 37 kn gegen die See gelaufen werden konnte,

– trotz Verwendung bewährter seewasserbeständiger Leichtmetall-Legierungen im Bereich des von den vorderen Tragflügeln erzeugten Spritzwassers erhebliche Korrosionserscheinungen am Bootskörper auftraten, die mit den üblichen Konservierungsmitteln auch nicht zu beheben waren.

Im September 1944 lief das Boot im Sturm infolge einer Verkettung widriger Umstände vor Hela auf Grund und mußte aufgegeben werden.

Das zweite Fahrzeug dieses Typs, »VS 9« resp. SCHELL II, das, wie »VS 6«, statt der langen, schrägen Propellerwelle einen Kegelrad-Z-Vortrieb erhalten sollte, blieb als Entwurf liegen. (2, 47, 48, 52)

War »VS 8« primär beeindruckend durch Bootsgröße und Leistungsdaten, so repräsentierte das 1942 vom OKM in Auftrag gegebene, ebenfalls beim Harburger Betrieb der Sachsenberg-Werft gebaute Tragflügel-Versuchs-Torpedo-Schnellboot »VS 10« (SK 67) einen Fahrzeugtyp, der selbst heute noch Beachtung finden würde. Die technischen Daten dieses Bootes lauteten: Länge 25,6/23,3 m, Rumpfbreite 6,37 m, Breite über Tragflügel 8,0 m, Seitenhöhe 3,35 m, Ruhetiefgang 3,3 m, Tiefgang im Schwebezustand 0,82 m, Konstruktionsverdrängung 46 t, Antrieb durch vier 1500-PS-Isotta-Fraschini-ASM-185-Otto-Motoren, davon je zwei Motoren auf eine Welle mit einem Propeller von 0,44 m Durchmesser arbeitend, 58 kn Konstruktionsgeschwindigkeit, Fahrbereich 300 sm bei 55 kn, Bewaffnung 6–15-mm-Luftwaffen-MG in Drehkranzlafetten mit Plexiglashaube und 2 – 45-cm- bzw. u. U. auch 53,3-cm-Torpedorohre, Besatzung 19 Mann. Einige Tage vor der ersten Probefahrt wurde das Boot dann im Jahre 1944 auf der Bauwerft durch einen alliierten Bombenabwurf zerstört (2, 47, 48, 52). Ein weiteres Boot dieses Typs war als »VS 14« geplant, sollte aber erst nach Vorliegen der Erfahrungen mit dem Vorlaufboot »VS 10« in Bau gegeben werden.

Drei weitere Geräte, die am 17. 3. 1942 georderten »VS 11–13« (SK 68, 69) waren ferngesteuerte Tragflügel-Sprengboote von 8,5 m Länge und 3 t Verdrängung, die mit einem 600/720-PS-Avia-Hispano-Suiza-Motor bis zu 60 kn laufen sollten. Da bereits mit dem ersten Gerät bei 50 kn Instabilität festgestellt wurde, unterblieben die ferngesteuerten Hochgeschwindigkeitsversuche.

Abb. 77   Tragflügelboot »VS 8« (Archiv Sachsenberg)

Abb. 78   Tragflügelboot »VS 8« (Archiv Sachsenberg)

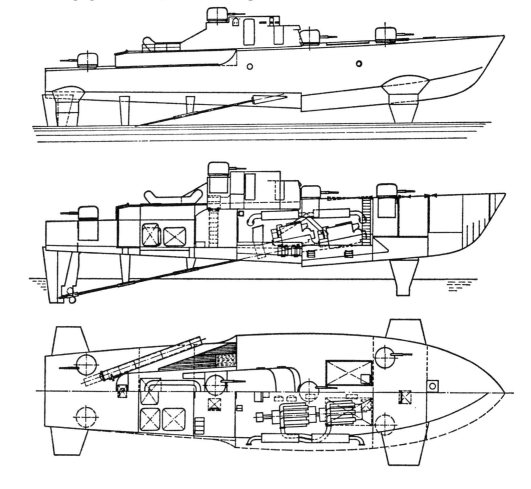

SK 67   Tragflügel-Versuchs-Schnellboot »VS 10« (nach 48)

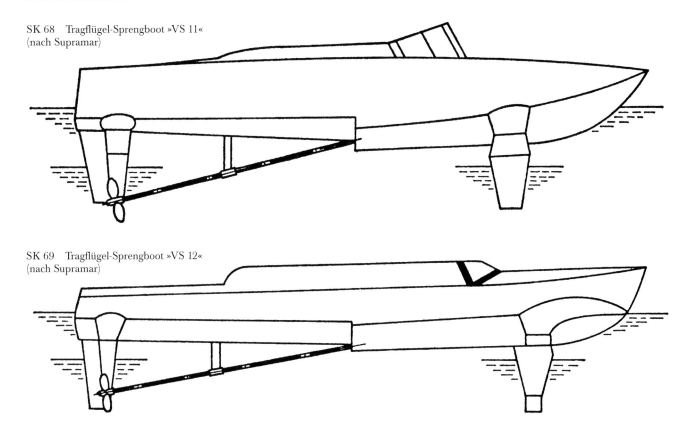

SK 68   Tragflügel-Sprengboot »VS 11«
(nach Supramar)

SK 69   Tragflügel-Sprengboot »VS 12«
(nach Supramar)

Nicht realisierte Projekte

Über die genannten Arbeiten hinaus beschäftigte sich die Gebr. Sachsenberg AG in Dessau-Roßlau mit einigen nicht realisierten, dafür aber technisch höchst bemerkenswerten Projekten, deren Originalzeichnungen der geistige Vater des deutschen Tragflügelbootbaus, Freiherr von Schertel, dem Verfasser 1975 freundlicherweise zur Auswertung und Veröffentlichung zur Verfügung stellte:

1. Unter dem Arbeitstitel »Serienreifmachung VS 6« lief im August/September 1944 das Projekt eines kleinen Drei-Mann-Tragflügel-Schnellboots mit hochklappbaren Tragflügeln, das aufgrund kleiner Abmessungen und einfachster Konstruktion mit höchst rationellen Baumethoden für eine materialsparende und kostengünstige Serienproduktion geeignet war. Das Gerät sollte einen Bootskörper kleinsten Durchmessers mit zylindrischem Hinter- und Mittel- sowie einem stark gekielten Vorschiff erhalten und von geeigneten Stahlbau- und sonstigen Firmen in vier als Schweißkonstruktion ausgeführten Sektionen gebaut werden, die, einschließlich Kabel, Rohrleitungen usw. alle Einrichtungsteile enthielten und an der Montagestelle nur zusammengeschraubt werden mußten. Nach Hochklappen der Tragflügel und Anbringen von Rädern sollte ein Überlandtransport im Schlepp von Kraftfahrzeugen möglich sein. Italienische Isotta-Fraschini-ASM-184-C-Otto-Motoren von 1500 PS sollten ohne Kardangelenk auf eine Welle arbeiten. Im Verlaufe dieser Planungsarbeiten entstanden zwei unterschiedliche Entwurfsskizzen:

a) Ein Fahrzeug (SK 70) mit 2 – 45-cm-Heck-Torpedorohren, Torpedozielgerät und 2000 Liter Kraftstoff, das eine Rumpflänge von 16,4 m und eine Breite von 2,27 m erhalten sollte. Weitere technische Daten liegen nicht mehr vor.

b) Ein prinzipiell daraus abgeleiteter, als Kleinkampfmittel-Leitboot bezeichneter, aus fünf Sektionen bestehender Entwurf von 18,3 m Länge über alles, 17,0 m Rumpflänge, 1,9 m Breite auf Spanten, 6,0 m Breite über Tragflügel, 3,3 m Tiefgang im Schwimmzustand mit heruntergeklappten Tragflügeln, 1,5 m Tiefgang bei hochgeklappten Tragflügeln, 1,3 m Tiefgang und 1,0 m »Bodenfreiheit« an Unterkante Stufe für Schwebefahrt in glattem Wasser, 1500-PS-Isotta-Fraschini-ASM-184-C-Otto-Motor für 50 kn Schwe-

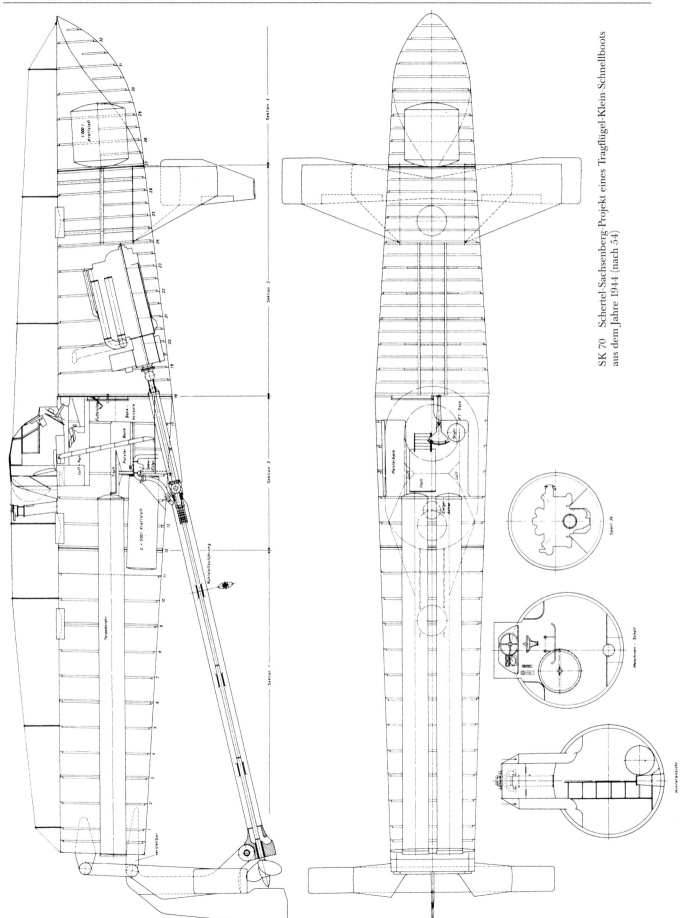

SK 70 Schertel-Sachsenberg-Projekt eines Tragflügel-Klein-Schnellboots aus dem Jahre 1944 (nach 54)

SK 71 Schertel-Sachsenberg-Projekt eines Tragflügel-Kleinkampfmittel-Leitboots vom Herbst 1944 (nach 54)

2. Unter dem Begriff »Tauchfähiges Tragflächen-Schnellboot« wurden auf Forderung des OKM zu verschiedenen Zeiten vier unterschiedliche Projekte bearbeitet, die vom Ein-Mann- bis zum 120-t-Boot reichten. Der Konzeption lag der Gedanke zugrunde, sich dem Feind mit hoher Geschwindigkeit in Schwebefahrt zu nähern und dann, in genügender Entfernung, in Sekunden schnell zu tauchen. Die Tauchung sollte durch Verstellen der Tragflügel auf einen negativen Anstellwinkel, d. h. durch das Erzeugen eines Abtriebs, erfolgen, der auch später, nach dem Wegtauchen, das Fahrzeug dynamisch unter Wasser hielt, solange eine hierfür ausreichende Geschwindigkeit vorhanden war. Die Motoren sollten entweder durch Schnorchel mit Verbrennungsluft versorgt werden,

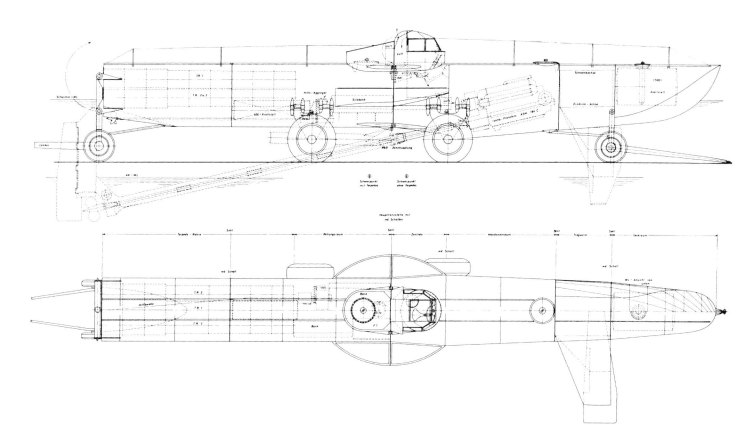

befahrt, Fahrbereich ca. 400 sm bei 1900 Liter Kraftstoff, Bewaffnung 3 – 45-cm-Heck-Torpedorohre. Als Hilfsantrieb für das Manövrieren im Schwimmzustand war u. a. ein VW-Motor eingeplant. SK 71 zeigt das mit wasserdichten Querschotten versehene Gerät nach dem Projektzustand von 3. 9. 1944 einschließlich der Landtransporteinrichtung.

oder es mußte rechtzeitig auf Elektromotoren umgeschaltet werden. Darüber hinaus wurden auch Kreislaufbetrieb und Walter-Turbine in Erwägung gezogen. Durch das Fluten eines Tauchtanks sollte auch ein alternatives Angriffsverfahren ermöglicht werden: Das Boot legte sich in entsprechendem Abstand vor der Küste auf Grund und lief, bei Annäherung

SK 72 Schertel-Sachsenberg-Projekt eines tauchfähigen 65-t-Tragflügel-Schnellboots
aus dem Jahre 1940 (nach 54)

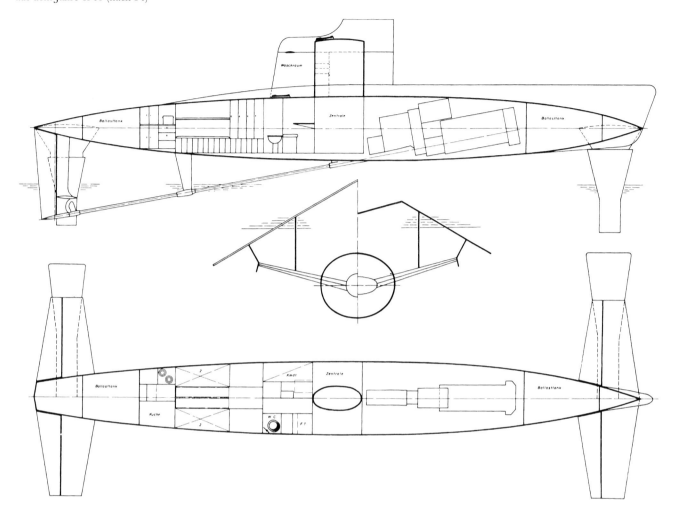

des Gegners, mit hoher Fahrt zum Torpedoschuß an (s. auch die Wendel-Überlegungen in Abschnitt 5.623).

Einzeln aufgeführt entstanden die folgenden Projekte:

a) Ein nach dem Zeichnungsdatum (23.4.1940) schon bald nach Kriegsausbruch entwickeltes, nur noch als, grobe Projektskizze vorhandenes tauchfähiges 65-t-Boot (SK 72). Die technischen Daten: Länge 22,5 m, Breite 2,7 m, Verdrängung 65 t, Leistung 3100 PS, Geschwindigkeit bei Schwebefahrt 43 kn.

b) Ein nach Zeichnungsdatum (1.9.1941) bereits in den ersten Kriegsjahren angefertigtes Projekt eines tauchfähigen 105-t-Tragflügel-Schnellboots, das, fast symptomatisch für den Kriegsverlauf, im Gegensatz zu dem 1944 bearbeiteten Projekt d) von der Gesamtkonzeption noch für das Vorherrschen des Überwasser-Einsatzes konzipiert war. Als technische Daten sind Länge 23,5 m, Breite 6,0 m, Leistung 5000 PS (zwei MB 511-Diesel), Geschwindigkeit bei Schwebefahrt ca. 42 kn angegeben. Die Bewaffnung sollte aus einem 2-cm-Vierling und zwei Torpedorohren bestehen (SK 73).

c) Im Jahre 1942 entstand aus Eigenüberlegungen des Freiherrn von Schertel das Projekt eines tauchfähigen Ein-Mann-Tragflügel-Torpedo-Schnellboots von 12 m Länge, und 1,0 m Breite, das bei 4,5 t Eigen- und einem Torpedogewicht von 1,5 t mit 400 PS bei Überwasser-Schwebefahrt 40 kn laufen sollte. Bei der Unterwasserfahrt sollte bei einem Restauftrieb von 0,6 t über kurze Strecke mit einem 200-PS-E-Motor gelaufen werden. Leider liegen von diesem interessanten, in der Formgebung des Bootskörpers dem frühen Whitehead-Torpedo ähnlichen Fahrzeug nur noch recht unvollständige Entwurfsskizzen vor (SK 74).

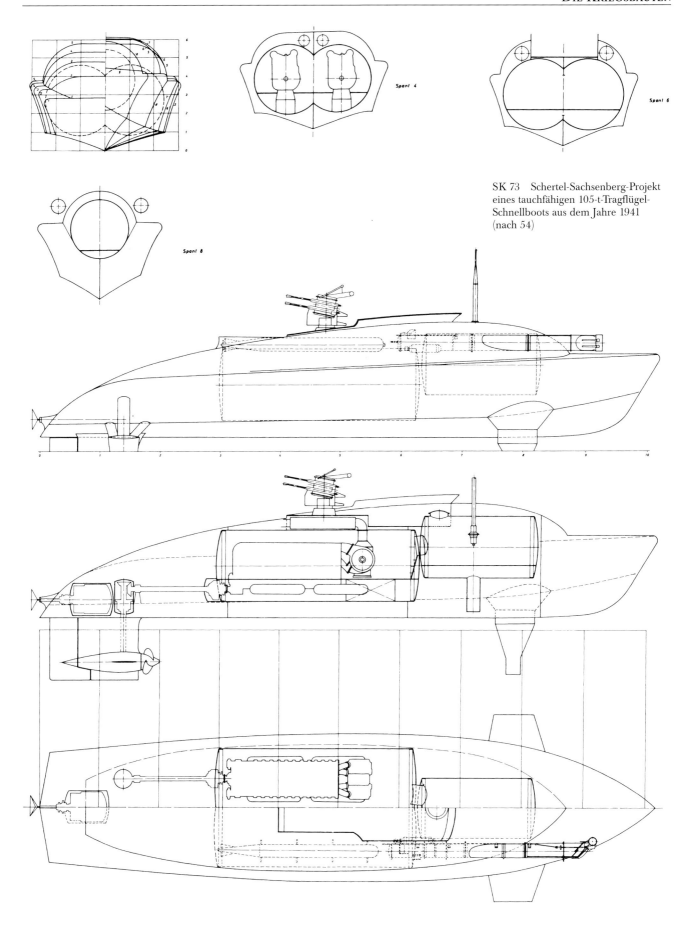

SK 73 Schertel-Sachsenberg-Projekt eines tauchfähigen 105-t-Tragflügel-Schnellboots aus dem Jahre 1941 (nach 54)

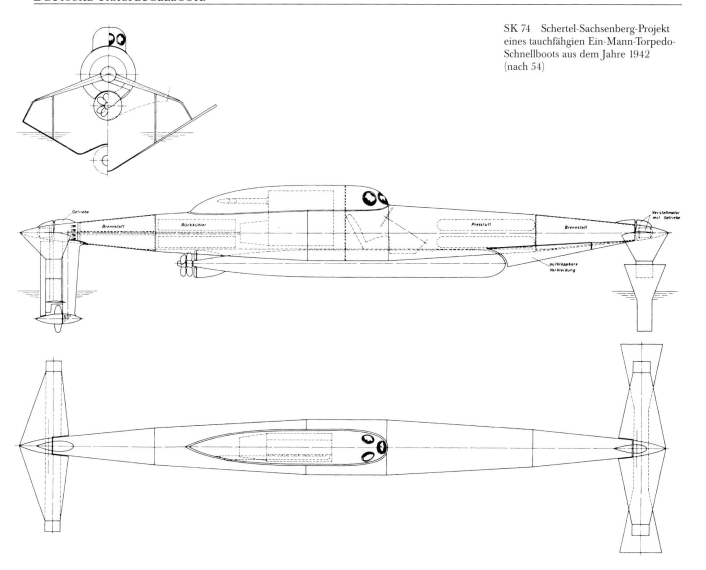

SK 74 Schertel-Sachsenberg-Projekt eines tauchfähigen Ein-Mann-Torpedo-Schnellboots aus dem Jahre 1942 (nach 54)

d) Ein nach Zeichnungsdatum (13. 4. 1944) Anfang 1944 bearbeitetes Projekt eines tauchfähigen 120-t-Tragflügel-Schnellboots von 34,5 m Länge und 4 m Breite, das mit zwei Mercedes-Benz-MB-511-Dieseln von je 2500 PS Leistung ca. 40 kn Schwebefahrt laufen sollte. Das konstruktiv stark an den Tauchbootbau jener Zeit angelehnte Fahrzeug trug einen 2-cm-Vierling hinter der Turmbrücke (SK 75).

e) Ein weiteres, nicht völlig eindeutig rekonstruierbares Projekt eines schnell und billig herzustellenden Tragflügel-Torpedoträgers wurde vom K-Verband in Zusammenarbeit mit der Sachsenberg-Werft bearbeitet. Unter Leitung von Dipl. Ing. Schuster entstand ein 11,5 m langer, zylindrischer Leichtmetallkörper von 8 t Gesamtgewicht, der im Boden eine Stufe besaß und nach vorn zu in ein Vorschiff mit V-förmigen Spanten auslief (SK 76). Das Gerät war mit zwei schwenkbaren Tragflügeln ausgestattet. Schräg seitlich sollten zwei Torpedos angeordnet werden. Ein 800-PS-Otto-Flugzeugmotor sollte mindestens 40 kn Geschwindigkeit und 300 sm Fahrbereich ermöglichen. Ein geplantes Versuchsboot soll nicht mehr fertiggestellt worden sein (53, 54).

Schließlich entwickelte die Schertel-Sachsenberg-Gruppe auch einen Torpedo mit ringförmigen Tragflügeln. Die Konstruktion entstand im Frühjahr 1942 aus der Erfahrung, daß von Flugzeugen abgeworfene Torpedos unter ungünstigen Abwurfbedingungen (z. B. bei Gegnerabwehr) hart auf die Wasseroberfläche aufschlagen und Schäden erleiden bzw. sogar durchbrechen können. Der mit ringförmigen Tragflügeln versehene und daher unkenterbare Torpedo

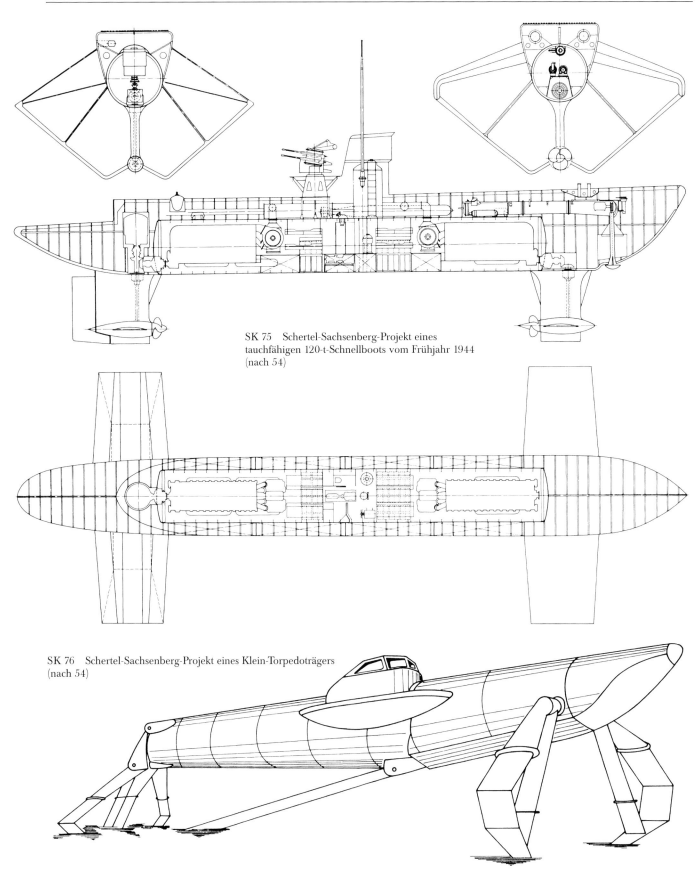

SK 75 Schertel-Sachsenberg-Projekt eines tauchfähigen 120-t-Schnellboots vom Frühjahr 1944 (nach 54)

SK 76 Schertel-Sachsenberg-Projekt eines Klein-Torpedoträgers (nach 54)

Deutsche Tragflügelboote

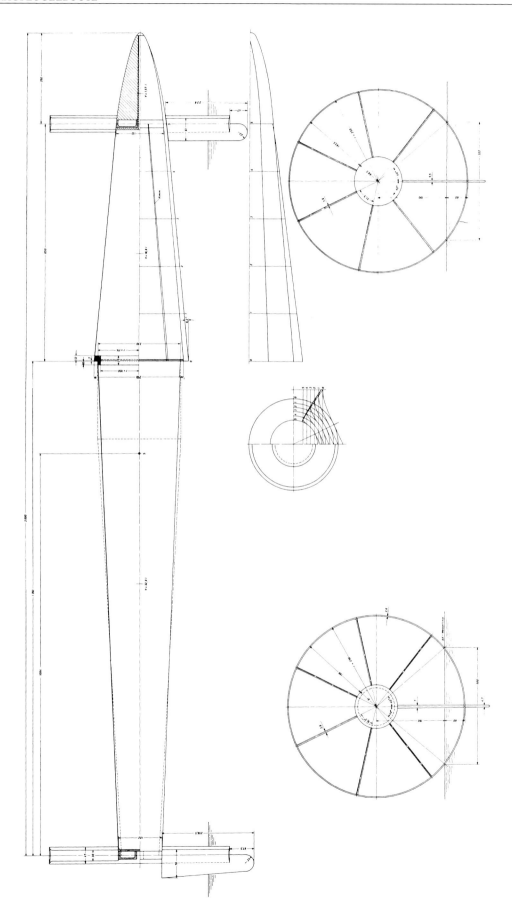

SK 77 Ring-Tragflügel-Torpedo-Modell »ü-T« der Schertel-Sachsenberg-Gruppe
(nach 54)

sollte den Aufschlag stark dämpfen und eine hohe Annäherungsgeschwindigkeit an den Gegner über Wasser ermöglichen. Infolge spiegelbildlicher Anstellwinkel der Stützen beidseits einer Hochachse, in der das Ruder lag, drehte sich der Torpedo nach dem Einsetzen in eine vorbestimmte, steuerbare Lage, wobei gegenläufig Bug- und Heckruder Drehmomente um die Längsachse vermieden. Zum Tauchen konnten die in zwei Hälften geteilten Flügel mittels Funkkommando gelöst oder abgesprengt werden. SK 77 zeigt das Modell »Ü-T« (Überwasser-Torpedo) einschließlich der (eingeklammerten) technischen Daten der Großausführung. Die Schleppversuche sollen überraschend gute Resultate gezeigt haben, insbesondere hinsichtlich der Hydrodynamik der Tragflügel. Von einem mit korrespondierender Geschwindigkeit fahrenden Boot abgeworfen, setzte der Torpedo weich auf der Wasseroberfläche auf (54).

Tietjens-Tragflügel-Torpedo und Versuchsboot »VS 7«

Professor Tietjens entwickelte im Jahre 1940 im Auftrag des OKM einen ferngelenkten, düsengetriebenen Tragflügel-Torpedo (SK 78, Länge 6,0 m, Breite des Bootskörpers 1,15 m, Breite über Tragflügel 2,00 m, Tiefgang in Fahrt 0,22 m, Gewicht 2000 kg, Antrieb ein 250-kp-Walter-Düsenaggregat, Geschwindigkeit rund 65 kn). Das Gerät, dessen bei der Vertens-Werft gebauter Schwimmkörper beim ersten Gerät aus Leichtmetall und den beiden anderen aus Sperrholz bestand und dessen Tragflügel und Antenne für den Transport klapp- oder einziehbar waren, sollte durch Schnellboote oder Zerstörer bis auf 15–20 km an den Gegner herangebracht und ausgesetzt werden. Die Inbetriebnahme des Düsenantriebs und die Steuerung erfolgten drahtlos von einem Schiff oder Leitflugzeug aus. In der Ruhelage normal schwimmend, hob sich der Torpedo mit zunehmender Fahrt stetig aus dem Wasser und glitt ab etwa 20 kn auf den Tragflügeln. Durch eine entsprechende Formgebung der Tragflügel verkleinerte sich der Anstellwinkel kontinuierlich bis zum Erreichen der Höchstfahrt. Etwa 100 bis 200 m vor dem Ziel wurde der Anstellwinkel des Steuertragflügels drahtlos derart eingestellt, daß der Torpedo tauchte, wobei die Antenne an einer Sollbruchstelle abbrach. Das Einsteuern der Tiefe erfolgte dann wie beim klassischen Torpedo. Die an sich bis Seegang 2 durchaus erfolgreichen Versuche mit den gebauten Prototypen wurden dann jedoch eingestellt (2, 44, 48).

Um vergleichende Erprobungen zwischen den unterschiedlichen Tragflügelsystemen Schertel-Sachsenberg und Tietjens durchführen zu können, erteilte das OKM Prof. Tietjens Anfang 1941 den Auftrag zum Bau eines Tragflügel-Versuchs-Schnellboots, das hinsichtlich Größe und Abmessungen etwa »VS 6« entsprach. Die genauen technischen Daten des als

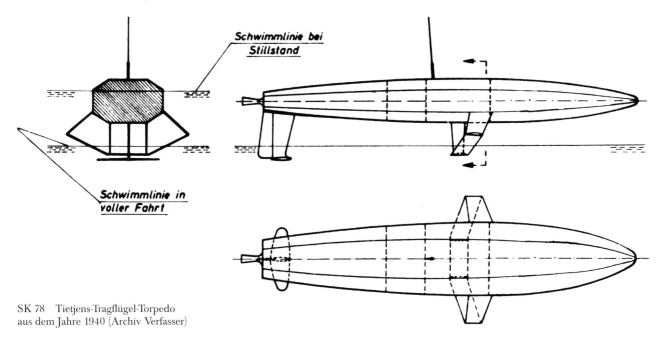

SK 78 Tietjens-Tragflügel-Torpedo aus dem Jahre 1940 (Archiv Verfasser)

Abb. 79   Tragflügelboot »VS 7« (1. Ausführung) (aus 48)

»VS 7« bei der Bagger- und Schiffbauwerft C. Siebert in Berlin-Spandau gebauten, Anfang 1942 fertiggestellten Bootes (Abb. 79) liegen nicht mehr vor, da alle Bauunterlagen durch Kriegseinwirkung verloren gegangen sind. Nach der Fertigstellung ergab sich jedoch, daß das unbewaffnete, etwa 15 m lange, mit 2×675-PS-Avia-Otto-Motoren ausgerüstete Knickspant-Stahlboot eine Konstruktionsverdrängung von 17 t erreichte und damit rund 4,5 t schwerer geworden war, als vorgesehen. Nachdem eine eingehende Untersuchung bei der Vertens-Werft in Winning bei Schleswig ergab, daß nachträgliche Gewichtsverringerungen im notwendigen Umfang nicht realisierbar waren, erhielt Vertens 1942 den Auftrag, unter Nutzung der vorhandenen Antriebsanlage usw. ein neues Boot unter der gleichen Bezeichnung »VS 7« zu bauen. Es gelang dem damaligen Inhaber der Werft, Karl Vertens, einem sehr erfahrenen Konstrukteur schneller Motorboote, einen 14,00 m langen, 3,95 m breiten und 1,58 m hohen Knickspant-Stufengleitbootskörper zu entwickeln, der aus einem speziellen Tapofilm-verleimten Pappel-Sperrholz der Firma Schütte-Lanz hergestellt war und – incl. einer mit rund 3 t angesetzten Bewaffnung usw. – 12,8 t leer und 16 t beladen wog. Als Bewaffnung waren ursprünglich 4 TMB vorgesehen, ehe man sie auf 1–2-cm-MK in Drehkranzlafette mit Plexiglaskuppel hinter dem Steuerstand und 2–45-cm-Heck-Torpedorohre umstellte. Das Boot, von dem nur noch eine Überwasser-Ansicht und ein Decksplan mit der Raumaufteilung vorhanden ist (SK 79, Abb. 80) soll im Vorschiff eine Außenhautstärke von 14 mm, im Achterschiff 12 mm besessen haben. Nachdem das Boot dann bei Probefahrten vor Travemünde mit mittlerer Fahrt auf schwimmendes Treibgut aufgelaufen und durch Schäden am Bootskörper teilweise voll Wasser gelaufen war, wurde der Boden des Vorschiffs auf 16 mm verstärkt. Das Fahrzeug erreichte mit 2×675-PS-Avia-Otto-Motoren 54,5 kn. Der Kraftstoffvorrat betrug 3000 Liter, die Besatzung umfaßte 4 Mann. Wie seine Vorgänger diente auch dieses, im Frühjahr 1942 fertiggestellte Boot ausschließlich Erprobungen im Ostseebereich (2, 47, 48, 52).

SK 79   Tietjens-Tragflügel-Versuchs-Schnellboot
»VS 7« (2. Ausführung, nach 48)

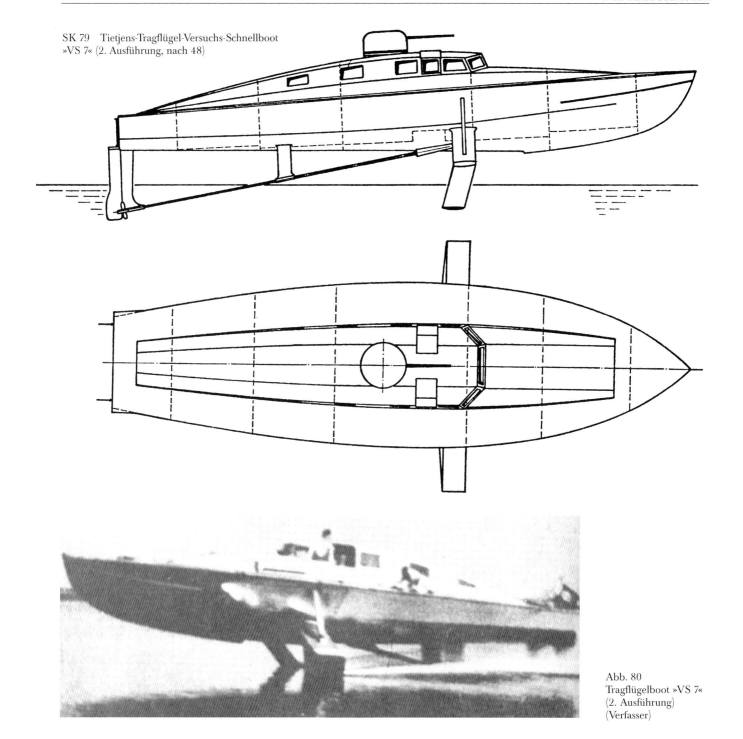

Abb. 80
Tragflügelboot »VS 7«
(2. Ausführung)
(Verfasser)

Die Tragflügelboots-Projekte des K-Verbandes

In den letzten Kriegsmonaten des Jahres 1945 beschäftigte sich auch der äußerst aktive Konstrukteur des K-Verbandes, Schiffbau-Ingenieur F. H. Wendel, mit Tragflügelbooten. Im Gegensatz zu Schertel und Tietjens, die mit halbgetauchten Tragflügeln arbeiteten, sah Wendel vollgetauchte Tragflügel vor, die auch im Schwebezustand völlig unter Wasser bleiben. Wendel berichtet, daß ihm die erste Vorstellung seiner Tragflügelbootskonstruktion mit den am Ende der Tragflügelgondeln befindlichen Vortriebspropellern bei einer Probefahrt mit dem rein dynamisch tau-

Deutsche Tragflügelboote

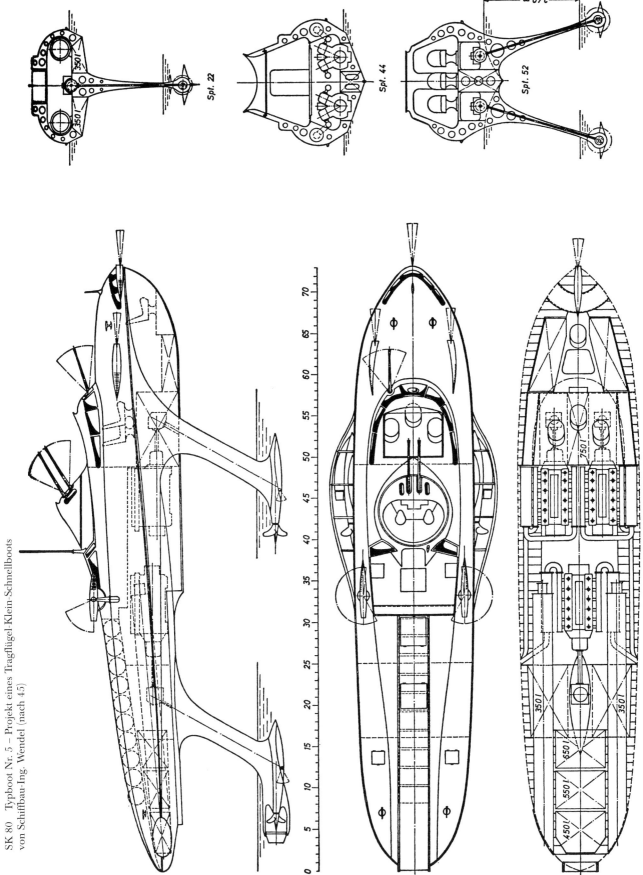

SK 80 Typboot Nr. 5 – Projekt eines Tragflügel-Klein-Schnellboots von Schiffbau-Ing. Wendel (nach 45)

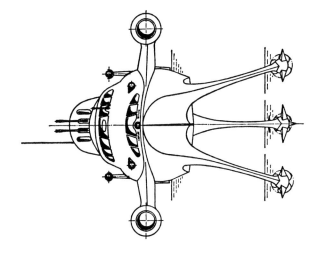

chenden Kleinst-U-Boottyp DELPHIN (2) gekommen sei. Noch während des Krieges entwickelte er die Grundzüge dreier Typen:

– Das Typboot Nr. 5 (SK 80), ein Tragflügel-Klein-Schnellboot von 15,0 m Länge, 3,0 m Breite im Bootskörper, 4,1 m Breite über den Schraubenschutz, 1,8 m Seitenhöhe, 3,1 m Tiefgang im Schwimm-, 0,9 m Tiefgang im Schwebezustand. Mit einem auf den Heckpropeller arbeitenden 600-PS-Marsch- und zwei auf die beiden vorderen Propeller arbeitenden Hauptmotoren von je 800 PS, insgesamt also 2200 PS, sollte das Fahrzeug 55 kn Höchstfahrt erreichen. Die Bewaffnung des 6–8-Mann-Boots sollte 2 - 45-cm-Heck-

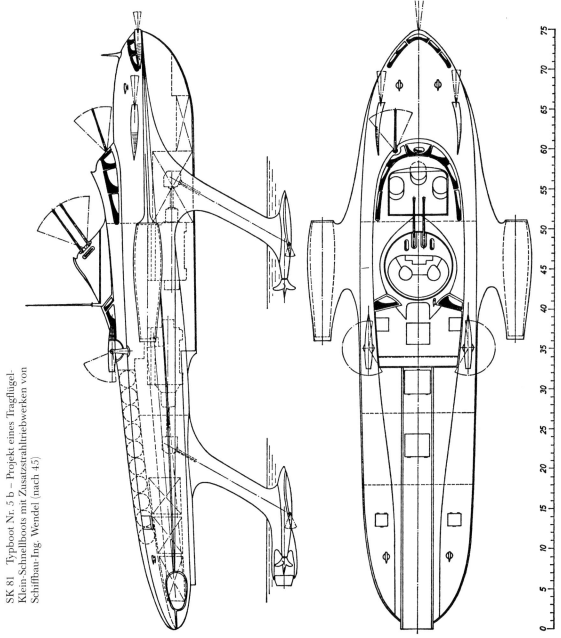

SK 81 Typboot Nr. 5 b – Projekt eines Tragflügel-Klein-Schnellboots mit Zusatzstrahltriebwerken von Schiffbau-Ing. Wendel (nach 45)

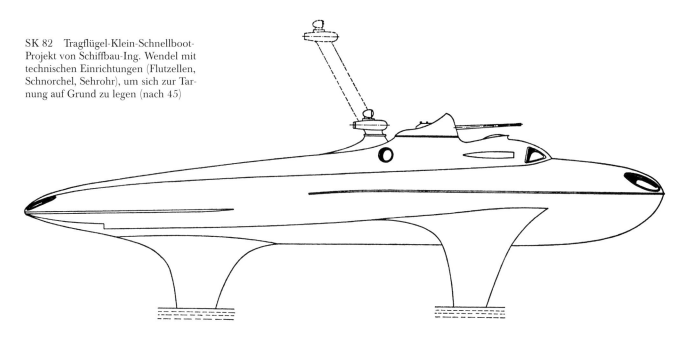

SK 82 Tragflügel-Klein-Schnellboot-Projekt von Schiffbau-Ing. Wendel mit technischen Einrichtungen (Flutzellen, Schnorchel, Sehrohr), um sich zur Tarnung auf Grund zu legen (nach 45)

Torpedorohre für den Flugzeugtorpedo F5b, zehn Wabos und fünf 86-mm-Raketenwerfer umfassen.

– Das Typboot Nr. 5 b (SK 81) entsprach in allen technischen Daten dem Typboot Nr. 5, sollte jedoch durch zwei zusätzliche Strahltriebwerke von je 1450 kp Schub an beiden Seiten des Rumpfes auf 65 kn kommen.

– Ein letztlich nur Idee gebliebenes Tragflügel-Schnellboot mit einem aufrichtbaren Schnorchelmast und Sehrohr (SK 82). Die Überlegung war, das mit einem relativ kleinen Reserveauftrieb versehene Fahrzeug mit Tauchtanks auszurüsten, um es dicht unter der Küste zur optischen und akustischen Beobachtung des Seegebiets auf flachen Grund legen zu können. Bei Annäherung eines Zieles sollte das Boot die Tauchtanks ausblasen, auftauchen und, über Wasser als Tragflügelboot schwebend, zum Angriff anlaufen. Im Hinblick auf die für diesen Zweck benötigte relativ geringe Tauchtiefe war eine Druckfestigkeit des Bootskörpers nicht erforderlich. Es genügte die totale Wasserdichtigkeit des Gesamtbootskörpers. Füße an den Tragflügelgondeln sollten Schäden beim Aufliegen auf dem Grund verhindern (45).

Es ist deutlich zu erkennen, in welch starkem Maße Wendels Überlegungen durch die Ereignisse der letzten Kriegsmonate und durch seine Tätigkeit im K-Verband geprägt worden sind. Aufgrund des Kriegsendes mit allen seinen Folgen und auch der speziellen Restriktionen auf dem Schiffbau-Sektor konnte Wendel – wie Schertel, der seine Arbeiten nach dem Kriege äußerst erfolgreich in der Schweiz fortsetzte – die Richtigkeit und die praktischen Möglichkeiten seiner Ideen erst Jahre nach dem Kriege nachweisen: 1951 wurde das Tragflügelboot mit vollgetauchten Tragflügeln nach dem System Wendel patentiert, 1952 lief das erste Testboot.

Der seit Jahrzehnten mit schnellen Wasserfahrzeugen befaßte und überaus erfahrene Oberingenieur Docter schrieb später rückblickend zu den – von keiner anderen Marine auch nur annähernd vollzogenen – deutschen Arbeiten an und der Entwicklung von Tragflügelbooten im Verlaufe des Zweiten Weltkriegs:

»Trotz des Aufwandes großer Mittel und eifrigster Bemühungen ist kein Boot zum Fronteinsatz gekommen. Die Schwierigkeiten, die bei der Entwicklung der größeren Boote auftraten, waren von Anfang an nicht zu übersehen, ihre Behebung erforderte sehr viel Zeit. Hinzu kam, daß bei den erheblich verschiedenen Größenabmessungen der einzelnen Bootstypen noch zusätzlich neue Probleme auftraten« (48, S. 2324).

Doch obgleich die beträchtlichen von der Marine für die Entwicklung frontbrauchbarer Tragflügelboote aufgebrachten Mittel im Verlauf der mehr als fünf Kriegsjahre nicht den erwünschten, praktisch nutzbaren Erfolg zeigten, so ist doch festzustellen und nicht zu übersehen, daß besonders Schertels Ideen durch die wissenschaftlichen Beiträge Professor Weinblums und der zahlreichen fachlich hochqualifizierten Mitarbeiter, durch das Engagement des Werftbesitzers Gotthard Sachsenberg und durch die permanente Förderung des K-Amts der Marine einen außerordentlich hohen Reifegrad erreichen und daß gerade wegen der Typen- und Größenvielfalt wertvolle Erfahrungen gewonnen wurden, die sich später bei den weiteren Entwicklungen in Ost und West sehr nachhaltig niederschlugen. Für die nicht weniger interessanten Ideen des Professors Tietjens fehlten sowohl der breite Mitarbeiterstab wie auch der industrielle Background.

Das Engelmann-Halbtauch-Versuchs-Schnellboot »VS 5«

Die Idee des »Halbtauch-Schnellboots VS 5« (SK 83, Abb. 81) stammte von dem Berliner Dentisten En-

Abb. 81   Halbtauch-Versuchs-Schnellboot »VS 5« (Drüppel, Wilhelmshaven)

gelbrecht. In den Jahren 1940/41 wurde ein Prototyp von der Deschimag/A.G. Weser in Bremen gebaut. Das 40,84/23,8×2,82/1,06 m messende und 256 t schwere, bereits im Ruhezustand bis zum Oberdeck eintauchende Boot sollte mit vier auf eine einzige Propellerwelle arbeitenden 1500/2050-PS-MAN-11-Zylinder-V-Viertakt-Dieseln des Typs L-11-Zu 50 kn

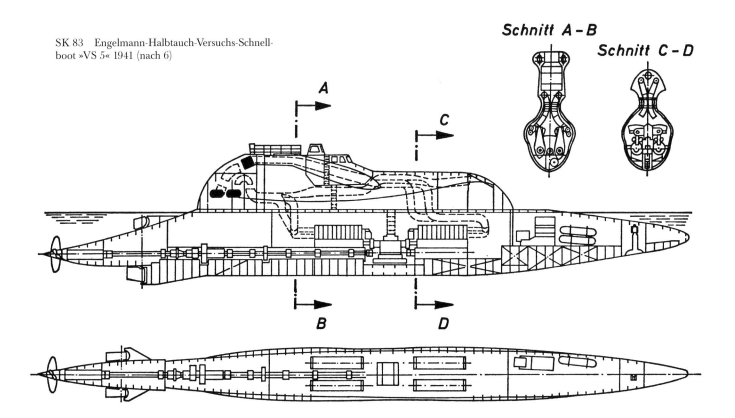

SK 83   Engelmann-Halbtauch-Versuchs-Schnellboot »VS 5« 1941 (nach 6)

Kurzhöchstfahrt und 2–2-cm-MK und 2–53,3-cm-TR tragen. Die eigenartige Ellipsen-Formgebung des Bootskörpers mit der vertikalen Achse sollte den mit zunehmender Fahrt stets rasant zunehmenden Wellenwiderstand gering halten, doch erwies sich das Fahrzeug schon bei den ersten Erprobungen als Fehlkonstruktion. (2)

Fluß-Schnell- und Kanonenboote

Als in den Jahren 1938/39 mit der Einverleibung Österreichs und des tschechischen Generalgouvernements in das Großdeutsche Reich ein größerer Teil der Donau und die österreichische und tschechische Donauflottille in deutsche Hand fielen, wurden schon bald Aufträge für den weiteren Ausbau des von der Marine übernommenen Bestandes erteilt.

Außer einer Anzahl nicht in den Kreis der hier zu behandelnden Fahrzeuge gehörenden Spezialtypen wie Flußmonitore und Fluß-Räumboote usw. entstanden:

– Die 1938/39 von Prof. Eckert von Labin (Technische Hochschule Wien) entwickelten Fluß-Schnellboote (FS-Boote), die aufgrund ihrer Konstruktion auch als Panzer-Motorboote (PM-Boote) bezeichnet wurden (SK 84). Die 43,28/29,42 m langen, 6,66/6,42 m breiten und 2,55 m hohen Fahrzeuge hatten einen sehr flachbodigen V-Spantbootskörper und bei 0,96 m Tiefgang eine Konstruktionsverdrängung von 91,5 t. Als Antrieb waren $3 \times 800/950$-PS-Daimler-Benz-MB-500-Diesel auf drei Wellen und drei aus Tiefgangs- und Propulsionsgründen in Halbtunnel arbeitende Schrauben von 0,85 m Durchmesser vorgesehen. Die E-Anlage bestand aus einem 7,5-KW-115-V-Dieselgenerator. Der Bootskörper war als Leichtmetall-Stahl-Querspantbau konzipiert und sollte in der Wasserlinie 14 + 10 mm, an den Endschotten 13 mm und im Deck 10 mm Panzerschutz erhalten. Für den Kommandoturm und die Artillerie waren Panzerstärken von 15, 20 und 25 mm vorgesehen. Die Bewaffnung umfaßte 2 – 3,7-cm-Flak in gepanzerten Einzeltürmen vorn und achtern, eine 2-cm-Zwillingsflak auf dem Kommandoturm, ferner zwei Abwurfstellen für in der Achterpiek lagernde Flußminen. Als Bunkerkapazität werden 12,4 m³, als Besatzung ein Offizier und 24 Mann angegeben. Die für 1939 vorgesehene Vergabe von sechs derartigen Booten, »FS 1–FS 6«, an die Lürssen-Werft unterblieb nach Kriegsausbruch (2).

– Ein mutmaßlich aus dem gleichen Zeitraum stammendes Projekt der Lürssen-Werft für ein Fluß-Kanonenboot (SK 85), das bei 34,6 m Länge über die Steven, 3,39 m Decksbreite, 1,99 m Seitenhöhe und 0,8 m Tiefgang einen 2-cm-Vierling in einem gepanzerten, oberhalb der Brücke befindlichen Turm tragen sollte. Als Antrieb waren zwei Dieselmotoren vorgesehen, die ebenfalls auf in Halbtunneln angeordnete Propeller arbeiteten.

– Ein weiteres auf der Lürssen-Werft Anfang 1939 erstelltes Projekt eines Fluß-Schnellboots sah ein Zwei-Wellen-V-Spant-Boot von 24,6 m Länge über alles, 22,9 m Länge in der Wasserlinie, 4,47 m Breite über die Scheuerleisten, 4,38 m Breite auf Spanten, 1,92 m Seitenhöhe und 0,78 m Tiefgang vor, von dem jedoch nur noch der Linienriß vorliegt. Auch diese Fahrzeuge kamen über Projektstudien und Modellversuche nicht hinaus.

SK 84   Prof. E. von Labin-Fluß-Schnell- (FS-) oder Panzer-Motor- (PM-) Boote (nach BA/MA)

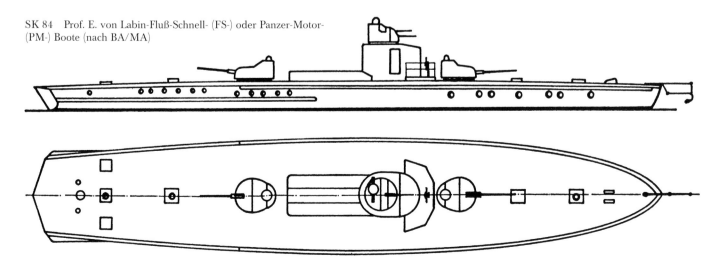

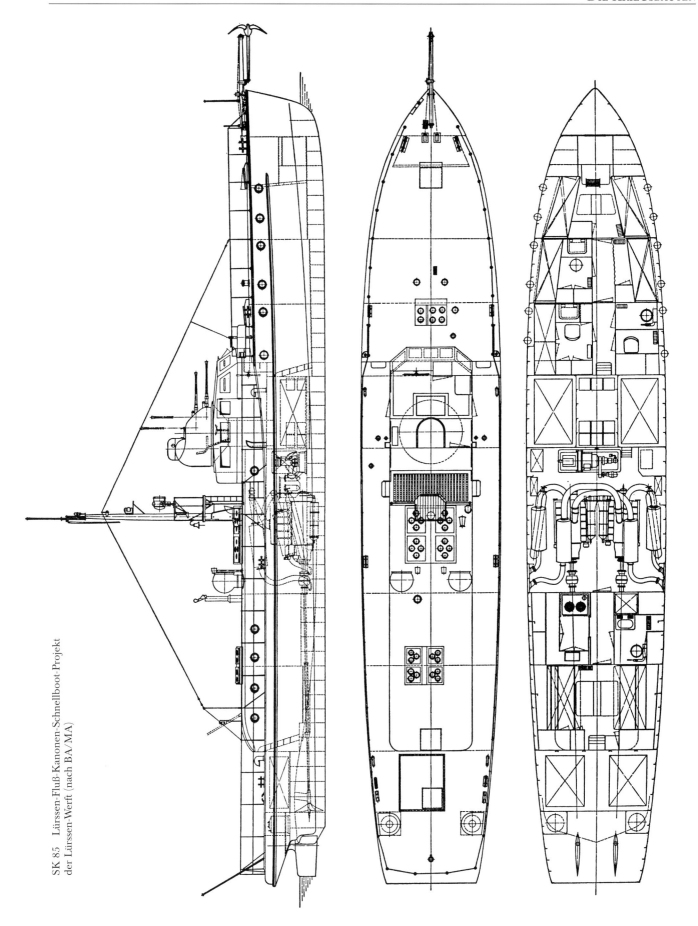

SK 85 Lürssen-Fluß-Kanonen-Schnellboot-Projekt der Lürssen-Werft (nach BA/MA)

Zusammenfassung

Bauleistung und Verbleib der Boote

Im Laufe des Krieges 1939/45 lieferten deutsche bzw. unter deutscher Regie arbeitende Werften insgesamt 265 Schnellboote ab.
- 1939 8 Boote, d. h. 5 große Boote (S 20, 22–25) und 3 beschlagnahmte große Boote (S 1, 30–31),
- 1940 24 Boote, d. h. 15 große Boote (S 26–29, 37–38, 54–60, 101–102) und 5 beschlagnahmte große Boote (S 32–36), 2 Beuteboote (S 201–202) und 2 kleine Boote (LS 2–3),
- 1941 34 Boote, d. h. 30 große Boote (S 39–53, 61–64, 69–70, 103–111), 1 Beuteboot (S 151) und 3 kleine Boote (LS 4–6),
- 1942 68 Boote, d. h. 34 große Boote (S 65–68, 71–91, 112–120), 7 Beuteboote (S 152–158) und 27 kleine Boote (KM 1–5, 8–12, 20–30),
- 1943 49 Boote, d. h. große Boote (S 92–100, 121–130, 132–147, 150, 167–168), 11 kleine Boote LS 7–8, KM 6, 7, 19, 30–36),
- 1944 68 Boote, d. h. 64 große Boote S 131, 148–149, 169–212, 214–216, 219–225, 701–707), 4 kleine Boote (LS 9–12),
- 1945 14 große Boote d. h. (S 213, 217–218, 226–328, 301–306, 708–709.

Hinzu kamen
- in den Jahren 1944/45 eine im einzelnen nicht nachweisbare Zahl von Experimentier- und Serien-Klein-Schnellbooten der Typen HYDRA, KOBRA, SCHLITTEN, WAL, SMA usw.

Insgesamt jedoch kaum mehr als etwa 125 Boote, davon 39 des Typs HYDRA und 78 des italienischen Typs SMA.

Einige italienische und sonstige Beuteboote.
- 1943/44 je sechs Geleiträumboote
- 1944 ein MZ-Boot.

die Versuchs-Tragflügelboote usw.

Nicht mehr fertiggestellt, annulliert bzw. gar nicht mehr vergeben wurden
- 364 große Schnellboote aus dem Bauprogramm 1943 (S 159–166, 229–300, 308–500, 710–800),
- 22 kleine Schnellboote (LS 13–34)
- 11 MZ-Boote (MZ 2–12)
- einige Versuchs-Tragflügelboote
- eine nicht mehr nachweisbare Anzahl von Klein-Schnellbooten, davon mindestens 130 Boote des Typs HYDRA.

Im Verlauf des Krieges gingen – einschließlich der Beuteboote! – 202 Schnellboote verloren:
- 1940 6 Boote (S 23, 26, 32, 37, 38, LS 2)
- 1941 4 Boote (S 41, 43, 106, LS 3)
- 1942 5 Boote (S 27, 31, 34, 53, 111)
- 1943 31 Boote (S 29, 35, 44, 46, 56, 59, 63, 66, 70, 71, 74, 75, 77, 88, 96, 102, 104, 119, 121, 137, 172, 603, RA 10, LS 4, 5, 6, KM 6, 7, 27, 30, GR 306)
- 1944 83 Boote (S 14, 26, 28, 39, 40, 42, 45, 47, 49, 51, 52, 54, 55, 57, 58, 72, 80, 84, 87, 91, 93, 94, 100, 114, 128, 129, 131, 136, 138, 139, 140, 141, 142, 143, 144, 145, 146, 147, 148, 149, 150, 153, 158, 169, 171, 172, 173, 178, 179, 182, 183, 184, 185, 187, 188, 189, 190, 192, 198, 200, 203, 601, 602, 604, 626, 627, 702, LS 7, 8, 9, 10, 11, KM 5, 8, GR 301, 304, RA 9, 251, 255, 256, 257, 259, VS 8)
- 1945 61 Boote (S 18, 33, 60, 103, 112, 154, 157, 167, 176, 177, 180, 181, 186, 191, 193, 194, 199, 201, 202, 220, 223, 224, 226, 301, 508, 509, 510, 511, 512, 621, 622, 623, 624, 625, 628, 629, 703, SA 1, 2, 3, 4, 5, 6, 7, VS 10, RA 252, 253, 254, 258, 260, 261, 262, 263, 264, 265, 266, 267, 268)

Nach der – oft gekoppelten und daher nicht eindeutig zuweisbaren – Verlustursache aufgeschlüsselt ergibt sich

- 18 Boote bei Gefechten mit größeren Überwasserschiffen
  (S 38, 53, 63, 71, 91, 136, 141, 147, 153, 185, 190, 192, 193, 220, 627, RA 251, 255, 259)
- 10 Boote bei Gefechten mit MGB/MTB
  (S 29, 57, 77, 88, 111, 176, 182, 183, 200, 702)
- 56 Boote bei Bombenangriffen im Hafen und auf See
  (S 26, 28, 39, 40, 42, 44, 45, 47, 49, 51, 52, 56, 59, 66, 72, 75, 84, 87, 93, 100, 114, 121, 129, 131, 137, 138, 142, 143, 144, 146, 149, 150, 154, 158, 169, 171, 172, 173, 186, 187, 188, 194, 198, 201, 224, KM 5, 6, 28, 30, VS 10, GR 301, 306, RA 9, 10, 256, 257)
- 12 Boote durch Jagdbomber
  (S 18, 46, 55, 74, 103, 178 179, 181, 189, 601, LS 5, 6)
- 18 Boote durch Minen
  (S 23, 31, 32, 35, 37, 43, 54, 70, 80, 102, 104, 106, 139, 140, 148, 180, 223, GR 304)
- 4 Boote durch Beschuß von der Küste
  (S 34, 157, 184, 626)
- 4 Boote durch Unfall bzw. Havarie
  (S 27, 116, KM 7, 27)
- 5 Boote durch Stranden
  (S 33, 58, 60, KM 8, VS 8)
- 14 Boote durch Kollision
  (S 41, 94, 96, 119, 128, 167, 177, 191, 199, 202, 203, 301, 702, 703)
- 2 Boote an Bord von Mutterschiffen
  (LS 3, 4)
- 17 Boote sonstige oder unbekannte Verlustursache
  (S 14, 17, 22, 90, 108, 112, 116, 145, 226, 602, 603, 604, LS 7, 8, 9, 10, 11).

An verbündete resp. befreundete Marinen wurden während des Krieges abgegeben:
- 1941 S 1 (Neubau) an Bulgarien.
- Die am 16.8.43, in Spanien internierten Boote S 73, 78, 124, 125, 126, 145, als LT 21–26.
- Im Jahre 1942 die ehemals holländischen Boote TM 52–53, die nach Fertigstellung unter deutscher Regie 1940/41 vorübergehend als S 201–202 in Dienst gewesen waren, an Bulgarien. Fünf weitere Fahrzeuge dieses Typs, die nie deutsche Bezeichnungen trugen, scheinen an Bulgarien (1) und Rumänien (4) geliefert worden zu sein.
- Im August 1943 die kurz zuvor als S 501–507 von der italienischen Marine übernommenen MAS 566–570, 574–575 an Rumänien.
- Die für den 20.7.1944 vorgesehene Angabe von S 62, 64, 99, 117 an Finnland wurde nicht mehr durchgeführt.

Abb. 28   Beute-Schnellboot (ex italienischer Typ »500«) (Drüppel, Wilhelmshaven)

Den Krieg überlebten 107 Boote. Sie wurden unter den Siegermächten als Kriegsbeute verteilt. Es erhielten
- Rußland 43 Boote
  (S 11, 16, 24, 50, 65, 81, 82, 86, 99, 102, 109, 110, 113, 118, 123, 132, 135, 170, 175, 204, 209, 211, 214 219, 222, 227, 704, 707, 708, 709, KM 1, 2, 3, 4, 5, 8, 10, 11, 12, 19, 29, LS 12 und TS 6)
- England 32 Boote
  (S 7, 8, 13, 19, 20, 25, 62, 67, 69, 83, 89, 92, 95, 105, 115, 120, 130, 168, 196, 205, 207, 208, 212, 213, 215, 217, 221, 228, 304, 307, 705 und VS 6)
  Die Masse dieser Boote wurde in den Jahren 1946/48 verkauft und abgewrackt. Im Dienst der Royal Navy wurden vorübergehend verwandt S 130 als PPB 5030, S 208 als MTB 5208 und S 212 als MTB 5212. Im Jahre 1947 erwarb Norwegen aus der englischen Kriegsbeute S 115, im Jahre 1948 Dänemark S 207 und 1951 S 195.
- die USA 32 Boote
  (S 9, 10, 12, 15, 21, 48, 64, 68, 76, 79, 85, 97, 98, 107, 117, 122, 127, 133, 174, 195, 197, 206, 210, 216, 218, 225, 302, 303, 305, 306, 701, 706.
  Bis auf S 218, 225, 706, die am 5.11.1945 bzw. 30.1.1947 an Bord von Frachtschiffen in die USA verschifft wurden, gingen alle Boote Anfang 1946 an die OMGUS, eine Organisation zur Verwendung überschüssigen Kriegsmaterials. Aus diesem Bestand erwarben im Juli 1947 (z. T. auch später) Norwegen S 10, 21, 48, 64, 76, 85, 98, 117, 174, 210, 302, 303).
  Dänemark S 15, 68, 79, 97, 107, 115, 122, 127, 133, 195, 197, 206, 207, 216, 305, 306.

Der Verbleib der Mittelmeerboote S 30, 36, 61, 151, 152, 155, 156, die 1945 von Pola nach Ancona ausgeliefert wurden, ist unsicher. Es ist anzunehmen, daß die Boote abgebrochen wurden.

Völlig unübersichtlich ist auch der Verbleib der bei Kriegsende noch vorhandenen Klein-Schnellboote TS 1–5 und VS 7. Es ist anzunehmen, daß letztere, wie auch das Tragflügelboot TS 6, in englische Hand fielen.

Von den den Bau befindlichen Booten wurden
- LS 13–18 bei der Bauwerft in Friedrichshafen für die französische Besatzungsmacht fertiggestellt,
- S 308–328 überführungsbereit gemacht. Nachdem jedoch sieben Boote bei der Überführung in der Nordsee verloren gegangen waren, wurden die restlichen Fahrzeuge auf der Bauwerft abgebrochen.

Allgemeine Wertung und Erfahrungen

1. Aufgrund der mehr als zehnjährigen, äußerst intensiven und kontinuierlichen Vorarbeiten auf den Gebieten Bootsform, Bootskonstruktion, Antriebsmotoren und Bewaffnung, die stets in enger Zusammenarbeit des Konstruktionsamtes der Marine mit der einschlägigen Industrie erfolgte, verfügte die deutsche Kriegsmarine bei Kriegsausbruch über einen Schnellboottyp, der
- technisch in jeder Beziehung ausgefeilt war und deshalb während des ganzen Krieges nicht grundsätzlich geändert werden mußte,
- durch seine Größe und Antriebsart nicht nur auf das engere Küstenvorfeld beschränkt, sondern auch für den Hochsee-Einsatz im gesamten Nord- und Ostseeraum geeignet war,
- infolge des Dieselantriebs allen ausländischen Booten hinsichtlich Fahrbereich und – vor allem! – Sicherheit (Brandgefahr im Betrieb und unter Beschuß!) überlegen war.

Andererseits jedoch war
- die endgültige Entwicklung der Boote – besonders antriebsmäßig – erst kurz vor dem Kriege abgeschlossen. Dementsprechend stand bei Kriegsausbruch nur eine relativ geringe Anzahl von Booten zur Verfügung.
- Das fast 100 t große, mit 3×2000/2500-PS-Dieseln ausgerüstete und mit bis zu 30 Männern bemannte Boot technisch und personell wesentlich aufwendiger als alle – schon wegen der Größenordnung! –
- überhaupt vergleichbaren ausländischen Boote.

– Die Abhängigkeit der Motorenausrüstung von einem einzigen Hersteller ein Handicap, zumal die eingeleitete Kapazitätserweiterung dieses Herstellers bei Kriegsausbruch noch ausstand. Einer der nachhaltigsten Schäge gegen die Schnellbootwaffe erfolgte dann auch, als das Hauptfertigungswerk Stuttgart 1944 in einer halben Stunde durch einen Bombenangriff zerstört wurde.

– die systematische Entwicklung eines kleinen, billig, schnell und in großer Stückzahl herstellbaren Schnellboottyps für den Einsatz im engeren Küstenvorfeld vernachlässigt worden.

Generell waren die großen deutschen S-Boote von Anfang an als echte Torpedoträger (»kleine Torpedoboote«) konzipiert worden, nicht zuletzt, um sie bei entsprechender Orts- und Wetterlage auch im Rahmen der in den zwanziger und dreißiger Jahren erarbeiteten Kampfgruppentaktik von kombinierten schweren und leichten Einheiten verwenden zu können. Der Torpedobewaffnung wurde dementsprechend mit den für eine widerstandsmäßig optimale Gestaltung der Bootsform problematischen Bug-Torpedorohren, den Reservetorpedos auf den Seitendecks und der Zielsäule ein beherrschender Anteil zugestanden. Die MK-Bewaffnung – vom Kaliber stärker als die der damaligen ausländischen Boote – wurde ausschließlich defensiv gegenüber Flugzeug und gleichartigem Gegner gesehen.

Die im Kriege durch wachsende Gegnerwaffenwirkung (Flugzeug, MGB) notwendige Verstärkung der MK-Bewaffnung (40-mm-MK bzw. 20-mm-Vierling achtern und 20-mm-MK vorn, zuletzt 6–30-mm-MK) und der Munitionsausstattung, der Einbau der gepanzerten Kalottenbrücke und der Panzerschutzschilde an den Waffen, die wachsende Besatzungsstärke usw. ließen die Verdrängung der Boote dann permanent weiter anwachsen. Es gelang jedoch, die Leistung der Antriebsmotoren durch Aufladung zu steigern (vom 2000-PS-MB-501 zum 2500-PS-MB-511 und 3000-PS-MB 518) und damit die Geschwindigkeit der Boote nicht nur zu halten, sondern gegenüber den Vorkriegsbooten sogar zu erhöhen. Auch unter Einsatzbedingungen wurden 40 bis 48 kn Kurzhöchstfahrt und 36 kn Dauerhöchstfahrt erreicht. Andererseits blieb trotz der erheblichen Leistungssteigerung der spezifische Brennstoffbedarf im Marschfahrtbereich nahezu konstant.

2. Der Einsatz der Schnellboote erfolgte in den ersten Kriegsmonaten in Nord- und Ostsee. Entsprechend der Friedenskonzeption sollte es die Hauptaufgabe der deutschen Schnellbootwaffe sein, feindliche – und zwar vorherrschend französische! – Blokkadestreitkräfte in der Deutschen Bucht anzugreifen und in die Ostseeeingänge eindringende Verbände abzuwehren. Im Vordergrund stand also der Einsatz als Torpedoträger gegen größen- und bewaffnungsmäßig überlegene Kriegsschiffe. Es entbehrte daher nicht einer gewissen Logik, als man 1940, nach dem siegreichen Abschluß des Frankreich-Feldzugs, vorübergehend erwog, den Schnellbootbau einzustellen. Erfolge an der Seeflanke der im Westen vorstoßenden deutschen Truppen im Nordsee- und Kanalraum operierender Schnellboote führten jedoch gleich nach der Besetzung der holländisch-belgisch-französischen Küste zur Neuformulierung des Auftrags und zum weiteren Ausbau der Schnellbootwaffe. Hauptaufgabe wurde nunmehr der Einsatz gegen den beträchtlichen Umfang besitzenden englischen Geleitzugverkehr im Kanal und vor der englischen Südostküste.

Im Juni 1941 wurde die Masse der s. Zt. vorhandenen S-Boot-Flottillen (1., 2., 3., 5. und 6.) im Zusammenhang mit dem Unternehmen »Barbarossa«, dem Angriff auf Rußland, in die Ostsee verlegt und zur Unterstützung der Heeresoperationen im Minen- und Küstenkrieg gegen die Verbände der sowjetischen Ostseeflotte eingesetzt. Die zu diesen Zeitpunkt bereits vorliegende Bitte Rommels, des Befehlshabers der deutschen Heeresverbände in Nordafrika, zur Nachschub- und Küstensicherung und zur Isolierung Maltas einen S-Bootverband ins Mittelmeer zu verlegen, wurde bis zu dem Zeitpunkt zurückgestellt, wo der Einsatz der Boote im Ostseeraum nicht mehr nötig bzw. durch die Vereisung der nördlichen Ostsee nicht mehr möglich war. Als dieser Zeitpunkt im November 1941 gegeben war, wurde unter Berücksichtigung des Handelskrieges gegen die englischen Zufuhrwege, der Lage im Mittelmeer und – nach dem schnellen Vordringen der deutschen Truppen im Osten – im Schwarzen Meer im Hinblick auf die quantitativ und qualitativ völlig unzureichenden rumänisch-bulgarischen Seestreitkräfte entschieden, daß die 1. S-Flottille in das Schwarze Meer, die 2., 4., 5. und 6. S-Flottille in den Kanal und die 3. S-Flottille in das Mittelmeer verlegt werden sollte. Von den dann im weiteren Verlauf aufgestellten S-Flottillen gingen die 7., 21. und 22. ins Mittelmeer, die 8. vorübergehend nach Nord- und Südnorwegen und alle übrigen in das Gebiet Kanal/Hoofden. Nach 1944, bis zum Abzug einiger Verbände in die Ostsee, waren sieben der elf im Fronteinsatz stehenden Flottillen in diesem so entscheidenden Raum im Einsatz.

3. Der Einsatz der Schnellboote im Raum Kanal/Hoofden richtete sich bis zum Zeitpunkt der Invasion, im Juni 1944, fast ausschließlich, und selbst danach noch weitgehend gegen den englischen Nachschub- und Handelsschiffverkehr im Kanal und an der englischen Südostküste. Dieser war, allein aus navigatorischen Gründen, auf bestimmte betonnte Wege angewiesen. Der Angriff erfolgte durch das Verlegen offensiver Minensperren (LMB als Grundmine, UMB als Ankertaumine und Reißbojen als Sperrschutzmittel) auf den Küstenwegen und vor Häfen und durch Torpedoeinsatz. Für den Torpedoeinsatz hatte sich der Führer der Schnellboote (F. d. S.) eine B-(Beobachtungs-) Dienststelle aufgebaut. Auf der Grundlage der jeweils vorliegenden B-Dienstergebnisse ließen sich Weg und Standort eines Geleitzugs zum Zeitpunkt des Angriffs relativ genau vorausberechnen. Anfänglich wurden die geringfügigen, maximal 15 sm betragenden Koppelfehler durch Abharken kompensiert, d.h. die Boote liefen zum Finden des Geleitzugs um den Koppelpunkt rottenweise mit Schleichfahrt ab. Ab 1940/41 marschierte die Flottille, um eine frühzeitige Ortung des Verbandes durch Unterwasserhorchanlagen, und damit unvorhergesehene Gegnerreaktionen, auszuschalten, geschlossen zum vorgesehenen Einsatzort. Dort zogen sich die Boote rottenweise (je 2 Boote) auf etwa 2 sm Abstand auseinander (Lauerstellung). Auf Feindsichtmeldung durch UHF, FT oder Blinksignal erfolgte rottenweiser Angriff mit Schleichfahrt auf der Hundekurve, um zumindest beim ersten Schuß unbemerkt zu bleiben. Der Abstand der beiden Boote jeder Rotte, die immer beieinander blieben (Rottentreue), betrug etwa 300 m. Angestrebt wurde der unbemerkte Torpedoschuß auf 800–1500 m Entfernung. Nach erfolgtem Angriff bzw. vergeblichem Lauern sammelte die Flottille auf einen vereinbarten Punkt. Durch diese Maßnahme wollte man Verluste durch die vor den deutschen Absprunghäfen postierten feindlichen MGB (Motor Gun Boats) vermeiden, die sich oft an den geschlossenen Flottillenverband nicht herantrauten und sich lieber auf von Zerstörern abgesprengte Einzelfahrer konzentrierten.

Nachdem es dem deutschen B-Dienst ab 1941 gelungen war, genauere Meldungen über den englischen Versorgungsverkehr vorzulegen, wurden gezielte Einsätze mehrerer Flottillen auf ein erkanntes Geleit möglich. Hierbei griff jede Flottille für sich in geschlossener Formation in Dwarslinie mit in der Mitte stehenden Führerboot an.

Als dann ab 1942/43 die alliierten Geleit- und Sicherungsfahrzeuge zunehmend mit Radargeräten ausgerüstet wurden, ergab sich für die nur nach optischer Sicht operierenden deutschen S-Boote immer seltener die Gelegenheit zu einem unbemerkten Angriff. Immer häufiger wechselten die Rollen: Die gegnerischen Sicherungsverbände griffen an und drängten die S-Boote in die Verteidigung. Da frühzeitige Ortung und eine zentrale, alle Ortungs- und Abwehrmittel koordinierende Führung für die Engländer eine Existenzfrage war, bauten sie ein umfassendes, sich über das gesamte Küstenvorfeld erstreckendes System auf: Alle in See stehenden Einheiten, einschließlich der Flugzeuge des Coastal Command, wurden durch das für den regionalen Bereich zuständige Naval Command geführt. Vor den Sperrlücken der deutschen Defensiv-Minenfelder wurden mit UW-Horchgeräten ausgerüstete Motor Launches (ML) und MA/SB (Motor-U-Jäger) stationiert, die dann als Fühlungshalter die MGB (Motor Gun Boat)-Verbände heranführten. Auf den möglichen Ablaufwegen patrouillierten Jagd- und Aufklärungsflugzeuge, die im Direktkontakt mit dem Naval Command und den in See stehenden Führerbooten standen. Die Feindseite des von zwei bis drei Geleitzerstörern, Bewachern und M-Booten direkt gesicherten Geleitzugs wurde in einer Tiefe von bis zu 10 sm durch freie Zerstörerpatrouillen und – im Außenbezirk – durch sogenannte Z-Linien abgedeckt, die von – bis zu einem Dutzend! – MGB-Gruppen besetzt waren.

Neben der ab 1943 nach und nach erfolgenden Anbordgabe eines Funkmeß-Beobachtungsgeräts (FuMB) vom Typ »Naxus«, das passiv eine aktuelle Ortung durch den Gegner anzeigte, dem Einbau eines Echolots, das die navigatorischen Möglichkeiten in diesem schwierigen Seegebiet verbesserte, der Verstärkung der Artilleriebewaffnung, der Verbesserung der Torpedoschießtechnik usw. wurde auch die Angriffstaktik der S-Boote der neuen Lage angepaßt:

– Der zentral alle Informationen koordinierende F. d. S. führte zunehmend direkter, ja selbst bis in den engeren taktischen Bereich hinein.

– Sämtliche einsatzklaren Boote (im Durchschnitt 45–55 % des Bestandes) wurden als geschlossener

Verband zum Einsatz gebracht, um, speziell beim An- und Rückmarsch, die englischen Zerstörer- und MGB-Verbände abwehren zu können.

– Zehn bis fünfzehn Seemeilen vor dem anzugreifenden Objekt zogen sich die Boote flottillenweise auseinander. Jede Flottille blieb beim Angriff grundsätzlich in geschlossener Formation und setzte zu einer bestimmten »Stichzeit« in Keilform zum »Stich« durch die Nahsicherung des Gegners an. Beim Erkennen des Gegnergeleits, d. h. an der Grenze der Sichtweite, gaben alle Boote eine gleichzeitige Torpedosalve ab, um bei der relativ großen Schußentfernung und den notwendigerweise unsicheren Schußunterlagen ein gewisses Maß an Trefferaussicht zu erreichen. Da ein echtes Überraschungsmoment von vornherein entfiel und damit allein die Schnelligkeit von Angriff, An- und Abmarsch eine Konzentration der Gegnerabwehr behinderte, wurden ausschließlich höhere Fahrtstufen gelaufen.

Zwangsläufig waren auf diese Weise Versenkungserfolge wesentlich schwerer, und nur mit erheblich größerem Gesamtaufwand zu erreichen:

– Die Aufklärungsbreite wurde durch die – absolut immer zu kleine – Anzahl im Einsatz befindlicher Boote bestimmt.

– Da mit dem »Stich« sofort Feindberührung bestand, war das exakte Einhalten der »Stichzeit« entscheidend. Praktisch zeigte sich jedoch, daß Luftangriffe und Gefechtsberührungen vor dem Angriff einen termingerechten Ansatz stark behinderten.

Als vorteilhaft erwies sich die ab August 1944, d. h. nach der Invasion, vielfach mögliche Verwendung von Langstreckentorpedos, die auf größere Entfernung in die Schiffsansammlungen des Invasionsraumes hineingeschossen wurden.

Waren Zerstörer, speziell auch die Geleitzerstörer der HUNT-Klasse, mit relativ hoher Geschwindigkeit und weitreichenden 100- und 40-mm-Kanonen von hoher Kadenz, Leuchtgranaten usw. unangenehme Gegner des S-Boots, denen oft nur durch das schnellere An- und Hochfahrvermögen und die um 5–8 kn überlegene Geschwindigkeit begegnet werden konnte, so erwies sich die ab 1942/43 beginnende Zusammenarbeit von Zerstörern und MBG bei der S-Bootabwehr besonders wirksam. Hierbei lief der Zerstörer als Radar- und Artillerieträger einen bestimmten Kurs ab, an dessen Endpunkten MGB auf Zielanweisung und Einsatzbefehl warteten.

Trotz zunehmender Verluste durch gegnerische Luft- und Seestreitkräfte und dem Wegfall der gegnernahen Stützpunkte nach dem Räumen des nordfranzösisch-belgischen Raumes blieben die im Westen operierenden S-Fottillen jedoch bis zum Kriegsende aktiv. Die Erfolge verringerten sich jedoch rapide.

4. Die ins Mittelmeer transportierten, teils aus bei Kriegsausbruch beschlagnahmten, teils in Holland erbeuteten und weitergebauten, teils mit vorhandenen Motoren geringerer Leistung gebauten kleineren S-Boote der 3. und 7. S-Flottille wurden ab Sommer 1942 über den Rhein, den Rhein-Rhone-Kanal und die Rhone überführt. Von den Stützpunkten Augusta und Porto Empedocle an der Südküste Siziliens wurden zunächst Mineneinsätze gegen Malta gefahren. Spätere Einsätze richteten sich gegen den alliierten Schiffsverkehr im östlichen und mittleren Mittelmeer und an der nordafrikanischen Küste. Die operative Führung lag beim Deutschen Marinekommando Italien. Teilweise erfolgte die Einsatzleitung auch von einem Flottillengefechtsstand an der nord-afrikanischen Küste. Ab Frühjahr 1943 wurden von italienischen Festlandhäfen Einsätze gegen den alliierten Invasionsnachschub gefahren, die sich später in den Raum Adria und Tyrrhenisches Meer verlagerten.

5. Bei den für das Schwarze Meer vorgesehenen Booten der 1. S-Flottille (S 26–28, 40, 72, 102) mußten Bewaffnung, Motoren, Ausrüstung usw. aus-, alle Aufbauten ab- und ein behelfsmäßiges Heckruder für die Schleppfahrt auf Elbe und Donau eingebaut werden. Wegen der Eislage kamen die ersten Boote erst Ende Februar 1942 zur Abrüstung in Hamburg an. In Dresden-Übingen wurden die Boote auf einer von Pionieren gefertigten Behelfs-Slipanlage mit Handwinden an Land gezogen, aufgebockt und auf vier darunter gefahrene »Kulemeyer«-Transporter, d.h. Schwerlaster für den Straßentransport von Güterwaggons der Bahn, abgesenkt. Jeder der beiden für den 450 km langen Autobahntransport Dresden-Ingolstadt beschafften Transportzüge bestand aus zwei nebeneinander gekuppelten Kälble-Sattelschleppern vorn zum Ziehen, einem Zugjoch zum vorderen Doppel-Kuhlemeyer-Satz, einem 35 m langen Traggerüst mit dem Bootskörper, dem hinteren Doppel-Kuhlemeyer-Satz und, als Abschluß, den beiden hinteren, ebenfalls nebeneinander gekuppelten Kälble-Sattelschleppern und den Bremsern auf den

ZUSAMMENFASSUNG

Abb. 82 Fertigmachen eines Schnellboots zum Überlandtransport (WGAZ/MSM)

Abb. 83 Autobahn-Transport eines deutschen Schnellboots für die Schwarzmeer-Flottille (WGAZ/MSM)

Kuhlemeyer'n gewährleisteten ein koordiniertes Handeln. In Ingolstadt wurden die Boote auf einer weiteren, zu diesem Zweck neu errichteten Behelfsslipanlage wieder zu Wasser gebracht und einzelbootsweise donauabwärts nach Linz geschleppt. Auf der dortigen Werft wurden Motoren, Ausrüstung, Aufbauten und Bewaffnung wieder eingebaut, so daß die Boote beim Eintreffen in Konstanza nur noch Brennstoff und Munition nehmen mußten, um einsatzklar zu sein. Um Betriebsstunden der S-Bootmotoren zu sparen und ein sicheres Passieren schwieriger Stromabschnitte zu gewährleisten, wurden die Boote zu zweit innerhalb von vier Tagen an Backbord- und Steuerbordseite längsseits eines Motorgüterschiffs nach Sulina geschleppt. S 26 und S 28 trafen am 24.5., S. 72 und S 102 am 5.6. und S 27 und S 40 am 13.6.42 in Konstanza ein. Um die langen Anmarschwege zum sowjetischen Nachschubverkehr nach Sewastopol zu sparen verlegten die Boote bald nach Ak-Medsched, einer kleinen Bucht an der Krimküste nördlich Sewastopol und im Juli 1942 nach Ivan-Baba, an der Südküste, westlich Feodosia. Zwischen November 1942 und Sommer 1943 folgten die Boote S 42, S 45, S 47, S 49, S 51, S 52, S 131, S 148, S 149.

Die zunächst relativ wenige, vorherrschend gegen sowjetische Transport-, Kommando- und Landungsunternehmen mit kleinen und kleinsten Fahrzeugen operierenden deutschen Schwarzmeer-S-Boote konnten sich im Verein mit Fährprähmen, R-Booten usw. gegenüber der zahlenmäßig weit überlegenen, sich nach dem Verlust der Krim abgesehen von den stets sehr agilen Kleinbootsverbänden jedoch meist passiv verhaltenden sowjetischen Schwarzmeerflotte gut behaupten und erfreuliche, wenn auch tonnagemäßig nicht sehr zu Buche schlagende Erfolge erzielen und waren 1944 auch beim Abbergen deutscher und rumänischer Heerestruppen von der Krim beteiligt.

6. Namentlich nachweisbare Erfolge deutscher Schnellboote auf allen Kriegsschauplätzen waren (ohne nicht zu spezifizierende Minenerfolge usw.):
Versenkt:
– 12 Zerstörer und Fregatten frz. JAGUAR, SIROCCO, brit. WAKEFUL, EXMOOR, VORTIGERN, PENYLAN, HASTY, LIGHTNING, US ROWAN, ital. SELLA nordw. ESKDALE, sowj. SMELYJ.
– 1 Torpedoboot: norw. SILD
– 1 Minenleger: brit. ABDIEL
– 1 U-Boot: sowj. S 3
– 2 Kanonenboote: ital. AURORA, sowj. KRASNAJA GRUZIJIY
– 11 M-, R- und Wachboote: brit. ULLSWATER, JASPER, HORATIO, ML 339, PARKTOWS, sowj. T 51, T 208, R 101, MO-328, SKA-01012, T 403
– 6 S-Boote: brit. MTB 29, 76, 17, sowj. TKA-47, -71, -101
– 8 Landungsfahrzeuge: brit./US LCI 105, LCI 150, 381, LST 314, 376, 507, 531, 875
– 101 Handelsschiffe mit 214.728 BRT (ohne kleinere Fahrzeuge im Schwarzen Meer)
– 2 Handelsschiffe mit 5.753 BRT aufgebracht.
– 15 Trawler

Beschädigt wurden 2 Kreuzer, 7 Zerstörer, 3 Landungsschiffe, 1 Werkstattschiff, 1 Marineschlepper, 15 Handelsschiffe mit 81.856 BRT.

Literaturverzeichnis

1 Manthey-Köppen, Der Krieg zur See 1914/18, Überwasserstreitkräfte und ihre Technik, Berlin 1930
2 Gröner, E., Die deutschen Kriegsschiffe 1915-1945, Band 2, Koblenz 1983
3 Docter, H., Die Anfänge des Marine-Schnellbootbaus, Wehrtechnische Monatshefte 1963, S. 325, 374
4 Pöschel, G., Froschmänner, Torpedoreiter, Zwerg-U-Boote, Berlin 1961
5 Freiberg, W., Vierzig Jahre Schnellboote, Soldat und Technik 1958, S. 106
6 Fock, H., Marinekleinkampfmittel, Hamburg 1996
7 Conrady, H. D. v., Die deutschen Motor-Torpedoschnellboote (Geschichte, Technik und Taktik bis zum Zweiten Weltkrieg), Marine-Rundschau 1962, S. 356, 1963, S. 113
8 Docter, H., Stellungnahme zu 7, Marine-Rundschau 1963, S. 114
9 Schmalenbach, P., Schnellboote und ihre Waffen, Atlantische Welt 7/1967, S. 24
10 Der Krieg zur See 1914/18, Berlin-Frankfurt
10.1 Nordsee Bd. 6, S. 313
10.2 Nordsee Bd. 7, S. 229
10.3 Nordsee Bd. 7, S. 237
10.4 Nordsee Bd. 7, S. 208
10.5 Nordsee Bd. 7, S. 325
10.6 Nordsee Bd. 7, S. 334
10.7 Nordsee Bd. 7, S. 309
10.8 Nordsee Bd. 3, S. 148
11 Thornycroft-Bremner, Konstruktion und Kriegsdienst der Küstenmotorboote, Vortrag vor der Institution of Naval Architects
a) Transactions of the Institution of Naval Architects Jhrg., 1923, S. 32
b) Auszug in Schiffbau 1922/23, S. 753
12 Stange, K., Die Flottenverträge von 1922 bis 1935 und ihre politischen Hintergründe, Marine-Rundschau 1968, S. 192)
13 Petyrala, Schnellboote, Przeglad Morski, April 1938
14 Schatte Oliver, A. H. J. v. d., Motortorpedoboote, Marinblad vom 1.11.34.
15 Hageby, B. L., Motortorpedoboote und ihre Verwendung, Tidskrift i Sjöväsendet, Januar 1940
16 Schüßler, K., Der Kampf der Reichsmarine gegen Versailles 1919–1935, IMT-Prozess Bd. XXX IV, S. 530
17 Hadeler, Motortorpedoboote, Schnellboote, VDI-Zeitschrift v. 12. 8. 39, S. 917
18 Persönliche Unterlagen Dipl. Ing. Neesen, Berlin
19 Wagner, R., Die leichte Hochdruck-Dampfturbinenanlage in der Schiffahrt, Werft, Reederei und Hafen 1930, S. 268
20 Leichtmetall-Holz-Kompositbau deutscher Schnellboote, Werft, Reederei, Hafen 1933, S. 493
21 Docter, H., Die Entwicklung der deutschen Torpedo-Schnellboote, Hansa 1959, S. 136
22 Ufficio Storico della Marina Militare, I MAS e le Motosiluranti Italiane, Rom 1967
23 Stöckel., K., Die Entwicklung der Reichsmarine nach dem 1. Weltkrieg, Dissertation Göttingen 1954
24 Document 114 C, IMT-Prozeß, Bd. XXXIV, S. 493
25 IMT-Prozeß Bd.II, S. 370/371
26 IMT-Prozeß Bd. XIII, S 690
27 Jane's Fighting Ships, div. Jahrgänge
28 Weyer's Flottentaschenbuch, div. Jahrgänge
29 Lenton, H.J., German Submarines, Mac Donald, London
30 Docter, H., LS-Boote, a) Wehrtechnische Monatshefte 1957, S. 1, b) Hansa 1957, S. 371, c) Boots- und Schiffbau 1962, S. 156

31	Fuchs, W., Der deutsche Kriegsschiffbau von 1939 bis 1945, Wehrtechnische Monatshefte 1959, S. 60
32	Fr. Lürssen Yacht- und Bootswerft, Vegesack 1938, Planung Portugalboote »MTB 10« BA/MA Br. 7820
33	Handakte des Ober-Ingenieurs Docter, H., aus dem Jahre 1943, BA/Mar. 161
34	Lenton, H. T., Navies in the Second World War, German Surface Vessels 2, MacDonald, London
35	Versuche mit 3-Schrauben-V-Boden-Schnellboot, HSVA-Bericht vom Febr./April 1944, BA/MA Nr. 829
36	F. Lürssen Yacht- und Bootswerft, Vegesack 1945, Bauvorschrift für S-Boote Typ P (Schiffbauteil), BA/MA Nr. 727
37	Breyer, S., Mehrzweckboote der deutschen Kriegsmarine, Soldat und Technik 1958, S. 22
38	Eyssen, R., Kriegstagebuch KOMET, Koehlers Verlagsanstalt, Jugenheim 1960
39	Detmers-Brennecke, KORMORAN, Koehlers Verlagsgesellschaft, Jugenheim 1959
40	Dechow, F. L. Geisterschiff 28 (Hilfskreuzer MICHEL auf den Meeren) Ernst Gerdes Verlag, Preetz 1962
41	Persönliche Unterlagen Schiffbau-Ing. Brauer, Kröger-Werft, Rendsburg
42	Hagen, W., Kleinst-Torpedo-Schnellboot Typ KOBRA, Wehrtechnische Monatshefte 1960, S. 112
43	Docter, H., Kleinst-Torpedo-Schnellboot Typ KOBRA, a) Hansa 1960, S. 2319, b) Wehrtechnische Monatshefte 1960, S. 112
44	Lusar, Die deutschen Waffen und Geheimwaffen des Zweiten Weltkriegs und ihre Weiterentwicklung, J.F. Lehmann, München
45	Persönliche Unterlagen Schiffbau-Ingenieur F.W. Wendel, Hamburg
46	Persönliche Unterlagen Korv. Kpt. a. D. von Ramm
47	Büller, K.J. Das Tragflächenboot, Jahrbuch der Schiffbautechnischen Gesellschaft Jhg. 1952, S. 119
48	Docter, H., Die Entwicklung der Tragflächenboote, a) Hansa 1960, S. 2319, b) Wehrtechnische Monatshefte 1961, S. 29
49	Meister, J., Der Seekrieg in osteuropäischen Gewässern 1941/45, J.F. Lehmann, München 1958
50	Tietjens, Das Tragflügelboot, Werft, Reederei, Hafen 1937
51	Schertel, Freiherr von, Tragflächenboote, Handbuch der Werften 1952, S. 43
52	Büller, K., Tragflügelboote – heute und morgen, Interavia 1961, S. 479
53	Bericht des Kapitänleutnant (Ing. a. D. von Rakowski an den Verfasser
54	Persönliche Auskünfte und Unterlagen, die Hans Freiherr von Schertel dem Verfasser dankenswerterweise für diese Darstellung überließ. Bei diesen Auskünften wirkten auch die s. Zt. am Entwurf der Fahrzeuge beteiligten Herren Dipl. Ing. E. Schattè und Dipl. Ing. Büller mit

Tabelle 3 Deutsche Schnellboote 1926/45

Namen	Werft	In Dienst	Depl. t	Hauptabmess.			Antriebsanlage			
				L m	B m	H m	Motoren		Leistung (PS) Höchst-	Marsch-
Lür	Lürssen	1926	23	21,0	3,6	2,08	3 Maybach VL	O	3x 450	
S 1	Lürssen	1930	39,8/51,6	26,8	4,2	2,44	3 Daimler Bfz 1 Maybach S 5	O O	3x 900 1x 100	3x 800
S 2-5	Lürssen	1932	46,5/58	27,95	4,2	2,44	3 Daimler Bfz 1 Maybach S 5	O O	3x1100 1x 100	3x 800
S 6-9	Lürssen	1933/34	80/95	32,4	4,9	2,80	3 MAN LZ 7	D	3x1320	3x 960
S 10-13	Lürssen	1934/35	78/92	32,4	4,9	2,80	3 Daimler MB 502	D	3x1320	3x1200
S 14-17	Lürssen	1936/38	92,5/114	34,62	5,1	2,90	3 MAN LZ 11	D	3x2050	3x1500
Orjen, Velebit, Dinara, Triglaf, Suvobur, Rudnik, Kajmakalan, Durmitat	Lürssen	1936/38	51/61	28,0	4,2	2,45	3 Daimler Bfz 1 Maybach S 5	O O	3x1000 1x 100	3x 800
C 1-3	Lürssen	1936/37	51/	28,0	4,2	2,44	3 Daimler Bfz 1 Maybach S 5	O O	3x1000 1x 100	3x 800
F 1 (Bura)-F 4 S 1 (ex F5)	Lürssen	1938/39	56/	28,0	4,2	2,44	3 Daimler MB 500	D	3x 950	3x 700
S 18-25	Lürssen	1938/39	92,5/115	34,62	5,1	2,90	3 Daimler MB 501	D	3x2000	3x1500
S 26-29	Lürssen	1940	92,5/115	34,94	5,1	2,90	3 Daimler MB 501	D	3x2000	3x1500
S 30-37	Lürssen	1939/40	81/100	32,76	4,9	2,80	3 Daimler MB 502	D	3x1320	3x1200
S 38-53	Lürssen	1940/41	92,5/115	34,94	5,1	2,90	3 Daimler MB 501	D	3x2000	3x1500
S 54-61	Lürssen	1940/41	82/102	32,76	4,9	2,80	3 Daimler MB 502	D	3x1320	3x1200
S 62-99	Lürssen	1941/43	92,5/115	34,94	5,1	2,90	3 Daimler MB 501	D	3x2000	3x1500
S 100	Lürssen	1943	100/117	34,94	5,1	2,90	3 Daimler MB 501 A	D	3x2500	
S 101-133	Schlichting	1940/43	92,5/115	34,94	5,1	2,90	3 Daimler MB 501	D	3x2000	3x1500
S 134-135	Lürssen	1943	92,5/115	34,94	5,1	2,90	3 Daimler MB 501	D	3x2000	3x1500
S 136	Lürssen	1943	100/117	34,94	5,1	2,90	3 Daimler MB 501 A	D	3x2500	
S 137-138	Lürssen	1943	92,5/115	34,94	5,1	2,90	3 Daimler MB 501	D	3x2000	3x1500
S 139-150	Lürssen	1943	100/117	34,94	5,1	2,90	3 Daimler MB 501 A	D	3x2500	
S 151-158	Gusto. Schiedam	1941/42	54/68	28,30	4,3	2,44	3 Daimler MB 500	D	3x 950	3x 700
S 159-166	Schlichting	–	92,5/115	34,94	5,1	2,90	3 Daimler MB 501	D	3x2000	3x1500
S 167-169	Lürssen	1943/44	100/117	34,94	5,1	2,90	3 Daimler MB 511	D	3x2500	
S 170	Lürssen	1944	100/117	34,94	5,1	2,90	3 Daimler MB 518	D	3x3000	
S 171-186	Lürssen	1944	105/122	34,94	5,1	2,90	3 Daimler MB 511	D	3x2500	
S 187-194	Schlichting	1944	105/122	34,94	5,1	2,90	3 Daimler MB 511	D	3x2500	
S 195-218	Lürssen	1944/45	105/122	34,94	5,1	2,90	3 Daimler MB 511	D	3x2500	
S 219-228 -(300)	Schlichting	1944/45 -∞	107/124	34,94	5,1	2,90	3 Daimler MB 511	D	3x2500	
S 301-307 -(500)	Lürssen	1944/45 -∞	107/124	34,94	5,1	2,90	3 Daimler MB 518	D	3x3000	
S 701-709 -(800)	Danziger Waggonfabrik	1944/45 -∞	107/124	34,94	5,11	2,90	3 Daimler MB 511	D	3x2500	

Geschwindigkeit sm		Fahr-bereich sm	Bewaffnung			Bemerkungen
Höchst-	Marsch-		TR	Torp.	Artillerie	
33,5	30		1	1		1 Bug – TR
34,2	30	350	2	2	1–20	2 Bug – TR, offener Steuerstand
33,8	30	300	2	2	1–20	Geschl. Steuerhaus, davor offener Kdo. Stand
35	30	600	2	2	1–20	Vorschiff mit Knickspanten
35	30	600	2	2	1–20	
37,5	35	700	2	4	1–20	
34,5	30	350	2	2	1–40, 2–13	Jugoslawische Marine, Typ „S 2–5" (Knickspanten)
34,5	30	350	2	2	1–20	Chinesische Marine, Typ „S 2–5"
35	30	350	2	2	1–20	Bulgarische Marine, Typ „S 2–5"
39,5	35	700	2	4	1–20	Typ „S 14"
·39,5	35	700	2	4	2–20	Back mit verkl. TR, Bug-Flak, Kdo-Stand hinter Ruderhaus
36	30	800	2	2	2–20	als „C 4–C 10" für China in Bau. Back mit verkl. TR, Bug-Flak, geschl. Steuerhaus, davor Kdo-Stand, Typ „S 10"
39,5	35	700	2	4	2–20	Typ „S 38"
36	30	800	2	2	2–20	Typ „S 30"
39,5	35	700	2	4	2–20	Typ „S 38" incl. Ruderhaus. Ab S 67 Ruderhaus in Kugelkalottenform, S 81–83, 98–99:1–40, 1–20 mm, 38,5 kn; S 84–85:3x2500 PS MB 501 A, 41 kn
42	35	700	2	4	1–40, 1–20	Ruderhaus und Kdo. Std. gepanzerte Kugelkalotte
38,5	35	700	2	4	2–20	Typ „S 38"
38,5	35	700	2	4	2–20	Typ „S 38"
42	35	700	2	4	2–20	Typ „S 100"
38,5	35	700	2	4	2–20	Typ „S 38"
42	35	700	2	4	2–20	Typ „S 100", ab „S 147":1–40, 1–20 mm
35	30	350	2	2	1–20, 1–15	Typ „S 1" (ex F 5), ex holl. „TM 54–61"
38,5	35	700	2	4	2–20	nicht fertiggestellt
42	35	700	2	4	2–20	Typ „S 100"
45	35	700	2	4	2–20	Typ „S 100" 1. Versuchsboot mit 3000 PS MB 518 Mot.
42	35	700	2	4	1–40, 1–20, 1x2 MG 34	Typ „S 100"
42	35	700	2	4	1–40, 1–20, 1x2 MG 34	Typ „S 100"
45	35	700	2	4	1–40, 1–20, 1x2 MG 34	Typ „S 100", S 208 Versuchsboot mit MB 518 Mot.
42	35	750	2	4	6–30	nur bis S 218 fertiggestellt
45	35	750	2	4	6–30	nur bis S 307 fertiggestellt
42	35	700	2	4	6–30	nur bis S 709 fertiggestellt

Hinweis

Die vorliegende Fassung der technischen Entwicklung der deutschen Schnellboote von den Anfängen bis zum Ende des Zweiten Weltkriegs ist weitgehend die z.T. überarbeitete Darstellung der in den heute vergriffenen Bänden H. Fock, Schnellboote I und II (Koehler/Mittler 1973/74) und H. Fock, Marine-Kleinkampfmittel (Koehler/Mittler 1982 und Nikol GmbH 1996 als Nachdruck) erschienenen einschlägigen Kapitel. Diese drei Bände behandeln darüber hinaus auch die technische Gesamtentwicklung der Schnellboote und Marine-Kleinkampfmittel aller übrigen Marinen.

Für die Einsätze der deutschen Schnellboote im Verlaufe des Zweiten Weltkriegs wird verwiesen auf H. Fock, Schnellboote II (Koehler/Mittler 1974) und – da jünger mit oft neueren Erkenntnissen! – G. Hümmelchen, Die deutschen Schnellboote im Zweiten Weltkrieg (Koehler/Mittler 1996).

Die technische Nachkriegsentwicklung behandeln
– für alle Marinen H. Fock, Schnellboote III und IV (Koehler/Mittler 1974 und 1986)
– für die deutsche Bundesmarine H. Killi, Die Schnellboote der Bundesmarine (Mittler 1997).

Schiffsmodelle
Bauen & Sammeln

Horst Krönke (Hrsg.)

Aus der Welt der kleinen Schiffe
Modelle im Maßstab 1:1250

Ausführlich beschreibt der Herausgeber die Gründungsgeschichte und den 60jährigen Werdegang des Unternehmens »Wiking-Modellbau«, dessen Gründer, Friedrich-Karl Peltzer, der »Erfinder« des Maßstabes 1:1250 ist. Der Leser erhält nicht nur Anregungen zur Aufbewahrung von Sammlungen und Hinweise auf Schiffsminiaturen in Museen und Ausstellungen, sondern bekommt auch besondere Sammelgebiete und herausragende Sammlungen vorgestellt. Umfangreiche Beschreibungen und praktische Anleitungen zu Herstellungstechniken, Verfeinerung von Serienmodellen, Anfertigen von Dioramen, fotografischen Techniken sowie eine reiche Bebilderung machen dieses Buch zu einem unentbehrlichen Kompendium für jeden Modellbauer.

140 Seiten, 21 x 27 cm, 156 s/w- und 39 Farb-Abb., Hardcover

Peter Schönfeldt

Wiking-Modelle
Die Schiffe und Flugzeuge

Die legendären Wiking-Modelle des Maßstabs 1:1250 haben seit den dreißiger Jahren Generationen begeistert und fasziniert! Dieser prachtvolle Band zeigt auf über hundert qualitativ hochwertigen Farbfotos nahezu sämtliche von Wiking hergestellten Schiffs- und Flugzeugmodelle. Ein ausführlicher Anhang enthält sowohl die kompletten Listen der Wiking Schiffs- und Flugzeugmodelle als auch Reproduktionen alter Prospekte und Preislisten. Peter Schönfeldt, der die weltweit wohl umfangreichste Wiking-Sammlung zusammengetragen hat, legt mit seinem Band ein Standardwerk zur Geschichte der legendären Wiking-Modelle vor. Für jeden Sammler ein absolutes Muß!

152 Seiten, 24 x 21 cm, 24 s/w- und 108 Farb-Abb., geb. mit Schutzumschlag

Koehler/Mittler
www.koehler-mittler.de